掌尚文化

Culture is Future

尚文化・掌天下

本书是中国石油政策研究课题（中油研 20210123）
阶段性成果，特此感谢！

RESEARCH ON PRICING ABILITY OF CHINA'S CRUDE OIL FUTURES

中国原油期货定价能力研究

刘孝成 著

经济管理出版社
ECONOMY & MANAGEMENT PUBLISHING HOUSE

图书在版编目（CIP）数据

中国原油期货定价能力研究 / 刘孝成著. —北京：经济管理出版社，2022. 12
ISBN 978-7-5096-8846-5

Ⅰ. ①中… Ⅱ. ①刘… Ⅲ. ①原油—期货交易—期权定价—研究—中国
Ⅳ. ①F426. 22

中国版本图书馆 CIP 数据核字（2022）第 241119 号

策划编辑：张鹤溶
责任编辑：张鹤溶
责任印制：黄章平
责任校对：王淑卿

出版发行：经济管理出版社
（北京市海淀区北蜂窝 8 号中雅大厦 A 座 11 层 100038）
网 址：www. E-mp. com. cn
电 话：（010）51915602
印 刷：唐山昊达印刷有限公司
经 销：新华书店
开 本：720mm×1000mm /16
印 张：17
字 数：227 千字
版 次：2023 年 4 月第 1 版 2023 年 4 月第 1 次印刷
书 号：ISBN 978-7-5096-8846-5
定 价：88. 00 元

凡购本社图书，如有印装错误，由本社发行部负责调换。
联系地址：北京市海淀区北蜂窝 8 号中雅大厦 11 层
电话：（010）68022974 邮编：100038

目　录

第一章

导　论

第一节　研究背景与意义

一、研究背景

以能源、金属、粮食等为代表的大宗商品是保障国家安全、促进国民经济跨越式发展的重要战略物资。改革开放40多年来，随着工业化、城市化进程的不断推进，多种大宗商品在中国市场“大进大出”，使中国成为全球最大的大宗商品消费国和出口国。然而，与“需求”端的巨大增量相比，我国始终没有获取相匹配的定价能力。近年来，“定价权缺失”已成为制约国民经济高质量发展的“瓶颈”，并对国家能源安全构成了严重威胁。早在2014年，习近平总书记便提出“四个革命、一个合作”战略，赋予能源安全新的要求。党的十九大以及十九届历次全会都将保障能源安全作为重点工作。“商品可获取，价格可承受”是新时期能源安全观的朴素表达。开放环境下，通过市场化的手段维护大宗商品供应链安全、提升定价能力任重而道远。

在所有的战略资源中，石油是最特殊的商品。石油的行业覆盖面极广，通过不同“产业链”辐射影响国民经济的各个领域，且容易受到经济、金融等多种因素的冲击。与此同时，石油供求格局也在一定程度上左右着全球政治、经济格局的演化。无论发达国家还是新兴经济体，无论工业化处于何种进程，世界各国均保持着旺盛的石油需求。就中国而言，由于生产能力远远满足不了消费需求，长期以来我国石油对外依存度居高不下。据《BP 世界能源展望 2019 年版》预期，2021—2035 年，中国石油依存度将持续高于 70%，是名副其实的全球第一大石油进口国，这使得中国对外部环境非常敏感。需要注意的是，当前世界各国均面临经济下行压力，传统的“全球化”理念备受挑战。新型冠状病毒肺炎疫情（以下简称新冠疫情）更带来了巨大的不确定性，并导致铁矿石、有色金属、原油等大宗商品价格飙升。全球供应链面临不同程度的断裂，使得国与国之间的关系更加微妙。在如此复杂多变的格局下，我国能源安全将面临更大的风险。2022 年 2 月 24 日，俄乌冲突爆发，国际油价迅速飙升。同年 3 月 7 日，油价一度超过 139 美元/桶，创下自 2008 年全球金融危机以来的新高。

破解“战略资源安全困境”的第一种路径是“扭转供求格局”，通过技术创新积极寻找替代能源，减少对特定战略资源的依赖。在这方面，美国是较为成功的案例。“页岩油”革命让美国顺利实现了从全球石油市场“需求方”向“供给方”的身份转变，削弱了美国对中东、非洲等地区的原油依赖。然而，上述经验是以美国全球领先的创新土壤为基础的，“短时间”内较难被其他国家尤其是发展中国家效仿。在相当长的一段时期内，全球石油市场的供求格局不会发生根本性转变。作为一种特殊的不可再生资源，拥有丰富原油储备的国家必将持续获取竞争力，这种天然的禀赋优势是国家“硬实力”的直观体现。

破解“战略资源安全困境”的第二种路径是“提升定价能力”。与定价能力相关的概念较多，包括议价能力、定价权、定价话语权等，这些概念虽然表达不一，却拥有相近的内涵，即在单次交易或者长期交易中形成的能够影响或者主导价格制定的能力。这种能力既是交易双方“讨价还价”的议价结果，也是市场主体动态博弈的实力体现。那么，一个关键性问题便是：世界各国定价权争夺的核心内容究竟是什么？要想准确回答这一问题，就必须关注大宗商品贸易格局、定价模式演进这一历史视角。当前，全球大宗商品贸易普遍采用“基准价+升贴水”的定价模式。“升贴水”主要与交割商品品质、运输距离、季节性、买卖双方博弈能力等因素相关，具体由买卖双方根据实际情况提前协商判定，因此“基准价”的设定便成为议价的关键。纵观大宗商品国际贸易史，虽然不同商品的稀缺性、供求双方的市场势力等条件存在明显差别，但随着供给方资源的持续消耗、供求双方博弈手段的逐渐升级，战略资源的全球格局已逐渐趋于平衡，这也使得基准价的确定日趋市场化。以石油为例，无论在早期的“石油七姐妹①”还是后来的石油输出国组织（Organization of the Petroleum Exporting Countries，OPEC）定价阶段，国际石油贸易均采用“基准价+升贴水”模式（胡俞越，2020），但基准价的制定权先后掌握在国际石油公司（石油七姐妹）和 OPEC 官方联盟手中。20 世纪 90 年代以来，随着非 OPEC 国家原油产量的增加，中东地区石油垄断的局面被打破。石油与美元的联动日益紧密又使得石油的金融属性逐渐显现，这也令西方国家在石油“基准价”制定过程中享有越来越大的话语权。在这一时期，期货定价成为供求双方都能接受的基准价确定模式，并一直延续至今。

较为巧合的是，尽管不同大宗商品贸易“基准价”的确定在历史上曾采用过诸如“一口价”“协议定价”“指数定价”“远期定价”“官方定价”“垄断组织定价”等多样化模式，但最终却普遍如石油一般走向“期货定

---

① 1911 年，依据《谢尔曼反托拉斯法》，标准石油公司被正式拆分。较大的 3 家被拆分公司（新泽西、纽约、加利福尼亚）与其余 4 家国际石油公司（壳牌、德士古、英国波斯、海湾石油公司）组成“石油七姐妹”。

价”阶段。一个重要的原因在于，期货定价采取场内的集合竞价方式，交易合约是标准化的，价格的形成更加客观、公允。期货市场特有的做空机制实现了虚拟产权的构建，与多空主体全面契合。基于新制度经济学视角，期货交易本质上就是商品所有权的让渡过程，期货价格即让渡成本，这使得买卖双方均打破了原有的商品持仓限制，有助于吸引最广泛的投资者参与，大大加速了市场信息的融合和汇集，最终形成更高效、合理的定价，这正是“看不见的手”调节市场行为的高能表现。党的十八届三中全会以来，市场的作用被不断强调，而实现资源优化配置的关键在于理顺价格机制。在全球大宗商品资源配置的过程中，期货市场通过公开、公平、高效的交易规则，形成具有真实性、预期性、连续性和权威性的价格信号，这对于“基准价”的确定无疑具有独特的制度保障。正因如此，期货定价模式才能够在全球大宗商品定价机制的演进过程中脱颖而出，成为终极形态。利用信用体系来实现全球资源的有效配置，充分体现了期货定价的优越性。

事实上，欧美国家的发展经验深刻印证了期货市场建设对“定价权”争夺的重要价值。在发达国家工业化进程中，随着大宗商品的“大进大出”，本土化的期货市场普遍快速发展，并形成了颇具国际影响力的定价中心。例如，美国的纽约商业交易所（The New York Mercantile Exchange，NYMEX）以及英国伦敦的洲际交易所（Intercontinental Exchange，ICE）均抓住了欧美国家工业化高峰期的有利时机，分别成为全球能源产品、有色金属的定价中心（姜洋，2019）。实现工业化进程后，上述期货定价中心依然牢牢掌控着国际大宗商品贸易定价的话语核心。这说明，国际定价中心一旦形成，将始终在大宗商品贸易定价格局中占据优势，这种“后发”形成的国际定价中心是国家“软实力”的体现。值得注意的是，城市化、工业化进程并不意味着期货定价中心的必然形成。第二次世界大战以后，日本也曾经历了数十年的高速增长期，大宗商品贸易活跃，工业制造业实现了跨越式发展，但日本政府却并未重视商品期货市场的战略价值，未能将机遇转化成竞争优势，其本土化期货市场始终发展缓慢，在大宗商品定价体系中未体现话语权，上述教训需要引起我国的足够重视。

从更深层次的意义上看，在当前的国际经贸格局下，国与国之间的竞争更多地体现在“软实力”层面。尽管各国经济体制不同、文化存在差异、意识形态存在冲突，但世界各国普遍对先进制度是认可和期待的。在反全球化背景下，各国亟须摒弃冷战思维、霸权主义思维，建立一种更加公平、公正的共识话语体系，这有助于从制度层面构建“人类命运共同体”。依照国际经验，我国提升战略资源定价能力的关键就在于充分利用城市化、工业化进程的尾部“机遇期”，抓住中国已成为全球大宗商品需求端重要一极的“机会”，建立更加现代化、开放式、规则明晰、交易安全、制度创新的期货市场，全方位展现中国期货市场的制度优势，吸引更多的交易者进行本土化的期货市场交易、交割，逐渐建成亚太地区乃至全球的定价中心。

当前，很多大宗商品存在不止一个期货定价中心，由于期货市场的参与者普遍以本土化或邻近地域的投资机构（个人）为主，因此更充分地吸纳了交割仓库附近市场主体的交易信息，交易价格也更加反映本地供求或本区域供求状况。不难想象，一旦以区域外的期货价格成为“基准价”，就容易产生因区域性供求差异而天然造成的“价差”。以原油市场为例，WTI 和 Brent 原油期货价格是国际原油贸易定价的两大基准价。尽管亚太地区的原油贸易量和消费量在全球领先，但由于区域内缺乏相对成熟的期货市场，在国际贸易“基准价”制定中，始终无法形成反映亚太地区原油实际供求情况的报价。普氏价格、阿曼原油价格尽管是在亚洲地区（新加坡、迪拜）交易形成，但交易信息依然是以反映欧美地区的供求状况为主，这也是“亚洲溢价”形成的根本原因。构建亚太地区真正的定价中心，客观反映亚太区域的供求状况，形成公允的“亚太价格”，不仅能够与北美洲、欧洲的期货价格形成良性互动，还可以构建 24 小时的定价体系，这对于整个亚太各国维护能源安全都具有战略价值。正因如此，2018 年 3 月 26 日，上海原油期货合约正式推出，标志着中国在改变“我的原油，他的定价”现状上走出了重要一步（姜洋，2019）。

除了在“基准价”形成过程中更加充分地反映本地供求信息，建成全球定价中心还有助于优化本国产业结构、倒逼技术革新，并与技术创新形成良性互动，进一步强化大宗商品议价能力。20 世纪 90 年代以后，美国正是凭借 WTI 原油期货的影响力和强势美元支撑，才逐渐摆脱石油储备不足的困境，为页岩油开采计划争取战略空间。待页岩油计划初见成效之时，便一举扭转了在“资源可获取”层面的困局，并凭借自身在供求格局中地位的提升，稳固了 WTI 原油期货在全球石油定价体系中的主导地位。欧盟同样凭借 Brent 原油期货的国际影响力，不断强化其在区域内的议价能力，并通过发展可再生能源持续降低对原油的依赖程度，这也进一步巩固了 Brent 原油在全球贸易定价体系中的领导力。不仅如此，NYMEX 和 ICE 近年来不断在亚太地区、中东地区上市相关期货合约来拓展其在国际期货市场中的影响力。例如，NYMEX 在欧洲分部上市俄罗斯乌拉尔原油（Urals）期货，与迪拜商品交易所（Dubai Mercantile Exchange Limited，DME）合作上市中东原油期货，与新加坡交易所（Singapore Exchange Limited，SGX）合作上市燃料油期货；ICE 也推出了中东原油期货合约。这些措施不仅巩固了两大交易所在全球原油市场中的核心地位，也打击了其他亚太国家试图建立本土化国际定价中心、提升亚太地区原油定价能力的信心。

建设本土化期货定价中心的战略意义还可以从企业实践角度进行深度窥探。21 世纪以来，大宗商品价格飙升通过影响原材料、燃料等投入品价格带来了“输入型”通胀压力，深刻改变了中国企业的生产行为和中国居民的消费行为，对中国经济社会发展产生了深远影响。2008 年金融危机以来，国际油价持续数年在 90~110 美元/桶区间波动，令外贸加工企业“苦不堪言”。由于本土化市场的缺失，大量企业不得不在境外参与期货交易，规则制定权、调整权以及监管主动性的缺失给上述企业套保业务开展带来了极大的不确定性。2020 年，新冠疫情在全球蔓延，随着供应链的断裂，国际油价急剧下跌。同年 4 月 20 日，芝加哥商品交易所单方面迅速修改规则，引发“原油宝”事件，原油价格出现史无前例的-37.63 美元结算价，导致多头套保（投机）头寸集体爆仓、损失惨重。同年 8 月 14 日，芝加哥商品交易所发布公告，改回原来的定价规则，不再允许出现负油价。尽管在规则调整过程中，也有部分美国企业（投资者）受损，但（美国）国家利益却得到了较大的保障。上述案例充分说明，在全球化、市场经济时代，掌握规则主导权、修订权是至关重要的。

一旦建成区域性乃至全球性的期货定价中心，中国将在大宗商品贸易中掌握“规则制定权、调整权以及监管主导权”，这也是“定价权”在制度层面的直观体现（姜洋，2019），是国家提升大宗商品定价能力的重要目的。胡俞越等（2017）指出，高效率的大宗商品国际化配置是指，“国家和企业对相关商品的需求可以通过付出相对公平的成本，综合利用国际、国内两个市场得到稳定和持续的满足”。期货价格正是这种相对公平的交易成本，但其本身也具有一定的局限性。期货定价绝非追求绝对意义上的公平，而是追求相对的公平。它体现在，期货市场既具有议价效率上的优越性，容易被各利益主体普遍接受，同时本身又兼顾服务本土市场价值取向，可以通过规则调整干预买卖双方的行为，在特定时期服务于国家利益。事实上，这种议价中的主导权对于国家安全而言是极其重要的，这也是各个国家都在努力建设本土化国际期货定价中心的重要原因。

与欧美国家期货市场长达近 200 年的经验不同，中国期货市场诞生的时间较晚，长期的市场缺位使得中国在诸多战略资源国际化配置中面临议价被动的局面。实践中，凭借需求端的绝对优势，我国诸多大宗商品在期货合约上市之后交易活跃，市场功能发挥良好，如大豆、白糖、铜、螺纹钢、鸡蛋合约等。这些期货合约的上市不仅为现货企业提供了避险工具，为宏观调控提供了价格参考，更在国际贸易基准价制定过程中提供了“中国声音”。尽管中国金融市场整体上滞后于实体经济的发展，但相对而言，期货市场的制度探索走在了所有金融子市场的“最前列”。

在目前中国已经上市的大宗期货品种当中，上海期货交易所推出的铜期货合约无疑是最成功的品种之一。众所周知，铜在我国属于储备稀缺、高度进口依赖的有色品种。国家统计局数据显示，截至 2019 年，我国铜资源的储量仅占世界的 2. 99%，铜精矿的产量仅占全球的 9. 10%。同时，我国铜的消费量占据全球近 1/3，是名副其实的全球第一大消费国。我国每年进口铜精矿数百万吨，2019 年的外贸依存度高达 78%。在当前的全球铜贸易定价体系中，已经基本形成了伦铜、美铜和沪铜三足鼎立的格局（王沈南，2011），沪铜期货市场也成为我国最具影响力的“招牌”。2020 年 11 月 19 日，国际铜期货合约在上海国际能源交易中心正式挂牌上市，旨在与国际规则接轨，拥有跨市套利汇率风险低、交易时间严格匹配、无跨境障碍、使用程序化交易便利等优势，仅上市一年多便取得日均成交（持仓）2 万手（1. 62 万手）的好成绩，与沪铜和伦铜价格的相关系数更是高达 0. 99 和 0. 98。境内外机构投资者、产业链企业积极参与，法人和境外客户成交占比逐步提升，已经成为江西铜业、紫金矿业、格力电器、埃珂森（IMX）、泺亨（Lobb Heng）等多家境内外行业巨头在铜矿和精炼铜跨境贸易中定价的基准，推动了我国期货市场的国际化进程，进一步巩固了我国铜期货市场的国际定价能力（姜岩，2022）。与铜期货不同，我国原油期货推出时间较短，但这并不意味着中央政府不重视原油期货市场的建设。在 2001 年，上海期货交易所便开始论证石油期货交易的可行性。然而，从开始论证到正式上市，原油期货酝酿周期长达 17 年之久，恰恰体现了原油期货合约的特殊性。

市场势力方面，国际石油市场卖方集中、买方分散，尽管中国提供了重要的需求端增量，但由于整个亚太地区并未形成有效的买方联盟，使得我国长期处于市场弱势。定价规则方面，国际原油基准价以 WTI 原油期货、Brent 原油期货价格为重要参照，想要建立一个亚太地区的定价中心势必引起欧美国家的关注和打压。这是因为，石油毕竟不同于一般大宗商品，它与全球经济利益、地缘格局高度相关，石油资源全球化配置背后蕴含的是国与国之间最深度的博弈。一旦期货合约上市时机不当，初始交易不够活跃，便较难获得全球投资者的后续青睐。历史上，日本、新加坡、印度、阿联酋等亚太国家都试图打造区域性期货定价中心，打破原油定价的被动局面，但这些国家或受制于货币金融体系不健全，或受限于国民经济实力不强大，始终未能实现预期目标，这也使得亚洲地区几大原油期货市场最终沦为英美国家期货市场的“准离岸市场”。鉴于上述复杂性，2004 年上海期货交易所优先推出了燃料油期货，先以燃料油起步，逐步借鉴经验，开放更多的石油期货品种，最终目标直指原油期货上市。现货产业方面，我国尚未建立健全石油市场体系，三大石油公司垄断程度较高，市场结构不够合理，国际竞争力有所不足。期货市场以服务实体经济为核心目标，国内石油现货产业格局也为市场化定价（期货定价）设置了不小的难题。

正因如此，在中国经济模式深度转型的关键时期，在石油相关产业竞争力亟待提升的前提下，在金融市场对外开放的倒逼压力下，在亚太地区石油定价中心缺失的环境下，上海期货交易所原油期货市场应运而生，成为中国多年来谋求改变国际原油定价格局的关键一步。自 2018 年上市以来，一系列重要问题在于，上海原油期货能否如螺纹钢、菜粕、铅、苹果、铜期货一样，参与广泛、交易活跃、功能发挥良好？能否为国内企业避险保驾护航，为产业转型提供助力，为国家经济安全提供保障？能否形成有效的亚太市场价格信号，打破由WTI原油期货、Brent原油期货主导的定价格局，使中国真正获得与旺盛需求现状相匹配的议价能力？对于上述问题，亟须通过科学手段加以验证。囿于上海原油期货上市时间较短，学术界对于上述问题的讨论不足，且结论不一。部分研究指出，随着上海原油期货的上市，我国在原油市场已经获得了一定的话语权（Yang et al.，2020），但该结论又被另一些文献所否认。不仅如此，国内外学术界鲜有针对我国原油期货市场定价能力测度的研究，对我国原油期货定价（定价能力）的影响机制更缺乏深度论证，难以提供有针对性的政策建议。这使得对上海原油期货定价能力开展量化分析格外必要。

科学、客观、全面地评价上海原油期货的定价能力，重点在于回答以下四个问题：其一，上海期货交易所原油期货合约的定价能力如何。这需要精确测算国内外主要原油期货合约定价能力的演进轨迹，并进行横纵向的对比，从而科学地判断上海原油期货在全球的话语地位。其二，上海原油期货市场定价能力与国际主流期货市场定价能力的相互影响程度有多大。这需要结合有效市场理论，对不同原油期货市场定价能力的溢出效应进行动态分析。其三，上海原油期货定价能力主要受到哪些因素的影响。这需要对影响定价能力相关的因素进行理论阐释，特别需要关注投资者参与深度、期货定价规则、金融市场因素、原油供求格局对原油期货定价能力的影响方向、影响周期等。其四，影响上海原油期货价格（定价能力）的机制是什么。这需要基于一般均衡模型进行深度分析，并对中国原油期货定价能力的提升路径加以预判。为此，本书系统构建了原油期货定价能力评价指标体系（框架），测算上海和国际主要原油期货市场的定价能力；在此基础上，定量分析国内外原油期货定价能力之间的互动关系（溢出效应）；同时，从宏观维度量化识别上海原油期货定价能力的影响因素，并从微观视角数值模拟出不同情境下上海原油定价能力的演进路径。本书的研究将为我国提升原油买方市场议价能力提供重要参考，有助于新时期确保国家能源安全，实现重要产品供给保障能力的现代化。

二、研究意义

本书的理论意义主要表现为以下四点：首先，本书系统梳理了大宗商品供求格局与定价体系演进的逻辑关系，客观指出了本土化期货市场建设对于提升一国大宗商品定价能力的战略价值，论证了期货交易规则制定权、修改权、监督权与争夺大宗商品定价权的内在关系，丰富了学术界对于期货市场价格发现功能的概念外延。其次，本书基于期货市场定价能力的概念内涵，创新性地构建了定价能力评价指标体系，填补了国内外学术界在期货市场定价能力评估方面的文献缺口。再次，本书结合有效市场假说，揭示了国内外原油期货市场定价能力的互动机制，探讨了不同市场之间定价能力的溢出影响，并从宏观视角分析了期货市场定价能力的影响因素，将传统的针对期货价格分析的计量工具创新性地应用在期货定价能力的评估领域。最后，构建了动态一般均衡模型，演绎了境内外重要原油期货价格的形成机制，并动态模拟了三大原油市场定价能力的演进路径，在一定程度上打开了国际定价中心价格形成的“黑箱”，为持续提升我国原油期货定价能力、保障供应链和产业链稳定、维护能源安全提供了重要理论框架。

本书的实践意义主要表现在以下三点：第一，在 WTI 和 Brent 原油期货市场占据全球原油贸易“基准价”制定主导权的背景下，探索世界上最大的石油进口国、第二大石油消费国（中国）新建亚太地区原油期货定价中心的可行路径，为亚太国家争夺原油定价权提供政策参考。第二，为监管机构科学评估上海原油期货定价能力、信息溢出影响、核心驱动要素、微观定价机制等问题提供经验依据，为中国更好地利用后工业化进程中原油“大进大出”的最后“机遇”，通过制度建设主导国际石油市场定价格局，谋求与自身地位相匹配的定价能力，提高产业韧性、维护国家能源安全，提供决策指导。第三，为石油产业链各主体（企业）、市场投资者参与上海原油期货合约的投机、套利、套期保值交易提供决策指引。

第二节　核心概念界定

一、大宗商品定价

在国内外经典文献中，与大宗商品定价相关的概念较多，包括大宗商品定价模式、定价机制、定价机理、定价权（话语权）、定价（议价）能力等。本书认为，厘清这些概念的前提在于关注大宗商品定价模式（定价方式）的嬗变。大宗商品定价模式（定价方式）是指，在复杂的国际贸易格局下，随着大宗商品供求市场势力的动态变化、买卖双方讨价还价场所的创新变革，所逐渐演变出的买卖双方都能接受的贸易定价方式。目前，“基准价+升贴水”是几乎所有大宗商品贸易定价的通用模式。如前文所述，“升贴水”一般由买卖双方根据交割品质、运输距离、汇率风险等因素提前约定，而“基准价”则由早期的议价谈判，逐渐向期货定价过渡。截至目前，“期货价格+升贴水”已经成为诸多大宗商品贸易定价的终极方式，大宗商品价格也与“基准期货价格”深度联动。

二、大宗商品定价（议价）能力

相比于大宗商品定价，大宗商品定价（议价）能力是更为抽象的概念。它是指，在单次交易或者长期交易中形成的能够主导价格制定的影响力，定价（议价）能力既是买卖双方讨价还价能力的具体体现，也同时深受交易双方议价博弈方式的深刻影响。相对于预期成交价格，实际成交价格对某方越有利，则某方的定价（议价）能力越强。在宏观层面，定价（议价）能力会衍生出定价权（话语权）的概念。具体是指，一个国家在长期开展大宗商品贸易过程中主导该类商品贸易定价的影响力。在早期的“协议定价”阶段，定价（议价）能力主要取决于供求双方的市场势力。对卖方而言，大宗资源越稀缺，定价（议价）能力越强；对买方而言，大宗资源需求越旺盛，定价（议价）能力越强。随着大宗商品供求形式的不断变化，定价（议价）能力也在买方市场和卖方市场中“此消彼长”。在当前的“期货定价”阶段，“基准价”直接与具体期货合约挂钩，因此定价（议价）能力便与期货定价中心的价格公允程度息息相关。

一般情况下，国家一旦建成国际期货定价中心，则本土企业更容易在大宗商品贸易中获益。这是因为，本土化期货市场的价格更准确地反映了本地供求，而境外企业在参与本土期货市场定价过程中更容易遭受“价格扭曲”。探讨定价能力需要关注三大重点要素：一是在空间上要依托于特定的地点，二是要有特定的定价规则，三是定价规则被诸多市场交易者广泛认可。正因如此，期货定价才能够在一系列定价方式（模式）中脱颖而出，成为绝大多数大宗商品贸易定价的终极模式。当然，大宗商品定价能力与大宗商品定价是完全不同的两个概念，体现为两者的影响因子是截然不同的。大宗商品定价更主要地受到供求因素的影响，期货定价还带来了全新的金融属性。大宗商品定价能力则是买卖双方博弈实力的体现，体现了买卖双方在“基准价”生成过程中的话语权。在期货定价时代，主要受到期货市场交易规则、投资者参与、期货市场的国际地位等的影响。在特殊时期，期货定价能力还是国家政治、经济利益的直接体现。

三、期货市场定价能力

期货市场定价能力的概念范畴相对较窄，具体是指，某期货合约在全球大宗商品贸易定价中，参与“基准价”形成的信息份额。广义地讲，期货市场定价能力可以用某期货合约价格对其他期货价格影响的辐射力来体现。在这里，其他市场既可以是现货市场，也可以是期货市场；既可以是国内市场，也可以是区域市场或国际市场。相应地，也分别对应着国内定价能力、区域定价能力和国际定价能力的概念（陈君、常清，2010）。随着期货市场制度建设日趋完善、投资者参与深度和广度不断增加，期货市场在国内、区域、国际市场的定价能力会逐级提升。当期货市场对区域贸易、国际贸易“基准价”的制定产生明显影响时，即基准价制定会部分或全部参考某期货市场价格时，区域性或国际性定价中心随即形成。从这个意义上讲，国际定价能力与国际定价中心是相辅相成的关系（赖安宁，2017），在本土化期货市场成为国际定价中心的进程中，期货市场国际定价能力将呈现出“阶段性增强”的特征，与全球其他定价中心价格走势依次呈现互不影响、完全追随（影子市场）、相互引导、完全引导四个阶段的变化（李自学，2014）。一旦成为国际定价中心，某期货价格将成为全球大宗商品贸易基准价格的重要参考。狭义地讲，期货定价能力也是某期货合约价格反映供求信息的有效性，它以期货合约套期保值、价格发现的功能发挥为基础，并可以将狭义的价格发现功能进一步延伸到广义范畴。

四、原油期货定价能力

原油期货定价能力是期货市场定价能力在石油市场的具体体现，也是本书的研究对象。基于前文对期货市场定价能力概念内涵的界定，本书将结合全球石油市场贸易格局、定价方式，通过指标体系构建，动态评估国内外重要原油期货交易中心的定价能力，探讨不同期货市场之间定价能力的相互（溢出）影响。通过对比上海原油期货与全球两大定价中心 WTI 和 Brent 原油期货定价能力的差异（差距），综合给出上海原油期货在国际石油贸易体系中的实际影响力（话语权），客观评估上海期货市场成为全球原油大宗贸易定价“第三极”的可能性。本书的逻辑框架如图 1-1 所示。值得一提的是，本书多数章节分析的核心内容始终是期货定价能力，仅第六章部分涉及期货价格形成机制。因此，本书并不太关注供求信息撮合形成期货价格的具体过程，而聚焦深度挖掘决定定价能力的驱动因素以及定价能力的发展轨迹。尽管期货定价能力的形成在一定程度上有赖“共识机制”，但本书的研究主要基于信息效率机制。

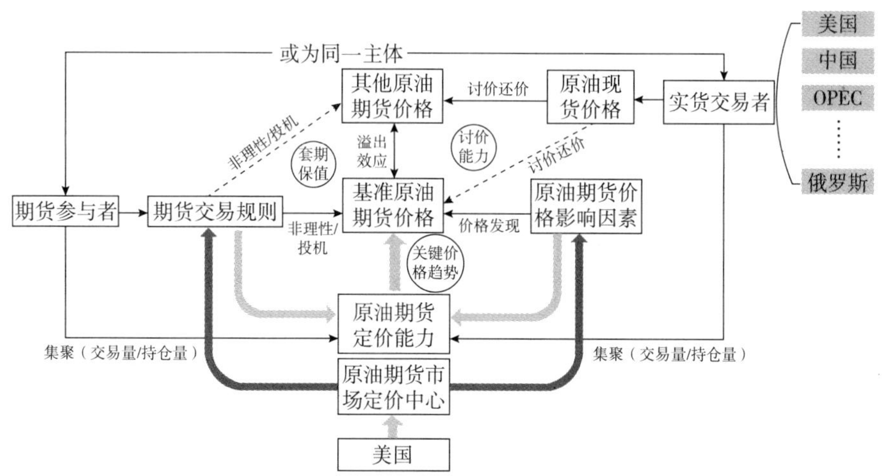

图 1-1 原油期货定价能力和原油期货价格关系示意图

第三节　研究目标与研究内容

一、研究目标

本书从“提升本土原油期货市场定价能力，构建全球原油期货定价中心”出发，旨在科学、客观地评价上海原油期货定价能力，识别影响期货定价能力的宏微观因素。在此基础上，给出提升我国原油期货定价能力的政策建议。本书的研究目标具体分为以下四点：

（1）基于有效市场理论、波动溢出理论、套利理论等，构建原油期货（国际）定价能力的评估指标体系，量化识别上海原油期货国际定价能力，并开展实证检验。

（2）量化分析相关因素对中国原油期货定价能力影响的方向、冲击程度，识别关键性驱动因素，即采用高频数据，从原油金融属性、商品属性、宏观属性三个方面定量测算相关因素的影响大小及方向。

（3）构建原油期货定价机制的理论分析框架。基于三类期货定价情景，数值模拟上海、WTI、Brent 原油期货价格和定价能力的发展轨迹，明确上海原油定价能力提升的最优发展路径。具体而言，构建包含原油进口者（中国）、原油主要生产者（OPEC）和边缘石油企业生产者的动态随机一般均衡（Dynamic Stochastic General Equilibrium，DSGE）模型，模拟结构性冲击对三种情景下上海原油期货定价能力提升的影响。

（4）提出我国原油期货定价能力提升的政策建议，为保障国家能源安全目标出谋划策。基于对上海原油期货定价能力的评价，以及对原油期货定价能力传导机制、影响因素的分析和情景模拟，从思想引领、组织建设、制度创新、优势利用等视角提出有针对性的建议。

二、研究内容

为完成上述四项研究目标，明确上海原油期货定价能力的提升路径，本书主要从以下七个章节展开论证。

第一章：导论。全面介绍本书的研究背景、核心概念、研究思路以及主要创新之处等。本章的重点内容是对关键概念（大宗商品定价、大宗商品定价能力、期货市场定价能力、原油期货定价能力）进行内涵和外延界定。

第二章：国内外相关研究现状。结合期货市场经典的有效市场假说、"市场传染"假说以及波动溢出、风险对冲等理论，从原油期货定价效率与价格传导机制、原油期货定价能力的概念辨析、原油期货定价能力的影响因素等角度对已有文献进行系统梳理。在此基础上，系统阐释现有文献的不足，凝练出本书的边际贡献。

第三章：期货市场建设与石油定价能力提升。首先，回顾了全球石油贸易定价体系的演进与定价方式的变迁，客观展示期货定价在当前大宗商品定价体系中的核心地位；其次，介绍了中国石油产业的发展现状与期货市场的功能发挥，突出在贸易依存度不断高企的背景下，本土化"期货"市场长期缺失导致中国在全球议价中处于被动境地的客观事实；最后，从学理上阐释了原油期货定价能力与石油议价能力的辩证关系，为后续章节的理论、实证分析奠定逻辑基础。

第四章：原油期货定价能力的测算及溢出效应分析。本章最重要的工作在于构建原油期货的定价能力指标体系。利用主成分分析法、区分结构断点，科学测算了四大原油期货市场的定价能力。具体而言：一是在有效市场、溢出效应和套期保值等理论基础上，建立原油期货的定价能力指标，并采用主成分分析法测算四大原油期货定价能力。二是利用测算出的美国 NYMEX 的 WTI 原油期货、英国 ICE 的 Brent 原油期货以及中国上海期货交易所（以下简称上期所）的上海原油期货定价能力的日度数据，基于 VACM—GJR—GARCH—BEKK 模型，定量分析国内外原油期货定价能力之间的互动关系，测算上海原油期货对国际原油期货定价能力的均值溢出效应、波动溢出效应以及非对称性效应。

第五章：中国原油期货定价能力的影响因素分析。一是梳理原油期货定价能力的影响因素，将文献中的宏观经济、产业链、市场供求、商品金融化、突发事件、资源替代、贸易政策等相关因素进行归类，构建三类原油期货定价能力影响因素模型。二是基于自回归分布滞后（Autoregressive Distributed Lagged，ARDL）模型、向量误差修正模型（Vector Error Correction Model，VECM）的脉冲响应函数、方差分解以及 Granger 因果检验等，实证探究相关因素对原油期货定价能力的影响，识别不同驱动因素的冲击。

第六章：中国原油期货定价能力提升的机制分析。本章将具体回答我国原油期货定价能力提升的路径及预期效果，具体研究内容包括建立包含原油进口者、主要的原油出口者和小型边缘的原油出口者的 DSGE 模型，基于情景模拟法构建三类不同的情景，预测我国（上海）原油期货定价能力提升的轨迹，测算石油产业生产力、石油生产者数量、家庭偏好、货币政策、技术等宏观因素在不同情景下对原油期货定价能力的影响。结合 WTI、Brent 等市场提升原油期货定价能力的经验，给出上海原油期货优化发展路径。

第七章：研究结论与政策建议。在系统性地梳理前序章节核心研究结论的基础上，根据理论模型、实证模型所得出的原油期货定价能力影响因素和情景模拟的结果，给出提升我国原油期货定价能力的建议，具体包括：明确原油期货定价能力提升“分步走”策略；持续完善原油期货市场的相关法律法规、交易规则；从金融、商品、宏观属性三个维度有效提升我国原油期定价能力的思路；多措并举，稳步提升我国原油期货定价能力的步骤；等等。上述建议有助于保障我国石油贸易利益，维护能源产业安全。

本书的框架结构（技术路线）如图 1-2 所示。

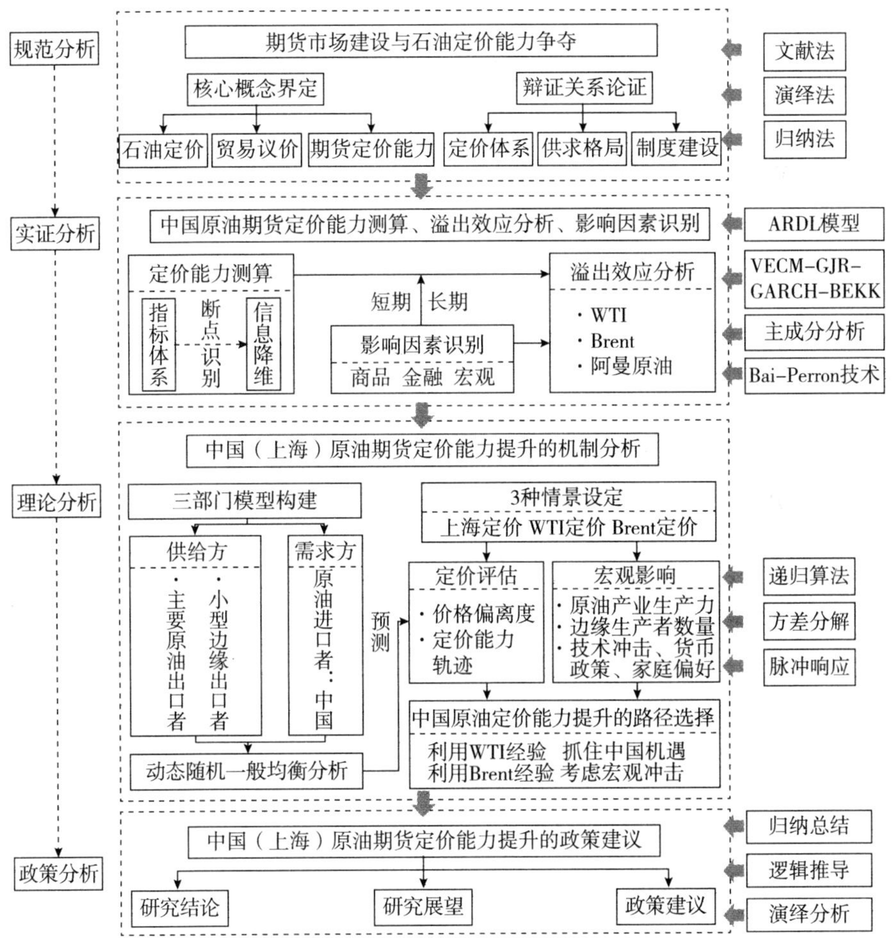

图 1-2 本书的技术路线

第四节 研究思路与方法

一、研究思路

本书围绕如何提升我国原油期货国际定价能力而展开分析。遵循了"问题导向→学理阐释→计量检验+数理模型→策略应对"的研究路径。底层逻辑是：原油期货定价能力的内涵在于期货市场通过吸引广泛投资者参与对其他期货市场产生信息溢出，因此定价能力最重要的表现便是期货市场交易情况及其对其他期货价格走势的综合影响。因而，第四章原油期货定价能力评价指标主要选取了原油期货持仓量、交易量、收益率、期现价差等。一个原油期货市场定价能力越强，越容易对全球油价走势形成定价基准，越能够充分、公允地反映供求因素，并利用规则主导权来合理地顺应价格走势，这也是第三章辩证关系论证的重点。当然，提升原油期货定价能力，还需要识别影响原油期货价格定价能力的关键因素（第五章研究重点），探索提升原油期货价格定价能力的可行路径（第六章研究重点）。具体而言，本书的研究步骤如下：

首先，提出了我国原油期货国际定价能力提升的必要性和紧迫性；其次，结合有效市场假说以及溢出效应、风险对冲等理论，梳理原油期货国际定价能力的文献脉络，阐释了期货市场建设与提升大宗商品议价能力的辩证关系；再次，基于宏观统计数据和微观交易数据，构建了原油期货定价能力指标体系，对四大原油期货市场的定价能力以及溢出效应进行测算，并进一步探讨了原油期货定价能力的相关影响因素；最后，基于

DSGE 模型模拟我国原油期货定价能力的路径和宏观冲击，系统地给出提升我国原油期货定价能力的政策建议。

二、研究方法

利用宏观统计数据与微观调研数据，综合运用计量分析法、案例分析法、调查研究法等多种方法，本书开展了系统的论证。

（一）计量分析法

1. 主成分分析法

本书的第四章采用主成分分析法，对评估原油期货定价能力的多维度指标进行降维，解决多维度指标信息关联、交叉重叠、多重共线性问题。相较于权重法、LASSO、聚类分析等方法面临的主观性强、估计有偏、大样本失效等缺陷，主成分分析法具有一定的优越性。

2. VECM—GJR—GARCH—BEKK 模型

本论文的第四章运用 VECM—GJR—GARCH—BEKK 模型评估国内外原油期货定价能力的相互影响，相较于 VECH—GARCH 模型存在待估参数多、方差协方差矩阵正定性难以保证等问题，两步法难以彻底克服异方差性等缺陷，本书选用的模型能够同时实现均值方程和方差方程的估计，更加严谨、科学。

3. 自回归分布滞后模型

本书的第五章运用 ARDL 模型探索不同因素对中国原油期货定价能力的影响。与 VECM 建模过程中协整关系要求序列存在同阶单位根不同，ARDL 模型无须满足同阶单整条件，具有一定的计量优越性。

（二）理论建模法

本书的第六章构建了包含原油进口者（中国）、原油主要生产者

（OPEC）和边缘生产者在内的DSGE模型，为主要原油定价中心的价格形成提供了微观基础。在此基础上，通过脉冲响应分析，预测不同情景下我国原油期货定价能力的演进轨迹，并识别石油产业生产力、货币政策、家庭偏好等宏观因素带来的冲击。

（三）案例分析法

案例分析法是一种实证（经验）分析范式，可以通过对现实案例的深度剖析，挖掘出计量方法难以探求的细节事实，进而对理论和传统经验做出矫正。如何提升我国原油期货定价能力是一个较为复杂的问题，案例分析法恰好能够发挥其方法论优势。目前，国际上具有定价能力的期货市场主要集中于欧美国家（WTI和Brent）。借助于案例研究，总结成功经验，对后发市场定价能力建设具有借鉴意义。具体而言，本书以美国、英国等境外原油期货市场的定价规则、定价模式、提升定价能力的策略与效果为例，深度挖掘其发展经验，以期为我国争夺原油定价权提供参考。

（四）调查研究法

为了科学构建原油期货定价能力指标体系，准确把握我国原油期货市场的发展状况，深度识别上海原油期货市场建设所面临的困难和瓶颈，本书还实地（或网络）采访了原油期货学术研究领域的学者，中国联合石油有限责任公司（以下简称中联油）、中国国际石油化工联合有限责任公司（以下简称联合石化）、托克集团（以下简称托克）等大型石油企业以及金融机构中较早参与国际原油期货交易的工作人员，并对原油期货具体实操过程等进行了参与式观察（学习）；同时，作者还专程去上海国际能源交易中心访谈，深度学习了我国参与国际原油期货市场的具体实践，初步了解了国际原油期货市场对我国原油行业的影响；等等。通过调查访谈，作者深刻地意识到原油定价能力研究的必要性和紧迫性，设计了全书的研究框架，并开展了一系列的设计工作。在调研和访谈过程中，作者也深刻体会到目前上海原油期货定价能力在指标测算、路径预判等方面存在的困难，这些素材均为本书的撰写提供了扎实的支撑。

第五节 主要创新之处

本书的创新之处主要包括以下四个方面：

其一，对定价能力、议价能力、期货定价能力等关键概念的内涵和外延进行了阐释，深度论证了期货市场定价能力与大宗商品定价（议价）能力之间的辩证关系，打通了“交易所制度建设→吸引国际市场投资者参与→充分发挥价格发现、套期保值功能→实现全方位的国际价格传导、波动溢出→成为区域（全球）性定价中心（‘基准价’）→公允反映本地区、本区域供求→国家掌握大宗商品定价的规则制定权、调整权、监督权→提升大宗商品定价权”的逻辑链条。对期货市场价格发现功能进行了有益拓展，深度挖掘出期货交易所提升大宗商品定价能力的宏观功能，这也为评估原油期货定价能力明确了市场目标，即“通过制度建设不断提升本土化期货市场的全球影响力，充分发挥市场在大宗商品国际资源配置中的核心地位，通过掌控定价规则的主导权确保国家能源安全”。

其二，以上述市场目标为导向，首次构建了原油期货市场定价能力评价的指标体系，填补了国内文献的空白。具体而言，在利用 Globally Determined 检验法和 Bai-Perron 检验法识别结构性断点的基础上，运用主成分分析法，对包含价格指标、交易指标、多地价差指标在内的 14 个指标做降维处理，科学地测算了四大原油期货市场的定价能力，突破了“以价格发现、套期保值功能发挥评价期货定价能力不直接”的困境。将结构断点方法融入期货市场评价具有一定的技术创新性。同时，本书还利用 VECM-GJR-GARCH-BEKK 模型，识别期货市场定价能力之间的均值、波动溢出效应和非对称性，同时估计均值方程和波动方程，具有一定的技术前沿性。

其三，科学识别期货定价能力的核心驱动要素。通过 ARDL 模型实证检验了宏观因素、商品因素、金融因素对原油期货定价能力的影响，较为成功地将期货价格商品属性、金融属性的量化分析范式在期货定价能力分析领域进行了有益的拓展。在诸多影响因素中，本书首次引入了原油期货交割库数量、地缘格局因素和经济不确定性变量，有助于挖掘更加全面的规律。

其四，借鉴前沿 DSGE 模型，考虑石油需求方（中国）的行为方程，构建不同期货定价中心（WTI、Brent 和上海）决定基准价的三种情境，将原油期货的价格形成内生化，赋予微观行为基础。同时，深度探索了不同发展路径下，技术、生产者数量、宏观政策、家庭偏好对上海原油期货定价能力的冲击。将主流范式引入原油期货定价及定价能力的研究当中，填补了国内学术界期货市场功能发挥机制分析的缺口。

第二章
国内外相关研究现状

第一节　原油期货定价效率与价格传导机制

套期保值和价格发现是期货市场的两大传统功能。套期保值是一种企业风险对冲的实操行为，价格发现则是“未来价格无偏估计”的体现，是企业利用期货价格信号作价的交易基础。理论上，价格发现功能是期货交易平台（交易所）将诸多影响商品现货价格的因素集合反映的结果，是全部市场参与主体供求信息撮合的结果。期货价格信号能够广泛地受到全社会的认可，主要源自其高效的市场化定价机制，即期货市场拥有极高的定价效率。当然，一个高效的期货市场不仅会对现货价格产生引导，还会对其他相关市场产生“溢出”影响。就原油期货而言，国内外大量文献探讨了其定价效率和价格传导机制。这也是研究原油期货定价能力的前置文献。

一、原油期货价格的有效性

价格有效性是定价分析的基础。作为一种典型的金融市场，期货市场的定价效率可以用有效市场理论（假说）进行检验。有效市场理论最早是劳伦斯·巴施里耶在分析布朗运动和股价随机性的关系时建立的，Mandelbrot（1966）关注公平游戏模型和随机游走间的关系，进一步深化了该理论。Fama（1970）在上述理论的基础上，提出了“有效市场假说”——市场价格如果能完全反映可利用的信息，那么市场就是有效的。根据价格对市场信息反映程度的不同，又产生出弱式、半强式、强式三类有效市场。在强势有效市场，任何信息都不会让投资者获得超额收益。

就原油期货市场而言，诸多学者对其价格运行是否符合有效市场理论（假说）进行了量化分析。Alvarez-Ramirez 等（2018）研究发现，从长期来看，原油期货市场的价格走势与有效市场假说是一致的。但更多的文献指出，原油期货市场并不完全符合有效市场理论，市场上充满了非理性投资者和投机者，原油市场价格的波动偏离均衡价格是常态，还会表现出长期反转效应、多重分形结构等特征。此外，由于原油价格上涨与经济衰退之间存在相关性（Hamilton，1983；Ortiz-Cruz et al.，2012；Martina et al.，2011），原油期货市场的效率水平在经济衰退和扩张时期，或在短期、中期和长期均会发生变化（Alvarez-Ramirez et al.，2002；Serletis & Andreadis，2004；Wang & Liu，2010；Fan & Xu，2011；Zhuang et al.，2015）。具体而言，Wang 和 Liu（2010）利用多尺度 MFDFA 等多种方法对 WTI 的市场效率进行了实证检验，得出市场行为在短期、中期和长期内都在变化的研究结论。Fan 和 Xu（2011）则进一步确定了原油价格存在的结构性断裂特征。何小明等（2011）从不可再生资源定价理论出发，利用 HP 滤波法，研究发现国际原油价格符合不可再生资源的价值规律，并基于国际原油市场定价机制演化、主体多元化、参与者结构变化和世界经济周期性发展等多重视角，深度阐释了上述现象发生的制度成因。

与有效市场假说相关的另一类工作便是检验价格的可预测性。在弱势有效市场，期货价格应当是可以利用公开（基本面）信息加以预测的，诸多学者围绕上述问题进行了探索。Abosedra 和 Baghestan（2004）通过构建数值模型发现，原油价格期货的预测具有较高的准确性，但是国际政治局势和市场消费情绪等因素会对预测有效性造成不利冲击。Wang 等（2017）使用带有单个预测变量的时变参数（Time Varying Parameter，TVP）模型对原油期货价格进行了实时预测，取得了较好的效果。Pan 等（2017）建立了 GARCH-MIDAS 模型，研究发现宏观经济基本面可以提供有关历史波动以外的有用信息，结构性断裂可以拟合更高程度的 GARCH 隐含波动率。Wang 等（2019）指出，将油价上涨作为单变量宏观模型的附加预测因子，可以获得更大的预测收益，宏观模型在预测石油库存收益方面具有稳健性。Lin 等（2020）通过比较得出，HM-EGARCH 在发达和新兴国家的原油价格预测中表现出色，可以被视为波动率的有效度量。Yang 和 Zhou（2020）发现，WTI 原油期货收益无法通过自身和其他原油期货市场的滞后收益来预测，但 Brent 原油期货收益可以预测。

在非有效市场，原油期货价格还可以被其他非基本面信息加以预测。例如，Li 等（2015）采用 Google 搜索量指数测算投资者关注度对原油期货价格的影响。研究发现，加入搜索量指数可以提高油价预测的准确性。Lu 等（2020）建立动态贝叶斯结构时间序列模型（DBSTS），引入 Google 趋势指标以反映搜索数据对油价的影响，并利用贝叶斯模型平均值（Bayes Model Averaging，BMA）预测石油价格。研究发现，动态贝叶斯结构时间序列模型对结构转折具有良好的识别性，短期预测效能突出，Google 趋势可以在一定程度上预判出原油价格的变化。

除了以有效市场假说为理论基础的价格预测模型外，还有大量文献基于宏观经济计量模型和 DSGE 模型对原油价格展开预测，但预测的对象主要是现货价格。在 DSGE 模型中，石油价格和石油产量根据经济学原理进行设定，不同类型的模型分别将上述核心变量做差异化的内生性和外生性处理。Rubaszek（2021）综合采用两类常规模型——VAR 和 DSGE，对原油现货价格进行了预测，研究发现石油部门 DSGE 模型在实际油价预测方面要比随机游走或 VAR 模型更加优越。

二、原油期货的价格发现

已有文献主要以期现货市场之间的价格联动关系为基础对期货市场的价格发现功能进行实证检验。大量文献证实，原油期货和原油现货之间存在紧密的互动关系。Silvapulle 和 Moosa（1999）的经验证据表明，WTI 期货价格与现货价格呈现相互引导的规律，两种价格对市场信息的反应也呈现同步性。宋玉华和林治乾（2007）通过构建 VECM 模型发现，WTI 期货价格与现货价格在短期存在偏离，但长期存在协整关系。Chang（2012）使用 GARCH-Copula 模型发现，原油现货与期货价格存在尾部相关，而且呈现不对称性，上尾部相关性要比下尾部相关性弱一些。Chang 和 Lee（2015）通过时频域的小波分析得出，原油现货与期货价格之间存在长期协整关系，时频域中变量之间存在显著的动态相关性。Sensoy 等（2014）引入了一种较为新颖的实证方法——广义赫斯特指数以及滚动窗口法，对包含原油期货价格在内的 4 种能源商品期现货价格之间的长期相关性进行了动态识别。研究发现，虽然这种长期相关性存在，但并不稳定。并且，距离期货到期日越近，长期相关性越弱。

也有部分学者持有不同的观点。例如，Moosa（1994）研究发现，原油期货价格既不是现货价格的无偏估计，也不是现货价格的有效预测。还有学者指出，原油期货和现货价格存在非线性相关性。例如，Liu 等（2019）建立了 TECMGJR-GARCH 模型，发现原油期现货价格之间存在协整关系，但长期看呈现非线性、时变性和非对称性。同时，也有研究发现，原油期货市场有时会出现反向价格发现。例如，朱芳菲（2018）基于 1997 年 5 月至 2016 年 8 月时间序列数据，运用 SVAR 模型研究发现，2008

年金融危机以后，国际原油市场价格更多地受到原油现货价格传递和波动冲击的影响。

此外，部分研究发现，国外期货价格也能对国内现货价格产生引导，这是期货市场价格发现功能的“外延”拓展，当然一个重要的制度成因在于，在自由贸易和经济全球化背景下，世界各地的原油现货价格是高度关联的。魏巍贤和林伯强（2007）采用了多种计量模型研究发现，国外原油（期货）价格波动对中国原油市场的影响很大，但国内油价对国际油价的影响却不明显。刘红和王小娇（2014）采用 VECM 模型，得出了与魏巍贤和林伯强（2007）类似的研究结论。何启志等（2015）进一步检验了中国、美国、英国三地原油期现货价格的动态相关性。刘孝成和周海川（2016）采用 Gonzalo 和 Granger 在 1995 年提出的持久性—暂时性分解方法，研究发现国际原油期货价格的联动性对我国现货价格具有显著影响。林伯强和李江龙（2012）研究指出，国际期货在向国内原油现货价格传导的过程中，会受到国际投机力量的直接影响（干预），因此期货市场国际化程度对国内外价格联动的冲击较大。

三、原油期货价格的传导机制

原油期货的价格传导主要体现在四个方面：不同原油期货市场的跨市价格联动、原油期货价格对其他商品价格的影响、原油期货价格对其他金融市场价格的影响以及原油期货价格对宏观变量的影响。

不同原油期货市场的跨市价格联动方面，Lin 和 Tamvakis（2004）采用 ACD 模型发现，国际两大定价中心——WTI 和 Brent 的原油期货价格存在较强的相关性，Brent 市场具有更快的波动速率。Lanza 等（2006）采用多变量条件波动模型对不同原油期货价格（包括跨品种、跨市场视角）传导关系进行了精准识别。2018 年以后，学术界开始关注上海原油期货对其他原油市场的价格影响。曹剑涛（2019）分析了上海、WTI 原油期货价格的关系，发现国内原油期货价格短期并不影响国外原油期货价格。薛健和郭万山（2020）运用时变 T-copula 模型研究发现，尽管上市时间不长，但上海原油期货价格已经与部分现货价格（如大庆、胜利、阿曼）呈现协整关系和单向引导关系，但上述规律并不显著地存在于上海与 WTI 原油现货价格的关系当中。

原油期货价格对其他产品价格的影响包含两个维度：其一，产业链维度，即原油期货价格会对成品油价格产生链条式传导。Schwartz 和 Szakmary（1994）测算了原油、取暖油、无铅汽油价格之间的套利行为，得出原油期货价格深度引导产业链现货价格的结论。Marzo 等（2008）利用多变量 GARCH 模型，进一步分析了原油、取暖油、天然气价格之间的互动关系，得到了类似的结论。Reboredo（2015）利用 Copula 模型发现，原油收益率和全球可再生能源指数收益率存在显著对称的尾部相关性。朱芳菲（2018）通过滚动窗口 VAR 模型研究发现，2008 年金融危机之后，原油和天然气市场在多数时刻不存在溢出效应，“脱钩”现象反而逐渐呈现。王世文和侯依青（2020）采用 Copula 函数分析发现，原油期货与化工类期货价格联动性呈现强化趋势，与沥青期货价格则呈现下尾相关性。尽管如此，期货价格并未在产业链定价体系中占据关键地位。其二，相关市场维度，这主要与“市场传染”假说有关。“市场传染”假说认为，人的行为并不完全符合“理性人”假设，当无法获取自身市场全部有效信息时，人们就会参考其他金融市场上的交易行为进行决策，从而使得金融市场的价格波动深度外溢。当某一原油期货市场传递出大量消极信号时，其他市场的参与者很容易形成传染性恐慌。资本市场一体化又会导致信息传播速度加快、传播范围放大，恐慌情绪会被进一步强化。例如，Guo 等（2016）结合 ARJI-GARCH 模型和 Copula 函数研究发现，国际原油的负面事件会导致中国焦炭价格下跌，而原油利好事件的影响则刚好相反。

作为典型的金融产品，原油期货还具有明显的金融属性，这导致原油期货价格与金融市场价格互动紧密。大量文献集中探讨了期货市场与股票市场的价格联动关系。Wen 等（2012）采用时变 Copula 模型分析了金融危机期间，能源、股票价格之间的传染效应，获得了雷曼兄弟倒闭后原油与股市之间的依存度显著增加的结论，从而支持了 Forbes 和 Rigobon（2002）提出的市场传染理论。部分研究指出，亚太地区原油价格和当地股市收益相关性较弱（Zhu et al.，2014；Avdulaj & Jozef，2015）。Wang 和 Li（2016）使用 GARCH 族模型得出，全球原油市场和股票市场价格具有动态相关性。Xiao 等（2018）对油价波动不确定性影响中国总体和分行业股票收益的关系进行了分位数识别，发现原油价格波动的不确定性会带来股价冲击的非对称性。Guesmi 等（2018）采用多因素资产定价模型检验了美国原油价格对欧盟、亚太、北美等地区股票市场的传染效应，研究发现原油价格波动加剧了与美国密切相关市场的股价波动。Liu 等（2019）基于 VAR-GARCH 模型实证发现，中美原油市场的相关性有所增强，并带来了股票市场之间价格联动的日趋紧密。Wang 等（2021）通过马尔可夫—Copula—极值理论模型定量分析了石油和股票市场之间的传染特征。研究发现，与中国相比，美国市场传染时间更短、力度更大，更容易受到极端事件的下行冲击。与以往的危机相比，新冠疫情在两个市场上显示出最大的金融传染性。除了与股票市场的价格联动外，还有部分文献探讨了原油期货价格对黄金、美元等金融资产的影响（Narayan et al.，2016；Smyth & Narayan，2018；Yildirim et al.，2018）。例如，龚玉婷（2013）采用多元广义自回归条件异方差模型对多样化商品的波动溢出关系进行了深度分析，研究发现美元市场、黄金市场价格波动会传导到原油市场，并促使市场之间的风险相互溢出。

由于原油属于特殊的战略资源，原油价格波动天然会对各国宏观经济运行产生不同程度的冲击。大量文献指出，油价波动会显著影响宏观经济

（Iyke，2019；Nusair，2016；Bodenstein & Guerrieri，2011；Narayan et al.，2016；Yu et al.，2015）、金融稳定（Zhang，2013）、国家安全（An et al.，2014）。油价震荡也被认为是引起美国经济衰退的主要原因（Kilian & Vigfusson，2017；Baumeister & Kilian，2016 等），特别是油价上涨可能会放大能源危机冲击，对实际 GDP 产生不对称和非线性冲击。石油市场的波动性（不确定性）往往会对宏观经济产生负面影响（Elder & Serletis，2010；Van et al.，2019），甚至损害实体经济发展（Sadorsky，2006；Polbin et al.，2019）。部分研究者关注原油价格变化对通货膨胀的影响（Hooker，2002；Cologni & Manera，2008；Rafiq et al.，2009）。张倩和张款慧（2013）还进一步识别出原油（期货）价格与（美元）汇率之间的互动关系（单向溢出）。

四、原油期货价格的波动溢出

前序文献主要讨论了原油期货价格的传导机制，聚焦价格本身（一阶矩）的影响。在金融市场，还有一类特殊的研究，聚焦价格波动（即方差，二阶矩）之间的互动关系，又被称为“波动溢出”效应。“溢出效应理论”认为，金融市场之间，由于存在跨市（跨品种）套利的机会，市场共同信息会影响到各市场参与者预期，套利交易会将一个市场大幅波动风险传递给另一个市场或其他品种市场。也就是说，大量的套利者可以通过各种信息渠道，获取不同期货市场全面的价格信息，并利用相似信息造成的定价偏差，快速形成“套利策略”，使得不同市场价格满足“长期均衡”。在这个过程中，不同市场价格的方差也会显著联动，导致风险的传染。

就波动溢出研究而言，王雪标等（2012）使用扩展后的 4 维 DCC－MGARCH 模型分析了 Brent、WTI 与中国原油现货价格之间的波动溢出情况。研究发现，尽管两大原油期货价格均会影响中国原油市场，但就波动溢出效应而言，WTI 原油期货的影响要明显高于 Brent。Souček（2013）基于标准普尔 500、日经 225、富时 100 这三个指数期货与 WTI 高频数据分析波动率的传导机制，研究发现，短期波动溢出效应显著地存在于不同市场之间，并且这种效应还具有时变性。Du 和 He（2015）研究发现，在 2008 年金融危机前，股票市场和原油市场之间的风险溢出关系是非对称的（前者对后者为正向溢出），而 Maghyereh 等（2016）的经验证据却有所不同（双向溢出效应）。张大永和姬强（2018）通过波动溢出模型验证了国内外原油期货价格之间十分密切的联动关系，但也发现国内宏观金融变量（如股指、汇率）较难对上海原油期货价格产生显著影响。

就方法论而言，国内外学界研究“波动溢出”效应综合采用了 VAR 模型族、GARCH 模型族、谱聚类方法、Markov 方法、混频时序分析等多种手段（以及各种方法的组合），对期货市场、现货市场、金融市场低频（年度、季度、月度、日度）、高频（分钟、秒等）数据的互动关系进行识别。VAR（含 VECM）和 GARCH 模型族是较为常用的回归模型，这两类模型在实际操作过程中往往联合使用，在识别均值溢出效应的同时，更精准地捕捉波动溢出效应，因此也产生出很多组合模型，如 VECM-GARCH-DCC 模型等。当然，谱聚类方法与各类 GARCH 模型的组合也是非常频繁的。上述模型充分利用脉冲效应、方差分解、非对称模型的思路，进一步捕捉了时间序列时间波动溢出关系的细节规律。例如，胡淑兰等（2015）基于原油期货价格波动结构转变的研究视角，运用 GARCH 模型和 Markov 机制转移模型，发现世界原油期货价格在 1983—2013 年先后经历了三个剧烈波动阶段，且波动溢出具有显著的转移特征。龚旭和林伯强（2018）基于 WTI 原油期货的高频交易数据，构建 HAR—RV—J—SB、HAR—S—RV—J—SB、PSlev—J—SB 三个模型，分析原油期货市场的结构突变、跳跃风险现象，研究发现，在结构突变前后，波动溢出效应也存在明显差异。

第二节　原油期货的定价能力

关于定价能力相关概念的内涵和外延，第一章已经进行了详细说明，文献综述部分对于相似内容不再赘述。本节主要围绕定价能力、定价权、定价中心等概念，对国内外文献的主流观点进行梳理。

一、期货市场与大宗商品议价能力

议价，又称为讨价还价（Bargaining），狭义上指的是买卖双方在谈判过程中依次给出策略价格，在最终实现双方都能接受叫价过程中的博弈行为，是并购的主要定价模式。广义上，讨价还价可以延伸到一切市场经济行为，小到农贸市场上的商品买卖，大到国与国之间的商务谈判，都是讨价还价的过程。议价的本质在于，交易双方围绕利益分配展开谈判，谈判的目的是为了促成合作，但在整个议价过程中，双方的利益是相互冲突的。市场经济环境下，国内外学者主要基于大宗商品的价格周期、买卖双方的市场势力（市场集中度）等角度，分析供求双方讨价还价时获取经济利益的能力（Schroeter & Azzam，1990）。就大宗商品的国际贸易而言，各主体同样会进行讨价还价。这种议价过程决定了稀缺资源在国家化配置过程中的配置效率。在大宗商品的贸易定价体系中，国与国之间讨价还价的背后反映了一国获取大宗资源的议价能力。当然，基于政治经济学视角，也有国家会通过非经济手段来进行讨价还价，包括政治施压甚至发动战争，因此一国的军事能力往往也对战略资源的议价能力产生重要支持（Fearon，1996）。

理论方面，Binmore 和 Ken（1990）、阿伯西内·穆素（2005）等学者利用博弈论模型来分析不同主体讨价还价的利益分配过程。在博弈论框架下，买卖双方拥有明确的想要通过谈判实现的意图，并各自掌握一定的市场信息。根据双方掌握信息的实际情况，讨价还价又分为完全信息、非完全信息两种博弈模式。完全信息讨价还价顾名思义，即买卖双方对各自的博弈信息（议价能力、底价分布）均有所了解；非完全信息讨价还价，是指至少有一方不了解对方的博弈信息分布。期货市场的出现打破了博弈论描述的讨价还价场景。期货价格是投资者多方信息集中撮合的结果，集合竞价大大简化了讨价还价的复杂过程，避免了交易双方由于信息不对称带来的福利损失，期货价格是相对最公平、公正、公开的一种价格信号。正因如此，期货价格迅速成为大宗商品国际贸易定价的“基准价”（胡俞越，2020）。当然，期货市场的交易者与大宗商品贸易的交易者往往并不重合。前者充分搜集市场信息，并根据自身的风险偏好、资金成本、运输及仓储成本、对经济前景和通胀的预期，进行套期保值、投机或套利操作，这也是确保期货市场充分发挥价格发现功能的重要基础。后者则充分利用权威的期货市场信号，将期货价格作为大宗商品贸易定价的“基准价”，进而实现议价过程的高效和公允（张宜生，2018）。

从这个意义上讲，在大宗商品期货定价时期，相较于早期的协议定价，买卖双方中市场势力较弱、信息获取较差的一方将获得明显的福利改进。期货定价的公允性高于买卖双方议价的公允性，但这也仅仅是一种相对公平。事实上，买卖双方的市场势力本身也包含在期货价格形成的信息集合当中，只不过期货定价简化了“一对一”议价的过程，给出了一种平均意义上的“多对多”议价结果。在期货定价时代，提升大宗商品议价能力，关键便在于适应期货交易规则，灵活运用期货市场进行套期保值，锁定贸易利润（姜洋，2019）。换句话说，哪个国家充分运用了期货市场，哪个国家就掌握了大宗商品议价的主动权。

二、期货市场与大宗商品定价能力

定价能力，在不同的领域具有不同的含义。在经济学领域，定价能力通常与供求模型中的价格弹性相关（Bijmolt et al.，2005；Parker，1992），某种大宗商品需求越缺乏弹性，其定价能力就越高，即当大宗商品价格上涨时，产品的需求量保持不变或略有下降时，大宗商品的定价能力较强（Nagle & Holden，1987）。厂商理论认为，产品价格随着需求增长而持续上涨，直到企业达到潜在可收取的最高价格为止。在这个过程中，价格上涨的幅度体现了定价能力的高低（Huber，2014）。Smith（2021）认为，当公司可以单方面定义和提取价格而无须考虑直接竞争压力时，其便具有较高的定价能力。进一步地，当一家公司能够向市场提供竞争对手无法提供或无法轻易复制的产品或服务时，便是其定价能力提升的体现。总的来说，经济学对定价能力的定义结合了价格上涨和需求增长两大核心要素（Krishna et al.，2007）。Krishna 等（2007）更加直白地给出了定价能力的定义，定价能力就是供给方可以决定价格上涨的能力。Archak 等（2011）进一步指出，定价能力与需求方对产品功能和溢价的相对偏好有关。

Carricano 和 Kanetkar（2015）还从管理学（营销学）视角补充了对定价能力的阐释，即企业凭借客户较高的支付意愿或卓越的营销策略，持续从市场中获取卓越价值的能力。Liozu（2019）研究发现，定价能力对企业绩效具有正向驱动力。此外，一些学者还将名义定价能力与实际定价能力进行区分。例如，Huber（2014）指出，定价能力是企业价格增长率超过行业通货膨胀率的水平。为提高定价能力，企业应尽早采取合理的价格策略，在市场上建立规范和锚点。部分文献尝试对企业的定价能力进行量化评估。例如，Krishna 等（2007）对苹果、星巴克、谷歌、乐高、迪士尼、3M、Netflix、强生等公司的定价能力进行了量化分析；Liozu（2019）从捍卫与竞争对手的溢价、使价格首先波动、获取客户的大部分价值、高价策略或推出创新和差异化产品、在不损失需求的情况下持续提高价格、捕获很大一部分预期的价格上涨这六个方面评估了 128 家华尔街公司的定价能力。

就大宗商品的定价能力而言，主要是指一国（企业）在单次交易或者长期交易中形成的能够主导价格制定的影响力。陈君和常清（2010）是国内最早提出大宗商品定价能力概念的学者。他们指出，经济不断发展壮大是中国提升大宗商品定价能力的主要因素。鉴于当前大宗商品贸易定价的“基准价”基本都与商品期货价格直接挂钩，因此这种对价格制定的主导程度也就变相地体现为期货定价相对买卖双方市场势力差的公允程度。当前，无论从经济体量还是贸易体量上看，中国均已位居全球大宗商品市场“需求”端的重要极，然而“一买就涨，一卖就跌”的窘境长期制约着中国经济发展。一个重要的原因便在于，中国缺乏本土化的大宗商品期货定价中心，贸易企业被动接受境外期货中心的价格，而境外期货价格并不直接反映中国供求信息，使中国承受“超额溢价”（胡俞越，2020）。从这个意义上讲，建立期货市场，建成“本土化→区域性→全球性”定价中心，是我国提升大宗商品定价能力的关键（姜洋，2019）。

期货市场定价能力则是指，某期货市场在全球大宗商品贸易定价体系中“基准价”形成过程中所占据的信息份额。当不同区域商品贸易的“基准价”普遍采用特定期货市场价格时，该期货市场便拥有较强的定价能力。从这个意义上讲，期货市场的定价能力也体现了全球投资者、贸易商对该期货市场的认可度。需要注意的是，由于相似的基本面信息驱动以及套利力量的存在，同一大宗商品不同期货市场之间往往存在紧密的价格联动和“波动溢出”，因此即便“基准价”并不直接与特定期货市场挂钩，该期货市场依然可能通过价格传导机制发挥出一定的定价能力。

李自学和常清（2014）认为，期货市场的定价能力是与国际定价中心相伴相生的。姚林（2018）进一步指出，定价能力体现为特定期货市场价格对其他期货市场价格的信息传导和溢出效应。期货市场定价能力本质上是期货市场价格发现功能在国际市场的拓展，根据期货市场形成价格的影响范围，定价能力还可以区分为国内定价能力、区域定价能力和国际定价能力三种。其中，国内定价能力是指一国期货市场对该现货市场价格的无偏预期；区域定价能力是指能够左右区域内国际贸易基准价格的影响力；国际定价能力是指期货市场价格对全球范围国际贸易的定价基准以及其他产品的价格形成发挥的影响力。屈佳（2019）指出，期货市场的国际定价能力彰显了一国在某商品行业的话语权和全球利益分配的能力。Zhang 等（2021）利用向量误差模型和有向无环图研究发现，与 Brent 和 WTI 原油期货相比，上海原油期货的定价能力存在明显差距。在亚太地区，上海市场初步表现出对其他现货市场的价格引导，较好地反映了亚太地区石油供需情况。

三、期货市场、定价权与定价中心

定价权，在一些文献中又被称为“话语权”，是定价能力更加宏观的概念体现。一般来说，当定价能力积累到一定程度后就将表现为定价权。当一个主体掌握定价权后，其在价格制定方面就拥有主动权。国外早期文献认为，定价权是利益主体在长期的利益争夺中，讨价还价能力的综合体现（Azzam，1997；Maude-Griffin et al.，2004）。价格是市场经济“看不见的手”调控资源配置的重要手段，企业对商品定价还有其他目标，如获得超额利润、正常利润、提高销售量、占领市场等，企业围绕不同的定价目标又形成了不同的定价策略。因此，定价权的前提是要有商品交易意愿，掌握定价权的最终目的是服务于定价策略，获取经济利益。Tellis（1988）深刻指出，定价权体现了随着产品价格的变化，客户改变购买商品的程度，但这实际上还是定价能力定义的延伸。王国刚（2005）试图从区域角度来界定定价权，并指出开放型经济体拥有制定各类商品及金融产品交易规则的权力，这便是定价权。蔡俊煌（2015）从财富视角对定价权加以定义，认为定价权就是财富占有权和分配权。此外，还有学者将定价权与公司战略、竞争优势概念联系在一起，认为定价权是由于客户较高购买意愿导致的较低价格敏感性为公司带来的定价优势，或者由于高效的销售策略引起相关组织从市场中获得较高利润的权力（Carricano & Kanetkar，2015）。

按照交易对象不同，定价权又可以细分为商品定价权和服务定价权。前者的交易对象既包括原油和煤炭等能源、黄金和铜等金属产品、大豆和小麦等农产品，也包括各类金融产品，如股票、期货和外汇等。后者则体现了服务业生产者在价格制定方面的掌控能力，或者说服务提供主体对于服务所得收入或收取服务费用方面的议价能力。从这个意义上讲，讨论定价权问题离不开具体的产品和服务，而在所有的产品和服务中，大宗产品定价权问题历来被国内外学者所重视。在特定的大宗商品国际贸易领域中，定价权又特指交易方对贸易定价的掌控能力，反映了对国际价格的影响能力（刘庆柏，2009）。基于不同的利益主体，定价权的获取对象可以是某个国家（经济体），也可以是某个组织，如企业、行业协会等，还可以是某个个体，如消费者。与本书研究高度相关的概念是按照地域划分的定价权，即地区、国家、区域和国际定价权。其中，国际定价权是对国际市场交易价格所产生的影响力（王国刚，2005）。从对价格的影响程度来看，定价权又可以划分为完全没有（价格接受者）、拥有部分（价格影响者）、完全拥有（价格决定者）三类。黄勇（2015）通过实证研究进一步证明了，大宗商品价格受期货市场的影响最大，因此定价权体现了与大宗商品贸易基准价密切挂钩的期货价格的信息份额。

与定价权高度关联的另一个概念是定价中心。定价中心是定价权创建与争夺的具体载体（常清，2017），也是定价权积累的质变结果。定价中心，顾名思义，就是具有核心定价功能的价格发布中心，定价中心披露的价格在市场上往往被认定为权威价格。在“基准价+升贴水”的国际贸易定价格局中，期货价格是多数大宗商品基准价的参考。如果某个期货市场成为大宗商品国际贸易的“基准价”，等同于该期货市场获取了“定价权”，这也是定价中心形成的必要条件。然而，定价中心的获得是一个长期的过程，需要在定价权不断提升、不断扩大的前提下才能实现。当行业领导者创建新产品、新类别时，定价领导者也会建立这些新产品或服务的全新价值观念（Stevenson，2016），定价权的表现形式可能发生改变，定价中心也可以发生转移。

当前，欧美国家建成了诸多国际大宗商品定价中心，深度左右国际贸易定价格局。例如，CBOT[①]（美国）是全球农产品贸易的定价中心，LME[②]（英国）是有色金属定价中心，CME[③]（美国）、IPE[④]（英国）是全球能源定价中心。这些期货定价中心决定着石油、金属产品、矿产品、大宗农产品国际贸易的交易价格。定价中心对于维护国家安全、增强经济韧性、提高产业竞争力具有战略意义。因此，大量国内文献探讨了如何构建本土化的大宗商品国际定价中心。王学勤（2013）指出，中国要成为国际期货定价中心，必须营造宽松的市场环境，积极制定信贷资金和金融机构准入政策等措施，加强与国际规则接轨。常清（2017）认为，中国正经历由经济大国向经济强国的变革，随着产业结构不断升级和优化，期货市场也将从影子市场转变成亚太地区的定价中心。常清等（2018）进一步指出，建成定价中心需要满足：其一，一国或地区不仅具有国际化和世界性崛起特点，而且是相关商品的加工或消费中心；其二，一国或地区拥有相

① CBOT 是芝加哥期货交易所（Chicago Board of Trade）的简称。

② LME 是伦敦金属交易所（London Metal Exchange）的简称。

③ CME 是芝加哥商品交易所（Chicago Mercantile Exchange）的简称。

④ IPE 是伦敦国际石油交易所（The International Petroleum Exchange）的简称。

关品种上市的期货交易所以及完善的期货法律法规。胡俞越等（2017）、姜洋（2019）强调，“一带一路”沿线国家大宗资源分布丰富，“一带一路”倡议为中国商品期货跨越式发展提供了难得的机遇，应将商品期货纳入国家“一带一路”建设中统筹考虑，推动“期货价格+升贴水”定价模式深入“一带一路”沿线国家，构建亚太地区乃至全球的新定价中心。

四、原油期货定价能力的战略意义及演进轨迹

原油是所有大宗商品中最为重要的战略物资。诸多学者指出，提升原油定价能力对一种商品、一家企业、一个产业甚至一个国家而言均大有裨益。从企业层面来看，提升原油定价能力有助于企业在原油贸易中获得本土化避险工具（刘庆柏，2009）。从行业层面来看，提升原油定价能力有助于激发石油上下游产业和其他辐射产业的经营潜力。从国家层面来看，提升原油定价能力能够有效强化国家在国际大宗商品贸易中的话语权，保护国家经济利益和经济安全。基于上述认识，学者们普遍认为，掌握大宗商品定价能力对国民经济的健康发展非常重要（汤珂，2014）；原油定价能力的提升有助于价格转型公司、竞争定价策略公司获得更高的利润（Liozu & Hinterhuber，2013；Liozu，2017）。

范英和焦建玲（2008）系统梳理国际石油定价演变史后发现，1973 年以前石油定价能力由跨国石油公司掌握；1973—1986 年，石油定价能力由 OPEC 组织掌握；1986 年以后，石油定价能力由国际期货定价中心掌控。当然，之所以出现上述演进规律，与期货市场两大传统功能的发挥息息相关。价格发现确保期货价格能够预测或发现未来交易的现货价格，为贸易主体提供有效的议价信号；套期保值则确保在大宗交易合约达成之时，买卖双方能够更方便地进行风险对冲，提前锁定贸易利润。这种交易机制的优越性使得期货市场成为石油定价机制的核心组成，也引发了 20 世纪 90

年代以来，各国竞相建设本土化的期货市场，试图争夺石油定价权的特殊现象。现阶段，原油期货市场定价能力即将与原油定价能力画等号。

学术界对原油期货定价能力的评估大多基于价格发现功能的检验。ADF 检验、Johansen 协整检验、Granger 因果关系、向量自回归模型体系（包括 VAR 和 VECM 模型等）以及脉冲响应、方差分解等手段常用于实证分析当中。例如，Gülen（1998）指出，WTI 期货价格是原油现货价格的无偏估计。王群勇和张晓峒（2005）基于 1983—2004 年 WTI 期现货时间序列，通过信息共享模型识别出两者各自对对方的贡献率。其中，原油期货对现货价格的贡献率高达 54.27%，且期货价格对现货价格变动趋势产生显著引导。王晓宇等（2015）基于信息共享模型对 Brent 和 WTI 原油期货市场的价格发现功能进行比较。研究发现，多数时候 Brent 期货比 WTI 期货的价格发现能力更大，因为 Brent 现货市场的交易规模更大、流动性更强，而现货市场规模和流动性通常与期货定价能力正相关。当然，也有大量经验证据并不支持原油期货较好地发挥了价格发现功能。例如，Quan（1992）研究发现，原油期货并不具有显著的价格发现功能；Moosa 和 Al-Loughani（1994）研究指出，WTI 期货价格对现货价格的预测结果是无效的和有偏的。但上述质疑性文献普遍发表时间较早，实证手段落后，研究结论的可信度不高。上海原油期货市场方面，卜林等（2020）运用一系列的模型研究发现，由于上市时间较短，上海原油期货市场的价格发现功能还不够强，与亚洲老牌原油期货市场（如新加坡、迪拜）相比尚存差距，成为亚太地区最具影响力的定价中心尚需时间。

第三节　原油期货定价能力的影响因素

已有文献对原油期货定价能力影响因素的讨论较少，大量文献集中探讨了原油期货价格的影响因素。鉴于原油定价能力与原油期货价格发现功能的发挥存在千丝万缕的联系，而原油期货价格发现功能的发挥又是以信息撮合机制为基础，本节将主要从原油期货价格的影响因素视角展开综述，并逐渐延伸到原油期货定价能力的影响因素上来。

一、原油期货价格的影响因素

学术界针对原油期货价格影响因素的讨论主要聚焦于宏观因素（地缘格局、突发事件冲击、宏观新闻报道）、商品因素（技术创新、供需平衡表、现货市场）和金融因素（投机因素、汇率市场、股票市场、投资者信心）等方面（Lizardo & Mollick，2010；Chang & Lee，2015；Wang et al.，2013；Xiao et al.，2018），研究手段以定量分析为主，综合运用了 VAR、VECM、GARCH、SVAR 等模型。

首先，石油作为一种宝贵的战略物资，关乎世界各国国民经济发展的命脉。实体产业（现货市场）的特殊性决定了原油期货价格具有天然的宏观属性。地缘格局会对石油的供给和需求产生重要影响（Correlje & Van-der，2006；Barkoulas & Santos，2008）。例如，俄乌冲突升级之后，欧洲其他国家都加快了替代能源的开发，试图降低经济发展对石油的依赖，这会显著影响全球石油的需求和贸易格局。Azzimonti（2018）指出，石油生产与地缘格局的关联取决于地缘不确定性与商业周期。Cunado 等（2019）将世界石油产量纳入时变参数结构矢量自回归模型中，以评估地缘风险爆发期间的油价响应，发现在地缘风险上升期间，石油价格也会随之上涨，但并不会持续上升。张礼卿（2019）分析了地缘风险与国际原油价格之间的关系，研究发现随着金融市场信息传播的逐渐多样化和复杂性，国际原油价格的影响因素也在发生变化，“旧三角”因素（Wang & Wu，2012；Chai et al.，2018）正在被“新三角”因素取代。Lu 等（2020）基于 BSTS

模型分析了全球经济、美国石油生产和维也纳联盟“新三角”对全球石油市场的影响。此外，还有学者关注到地缘突发事件对石油价格的影响，这些突发事件包括伊拉克石油被禁止通过其他地区石油管道（Eilts，1991）、美国 2003 年从沙特阿拉伯撤军（Correlje & Van-der，2006）、霍尔木兹海峡或苏伊士运河石油运输中断（Morse & Richard，2002）等。Fong 和 See（2002）运用广义制度转换模型研究发现，波动性机制与影响石油供应和需求的重大地缘事件是主导 GARCH 效应的主要因素。Kilian（2009）使用向量自回归（VAR）模型进一步分析了 OPEC 国家重大事件对原油价格的影响。Klein（2018）认为，风险事件会强化 WTI、Brent 原油期货之间的短期联动性，并且消极事件的影响会高于积极事件的影响。Gong 等（2020）通过时变矢量自回归模型分析不同事件对油价的动态影响，发现重大事件对油价波动的冲击是巨大的。

其次，作为一种典型的大宗商品，原油期货价格的走势主要由基本面因素驱动。当前，欧盟、美国、日本等发达经济体以及亚太地区的新兴经济体（如中国、印度）石油需求高企，高度依赖波斯湾、俄罗斯和里海石油（Bunn et al.，2017）。供需平衡表的每一次外生变化也会引起石油价格的震荡。例如，页岩油革命深刻影响了全球供需平衡，页岩油生产和相对成本的变化都影响了油价的波动（Baumeister & Kilian，2016）。石油库存是影响石油价格的主要基本面因素，Balabanoff（1993）对 1985—1993 年美国商业原油库存、现货价、期货价格进行协整分析，研究发现商业原油储备月均库存量显著影响了现货价格，可以通过期货市场对冲由库存变动带来的现货价格波动风险。Salman（2001）的经验证据表明，美国石油月末最终库存会显著影响 WTI 期货价格。具体而言，成品油库存、原油库存、总库存的增加均会降低 WTI 期货价格，但战略石油库存对期货价格的影响并不显著。Michaely（2014）进一步发现，库存水平与原油商品价格之间存在非线性关系。石油生产和消费格局的变化也会深刻主导油价走势。李智等（2014）基于 MSIA—VARX 模型，发现原油期货市场具有明显的区制转换特点，虽然投机因素的影响在不断提升，但西方国家的石油消费需求变化仍然是石油期货价格变动的决定要素。相比之下，世界石油产量增长对油价的冲击会随时间变化而下降（Azzimonti & Talbert，2014）。马郑玮等（2019）基于 2003—2018 年 Brent 原油期货价格以及世界主要国家原油的库存量、需求量等数据，研究发现原油库存量、供给需求量等因素均能显著影响原油期货价格。徐鹏和刘强（2019）利用 SVAR 模型分析得出，需求侧冲击、美元流动性显著影响原油期货价格，且影响程度要高于原油供给、商业库存、投机行为等因素。Akram（2020）研究发现，时变关系是石油价格的主要驱动因素，需求和供给驱动的石油价格波动在不同程度上改变了石油出口国的收益，加剧了地缘格局的不确定性。

最后，作为一种金融产品，原油期货价格近年来越来越受到金融因素的影响，主要因素包括美元汇率、市场投机活动、投资者心理（Narayan et al.，2016）、金融市场不确定性、波动相关的风险冲击波（Bonaccolto et al.，2018）等。在不同历史阶段，不同金融因素对原油价格的影响不尽相同（Hamilton，2009）。原油被纳入战略资源、市场投机行为规范化、市场交易力量被改组等是导致原油金融属性进一步增强的重要驱动因素（Wang & Wu，2013；Haugom et al.，2014；Narayan et al.，2016；Wang & Li，2016）。部慧和何亚男（2011）将原油期货市场的投机因素纳入 GARCH 模型，实证发现非商业交易商的交易活动、美元汇率显著影响原油价格。Fan 和 Xu（2011）采用内生决定性断点检验法，将国际油价分为相对平稳期、泡沫累积期和全球经济危机期三个阶段，发现石油价格形成机制经历了两次调整，投机力量、突发性事件会显著影响国际油价。韩立岩和尹力博（2012）研究发现，国际投机因素在短期内造成了大宗商品期货的金融化，而实体因素是推动大宗商品价格上涨的主要动力。隋颜休和郭强（2014）基于 2000 年 1 月至 2013 年 9 月的 WTI 原油期货价格数据，通过结构断点检验分析得出，货币政策、长期投机因素显著影响原油价格波动，并高于其他金融因素以及短期投机因素的冲击。吴丽丽和吴跃娣（2015）基于2002年11月至2014年11月WTI原油期货价格数据，运用局部调整模型研究发现，原油期货价格受其预期价格变动以及投资资金的影响显著。姚小剑和扈文秀（2016）研究发现，消极投资者数量影响油价波动，理性投机者则利用油价波动形成的正反馈效应提升对油价的控制程度，进而提高油价的波动水平。李卓和李海（2017）构建四元SVAR模型研究发现，商品指数投资者的头寸对原油期货合约价格具有显著影响。Ma等（2018）研究发现，包含经济政策不确定性指数的HAR-RV模型具有更高的预测精度，能够有效预测石油期货价格走势。胡喆笑（2022）基于2018年10月1日至2021年1月18日WTI原油期货价格数据等指标，运用HAR-RRV模型实证发现，在新冠疫情暴发期间，原油期货价格受到了投资者情绪的明显冲击。

二、原油期货定价能力的影响因素

期货价格影响因素是指，在价格形成的复杂过程中，期货价格会具体受到哪些关键因素的冲击，总体上探讨的是价格形成机制问题。期货定价能力影响因素与上述概念明显不同，是指提升原油期货价格在大宗商品国际贸易定价体系中话语权（信息份额）的驱动因素。这些因素确保原油期货逐渐实现“较高的价格发现功能→较高的区域价格传导效率→成为全球投资者公认的基准价格”的路径。换句话说，在相关因素对原油期货定价能力产生积极影响的过程中，原油期货价格影响因素的信息也会更加公允地体现在期货价格当中。唯有如此，全球贸易商才愿意将期货价格作为“基准价”，这便是期货价格与期货定价能力影响因素的辩证关系。随着定价权概念在现实世界呈现得越来越明显，分析定价权的驱动原因以及企业如何提升定价权被国内外学者广泛重视，在定价权的驱动因素以及定价权提升路径等方面得出了诸多有价值的结论。期货定价时代，定价权驱动因素与期货市场定价能力驱动因素具有内在一致性。不仅如此，建设大宗商品国际定价中心的驱动因素也与定价权驱动因素、期货市场定价能力驱动因素具有极其相近的内涵。

国内外学者结合一些国家或者地区试图采取的提高原油国际定价能力的诸多措施，抽象地讨论了期货定价能力的动力源。这些因素大致可以概括为六个方面：一是期货市场状况，主要是指期货市场的整体健康状况，如增长或稳定的机会、对差异化投资者的吸引力、市场长期的可预测性（Hinterhuber，2017）。二是投资者情况（动态），主要是指投资者对期货市场规则的感知、洞察力、价值公允性、投资者对期货市场服务的偏爱以及从客户数据中提取的定价能力（Archak et al.，2011）。三是制度创新情况，包括投资者对新规则的接受意愿和适应能力，通过制度创新获取更大话语权的能力（Ringen，2021）。四是差异化地位。差异化服务更容易为投资者所接受（Ingenbleek & Van-der，2013），能够带来更高的投资体验，差异化范畴具体包括溢价程度、时区定价、技术和非技术转换成本以及交易所品牌无形资产等，贸易企业往往会测算不同期货市场的差异性，并验证目标市场溢价的合理性。五是全球供应商的竞争压力，是指供给方的整体定价活力，竞争压力主要受到低成本竞争者定价冲击、系统中的总体定价情况和价格战开展幅度的影响（Kadiyali et al.，2000）。六是供给端生命周期，是指市场上产品过时的速度、技术变革速度、可提供总体生产能力、滞销库存、产能利用率和固定成本等因素，通常会影响供给商的定价策略。上述因素体现了全球原油市场的基本供求格局的冲击。

2018 年 3 月 26 日，上海原油期货合约正式推出。上市仅 3 个月便取得了交易量全球第三的出色成绩（Zhang & Umehara，2019），被亚太地区投资者寄予打造区域性定价中心、真实反映亚太地区供求状况、在全球石油定价格局中增加“亚洲力量”的厚望。尽管上市至今，上海原油期货表现稳健，但想要挑战 Brent 和 WTI 国际基准价格的地位仍然是一个长期目标（Ji & Zhang，2019；Zhang & Umehara，2019）。Palao 等（2020）通过研究四大国际知名原油期货日度数据，发现 Brent 期货市场最具定价能力，WTI 期货的价格发现最敏感，而上海原油期货在世界舞台上只是次要角色。部分学者虽然没有直接针对上海原油期货定价能力不足问题进行讨论，但从现货市场定价能力缺失的讨论中仍可见一斑：一是我国油价单方面、简单地跟随国际油价联动，忽视了国内消费结构、消费习惯、季节因素等信息，价格信号难以准确反映国内市场供求（程安，2013）。二是国内油价的调整滞后于国际油价，使得市场参与者投机、惜售等现象频繁发生，原油市场秩序较为混乱，总是被动地接受国际原油价格，并经常出现“高买低卖”现象（刘惠杰，2005）。三是亚太地区缺乏有效的基准价格导致“亚洲溢价”出现，亚太市场价格被动跟随 Brent、WTI 期货价格（AlKathiri et al.，2017；Wang & Ke，2005；Fung et al.，2010）。上海期货交易所原油期货上市有望突破以上三点困境，但定价能力的提升是一个漫长的过程，在不同的发展阶段依然会受制于上述困境。

除价格发现外，还有学者深刻指出，期货市场套期保值功能的发挥对打造大宗商品全球定价中心具有战略价值。与套利者和投机者不同，套保者实际上无须关注期货价格高低，只要有合适的建仓时机，就可以在期货市场建立套保头寸，提前锁定贸易利润。从这个意义上讲，期货交易所套保头寸数量决定了贸易商愿意利用该市场规避价格风险的意愿，这些头寸对于提升期货交易所的影响力至关重要。因此，套期保值功能的充分发挥同样有助于提升期货市场的定价能力。相对于其他大宗商品，原油的生产、加工、投资和消费群体更具复杂性，原油期货风险管理功能的发挥必将受到市场主体越来越多的重视。Ripple 和 Moosa（2007）考察了期货合约到期日对期货套期保值有效性的影响，发现当采用近月合约对冲效果更佳。Wu 等（2011）使用波动溢出模型发现，生物燃料时代原油期货价格波动率会传递到玉米期货价格，拓展了原油期货的交叉套保功能，这同样赋予了原油期货定价能力全新的外延。Zhang 等（2021）运用向量误差修正模型和有向无环图分析上海原油期货套期保值功能发挥和定价能力，并指出上海原油期货上市为石油进口商和炼油厂建立了有效的避险工具，成为了中国石油进口商的重要作价工具，这是其定价能力的初步展现。

第四节　研究述评

基于上述文献回顾不难发现，学术界针对原油期货定价、定价能力、价格传导机制以及波动溢出效应等问题进行了较为全面的讨论。单就上海原油期货推出的战略价值而言，诸多学者深度分析了本土化原油期货市场发展与提升贸易定价能力、建设定价中心的逻辑关系，并以价格发现和套期保值功能评估模型为基础，测算了上海原油期货定价能力的演进轨迹。同时，以定性分析和定量研究相结合的手段，学术界全面探索了商品、金融、宏观因素对原油期货定价能力的影响，并提出了一系列颇具针对性的政策建议。上述工作有力地提高了上海原油期货市场相关理论、实证、案例、政策研究的深度和广度。但总的来说，已有文献仍存在以下不足：

首先，学术界对期货市场与大宗商品定价能力的逻辑关系缺乏深刻认识。已有文献或就期货本身谈定价能力，将期货市场的功能发挥（套期保值、价格发现）、价格传导完全等同于定价能力；或仅仅将期货市场（交易所）视为一个信息撮合的中介平台，否认其在提升国家定价（议价）能力方面可能发挥的作用。更有部分文献混淆了期货定价、贸易定价、国家议价等重要概念，导致对相关问题的阐述无法形成逻辑自洽。针对该问题，本书的第一个边际贡献在于系统地梳理了期货市场与大宗商品定价的内在逻辑。通过引入全球石油市场的贸易格局和定价模式演进的历史视野，突出了石油贸易定价（议价）的核心内容——基准价，论证了期货定价成为几乎全部大宗商品贸易定价基准价的合理性。在此基础上，通过对期货价格形成机制的描述，深度挖掘出期货“基准价”与大宗商品贸易双方利益冲突的矛盾焦点——市场供求信息的空间错配所导致的“溢价”问题，进而阐释了应用本土化期货市场作为贸易定价基准的必要性和重要性，也从侧面强调了期货定价中心通过反映本土供求信息，服务本土企业获取公允贸易利益的机制。然而，大宗商品贸易“基准价”与哪个具体期货合约挂钩并不以国家利益或个人意志为驱动，主要取决于贸易商对于特定交易所定价效率和服务能力的认可度，这也是期货交易所国际信誉的直观体现。从这个意义上讲，打造本土化期货定价中心，提升定价能力，并不意味着干预“基准价”。事实上，如果一个定价中心频频干预基准价，一定会被市场无情地“淘汰”。其根本性目的在于获得公允的“基准价”，并掌握期货交易规则的制定权、修订权和监督权，获取通过账户监管发觉异常交易行为、通过规则修订打击干扰“基准价”非市场力量的能力。在特殊时期，避免规则调整权不掌握在自己手中的被动局面。本书的第三章系统地介绍了原油贸易定价机制、交易所价格形成机制，并厘清了两者之间的逻辑关系，对期货市场价格发现功能进行了有益拓展，深度挖掘出期货交易所提升大宗商品国际定价能力的宏观功能。

其次，学术界对原油期货市场定价能力的评估和测算不够科学、精确。由于概念上的混淆和逻辑方面的难以自洽，仅仅基于期货价格维度对定价能力进行评估表现出一定的局限性。价格当然是评估期货定价能力的核心内容，但投资者认可度、参与度也同样重要。与此同时，聚焦价格发现功能的大量文献通过讨论期货价格对现货价格的引导来评估期货定价能力。然而，当大宗商品存在多个局部供求区域时，这种评估方法只能逐一分析，再加以比较，难以将期货市场对所有区域供求信息的全面反映进行综合评价，这一点在原油期货市场上体现得尤为明显。不仅如此，一些经典的分析价格联动关系的计量模型（如 ARMA、GARCH、VAR、VECM）设定条件复杂，变量的具体形式、顺序选择会对实证结果带来较大的干扰，在一定程度上造成计量结果的稳健性不足。并且，在套利者大量存在的前提下，各国期货市场的价格联动越来越紧密，市场之间呈现更高效的价格传导关系是极其正常的现象，这未必是期货市场定价能力提升所致。针对上述问题，本书的第四章创新性地构建了原油期货定价能力评价指标体系，填补了期货定价能力评估框架缺失的空白，这是本书的第二个边际贡献。具体而言，指标体系既包含价格指标，又包含市场交易指标。价格指标中既包括收益率指标，又包括期现价差指标。价差指标中既包括本土价差，又包括其他代表性区域价差。技术上，综合运用了因子分析模型、Globally Determined 检验法、Bai-Perron 方法将信息降维、结构性断点问题考虑在内，更为科学地测算了原油期货的定价能力。本书所构建的指标体系内容全面、方法科学，能够便捷地复制到其他期货市场评估当中。除了对上海原油期货的定价能力进行了动态评估（纵向评估）外，本书还将上海原油期货与 Brent 期货、WTI 期货、阿曼原油期货的定价能力进行了横向对比，进一步拓展了评估体系的覆盖面。同时，借鉴经典计量模型的思想，第四章还利用 VECM-GJR-GARCH-BEKK 模型测算了不同期货市场定价能力的溢出影响。采用上述模型的合理性在于，本书所构建的评估指标虽然反映了期货市场的定价能力，但同样可视为一种加权的综合量价信息，对定价能力溢出效应的定量考察符合信息溢出理论的基本建模逻辑。

再次，学术界对于原油期货定价能力影响因素的分析视角单一、科学性有所不足。由于概念界定的混乱、评估指标的缺失，大量文献基于经济学原理阐释或案例分析等定性手段对原油期货定价能力展开讨论，缺乏定量手段的支持，导致研究结论的科学性相对较差。与此同时，“原油宝”事件、CFTC 修改原油期货投机持仓认定规则事件，较为深刻地反映出定价中心通过规则修订对期货价格进行干预的可能性。这也从一个侧面说明，期货价格能否公允，既取决于其是否充分反映了市场供求信息，也取决于期货交易规则的灵活性。前者属于期货价格影响因素的讨论范畴，后者才属于期货定价能力影响因素的讨论范畴。针对上述缺陷，本书的第五章通过构建多样化的模型（包括具有一定技术优越性的 ARDL 模型），全面考察了三类因素（商品、金融、宏观因素）对原油期货定价能力的影响，实现了从期货价格商品属性、金融属性向期货定价能力宏观属性、商品属性、金融属性的有益拓展，这是本书的第三个边际贡献。在具体的指标选取中，首次加入了原油期货交割库数量、地缘格局、经济不确定性变量，有助于挖掘更加全面的规律。

最后，国内学术界对于原油期货定价能力的机制分析尚处空白。事实上，国内学者针对期货价格的相关分析普遍以 ARMA、GARCH、VAR、VECM 等宏观统计模型为主，这是一种数据驱动型的分析范式，难以真正地挖掘期货价格形成的微观机制。值得注意的是，21 世纪以来，西方学者构建了包含石油部门的 DSGE 模型，对石油价格的供给、需求冲击进行了拟合，并预测了石油价格的发展轨迹，取得了比结构 VAR 模型更好的预测效果。更为重要的是，DSGE 模型可以将石油价格和石油产量作为内生变量，克服了结构 VAR 模型只能纳入外生变量、只能探讨价格传导的统计表征、难以触及深层次机制的缺陷。针对上述问题，本书第六章充分借鉴包含石油部门 DSGE 模型的前沿建模思路，修正了石油需求方（中国）的行为方程，构建了不同期货定价中心决定基准价的三种情景，将原油期货价格形成内生化，并深度探索了不同发展路径下，技术、生产者数量、宏观政策、家庭偏好对原油期货定价能力的冲击，进一步明确了上海期货交易所在打造国际原油定价中心“第三极”的过程中可能面临的干扰，有助于给出科学的优化发展路径。这是本书的第四个边际贡献，也是最大的边际贡献。将 DSGE 范式引入国内期货市场定价以及定价能力研究，有助于填补国内学术界对期货市场功能发挥机制分析不足的缺口。

第三章
期货市场建设与石油定价能力提升

作为全球第二大石油消费国，中国是全球石油供求格局中“需求端”的重要一极。长期以来，由于国内生产能力远远满足不了消费需求，我国石油（相关）产业高度依赖进口，外贸依存度始终保持在七成左右。作为全球最大的进口国，我国始终未能获得与旺盛需求相匹配的定价能力，“一买就涨，一卖就跌”长期困扰着中国经济的发展。整个亚太地区缺乏强有力的定价中心，也使得亚洲各国在国际石油贸易中被动承担“亚洲溢价”。在定价权长期缺失的困境下，中国（上海）原油期货市场应运而生，标志着我国在获取全球石油定价权方面迈出了坚实的一步。为什么建设期货市场会成为获取石油定价权的关键？目前，全球期货定价中心是什么基本情况？我国原油期货市场应如何实现跨越式发展，突破其他期货定价中心的价格制约？要想科学地回答这些问题，需要深刻了解国际石油贸易格局的演进、定价体系的变迁，并将中国原油期货市场放置在全球视野加以综合审视。本章首先简要回顾了石油贸易格局与定价方式的嬗变。其次，在此基础上，描述了国内外原油期货市场的发展现状。最后，对国内外期货价格的联动情况加以初步分析，并在学理上论述了期货市场制度建设与提高石油定价能力的内在逻辑。本章从宏观上描述了石油贸易格局、定价模式、期货市场的发展历程，深入分析了期货市场发展与定价权争夺之间的辩证关系，并对提高我国原油期货定价能力的战略价值加以阐释。

第一节　石油定价体系的演进与定价方式的变迁

一、全球供求格局与石油定价体系的演进

石油是一种重要的战略资源，产业链覆盖范围极广。由于储备有限、不可再生，石油深刻影响了全球（各国）政治、经济格局。石油贸易是实现全球石油市场供求平衡的重要手段。世界各国的基本面格局对石油贸易格局的演进产生了深远的影响，而贸易格局的变化又对定价体系的变迁产生了直接引导。按照时间顺序，可以划分为四个阶段：

（一）一般商品定价体系（1859 年之前）

在这一时期，石油还没有成为工业发展必需品，全球主要的工业能源是煤炭、木材，家庭主要使用液体动植物油。世界各国对石油的开发和利用规模很小，原油需求较小，对工业发展进程几乎没有影响。此时，石油并不是重要的大宗商品，仅仅是一般商品，全球贸易中也几乎没有其身影。

遵循经济学中供求定价的一般原则，影响价格变动的因素包含生产成本和运输成本，前者与原油资源地理位置、技术发展、开发策略息息相关，后者受到铁路成本和运输垄断影响。在该阶段，原油定价以成本为决定性因素，哪个主体享有低成本优势，该主体便拥有原油定价能力。垄断铁路行业成为降低运输成本乃至原油价格的重要途径。

（二）寡头垄断定价体系（1859 年至 20 世纪 60 年代）

1859 年，德雷克借鉴盐井钻探技术，在美国宾夕法尼亚州钻成了世界第一口原油井，标志着现代石油工业的起源，也奠定了美国全球最大产油国的地位。分散化生产、过度开采和竞争性的市场导致了油价剧烈波动。1870 年，洛克菲勒在俄亥俄州建立标准石油公司，在此后 30 年时间内通过频繁的纵向一体化，取得了石油产业链将近九成的控制权，并配备了全球领先的航运流通线，形成了托拉斯垄断。在此阶段，石油作为工业必需品需求大增。由于前期高投入、回报周期长和技术要求高等因素，原油开采被多家石油公司垄断。19 世纪 80 年代的诺贝尔等家族、19 世纪 90 年代的荷兰皇家石油公司等先后在俄罗斯（高加索）、印尼地区开采石油，并销往全球各地。这些地区的石油贸易对标准石油的垄断地位形成了冲击，但总体上依然难以撼动其优势地位。

1911 年，依据《谢尔曼反托拉斯法》，标准石油公司被正式拆分。较大的 3 家被拆分公司（新泽西、纽约、加利福尼亚）与其余 4 家国际石油公司（壳牌、德士古、英国波斯、海湾石油公司）组成“石油七姐妹”，形成寡头联盟。在这一时期，中东地区大量石油资源被发现和开采，在全球石油生产方面的重要性越来越明显。“石油七姐妹”与中东国家签订租让协议，以卡特尔的形式确定了市场份额、定价方式，将其他生产和消费国排除在定价体系之外，形成了原油价格的寡头垄断定价体系。此时，全球大部分石油从勘探、开采、运输到贸易、加工提炼直到最后的销售，整个产销链条都由西方国家控制。截至 20 世纪 50 年代中叶，国际卡特尔组织依靠各自国家在政治与经济上的强势地位，以及对中东等产油国的政治控制和殖民政策，以极低的成本垄断了世界 98. 3%的石油资源。

从 1859 年到 20 世纪 60 年代，在 1 个多世纪的时间内，垄断组织（托拉斯联盟、卡特尔联盟）掌控了全球石油的供给。供给方高度集中，需求方高度分散，使得供给方完全掌握了定价权。定价体系也遵循在经济学原理中垄断定价的基本规律。

（三）OPEC 官方定价体系（20 世纪 60 年代至 90 年代）

20 世纪 50 年代以后，以伊朗、沙特阿拉伯、科威特、伊拉克等为代表的中东（Middle East）地区成为全球最重要的原油生产区域，上述国家于 1960 年 9 月 14 日共同发起了 OPEC，同国际石油公司等垄断资本对抗。在最初的 10 年中，OPEC 并未发挥较大的影响力，直到第 4 次中东战争爆发（1973 年）。战争所引发的石油危机传导到西方国家，带来了普遍的经济危机（滞胀）。"石油七姐妹"不得不放弃对油价的垄断控制，OPEC 官方价格成为新的定价基准。OPEC 通过控制石油价格来左右政治格局，深度影响了许多国家的外交方针。1979 年，第二次石油危机爆发，原油供应紧张。由于 OPEC 绝对垄断全球的原油储备、出口，其正式取代西方石油公司，强力主导国际原油定价。

在这一阶段，OPEC 官方先后以沙特阿拉伯轻油（20 世纪 80 年代以前）和七种（一揽子）原油价格（20 世纪 80 年代以后）为基准价。虽然定价主体实现了从国际石油公司向 OPEC 官方的转变，但供给方高度集中、需求方高度分散的供求格局并未发生变化，垄断定价的特征依然明显。直到 20 世纪 80 年代左右，随着石油勘探技术的发展，欧洲和亚洲非中东区域石油储备被大量开发，上述区域的石油贸易日益活跃，令 OPEC 的贸易垄断优势有所减弱。同时，欧美国家消费量不断增加，也使得消费国不断联合，成立国际能源署（International Energy Agency，IEA）等组织与 OPEC 相抗衡。但由于此时中东地区石油产量仍然达到了全球总产量的 2/3 以上，OPEC 的核心定价地位并未受到撼动。特别地，西方国家从两次石油危机中吸取了教训，为了规避经济对石油的高度依赖，逐步采用新能源替代、提高能源利用率等方法，试图减少石油贸易需求。为削弱 OPEC 在石油定价权上的主导地位，西方国家不断加强非 OPEC 国家和地区的石油勘探和开采，墨西哥湾、阿拉斯加和北海是这一时期石油产量迅速增加的代表。

（四）期货定价体系（20 世纪 90 年代至今）

20 世纪 90 年代以后，非 OPEC 国家石油产量超过了 OPEC 组织。全球供给能力的全面提升导致原油价格持续下跌，OPEC 内部对于“限产保价”的协议产生分歧，一些国家依旧超额生产，油价一度暴跌至 10 美元/桶以下。OPEC 对原油价格的掌控能力持续下滑。得益于能源期货市场的蓬勃发展，石油期货定价成为国际贸易的主流定价模式。当然这一规律并非只在石油市场呈现。农产品、有色金属、其他能源产品的国际贸易定价体系在分别经历了“一口价”“协议定价”“指数定价”“远期定价”等多样化的模式后，均不约而同地走向“期货定价”模式，期货定价逐渐成为全球大宗商品定价的终极模式。

石油期货合约在 20 世纪 70 年代末、80 年代初上市交易，英国伦敦和美国纽约的两家交易所分别上市了具有国际影响力的 WTI、Brent 合约，交易非常活跃。但直到 OPEC 的垄断地位被进一步削弱，全球石油市场的贸易定价才开始真正进入“期货定价”时代，石油的金融化属性也开始显现。表现为，原油期货价格虽然以供求基本面为驱动，但资本（投机）的力量也加大了油价的波动，在特定时期甚至出现油价与基本面的短暂偏离。期货定价体系的出现标志着产业主导者（重要供给国和需求国）与价格主导者正式分离。无论是 OPEC 组织还是欧美国家，都无法完全控制油价，两者分别通过“限产、限供”或“期货交易规则修订”在一定程度上干预油价的走势，定价权的争夺也演化为资源禀赋与市场规则的竞争。在这一阶段，期货市场的结算机制还使“石油—美元—黄金”挂钩，极大地增强了美国在国际金融市场的影响力。尽管金融属性越发突出，但大宗商品价格毕竟脱离不了基本面的长期影响，主产国对于石油资源的控制以及世界各国对于定价规则的争夺将长期成为左右全球石油格局的关键性力量。

近年来，全球石油供求格局基本稳定。出口方面，世界主要的原油出口地区集中在中东地区、苏联地区、西非地区、北非地区、南美洲和北美洲等区域。最近 10 年，虽然中东地区原油生产优势有所下降，但仍然保持全球出口量的第 1 位（见图 3-1）。2020 年，全球原油出口量达到 2782 百万吨，中东（含沙特阿拉伯）地区出口 852 百万吨，占全球总出口量的 34%。

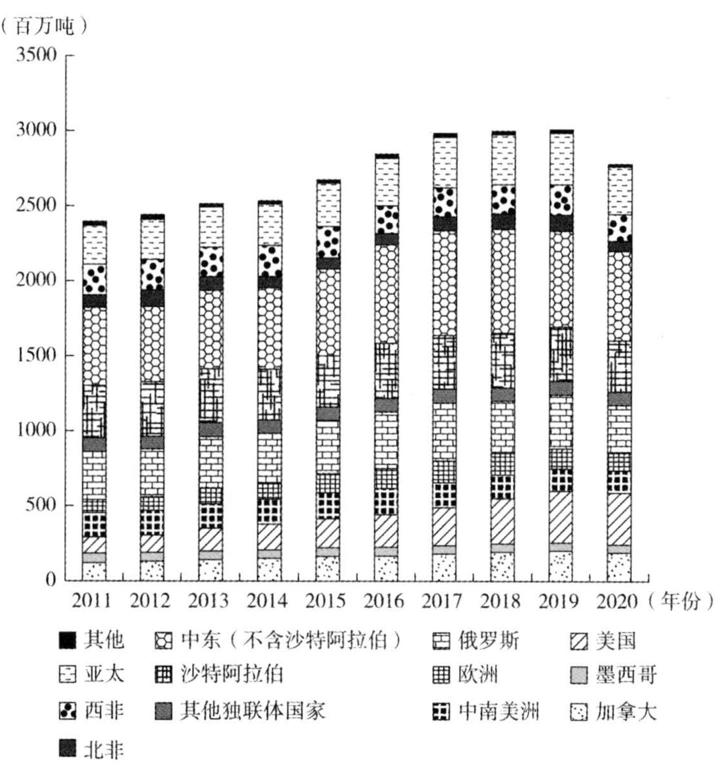

图 3-1　2011—2020 年全球各地区原油出口量

资料来源：《BP 世界能源统计年鉴 2021》。

进口方面，美国、欧洲、中国和日本是主要的石油进口国（地区）。最近 10 年，随着中国经济体量的扩张，原油需求不断增大，进口增速明显。相反，欧洲和日本受经济增速放缓影响，需求减弱，原油进口量呈现下降趋势（见图 3-2）。值得一提的是，美国凭借页岩油技术的发展，近年来进口量持续降低、出口量稳步增加，是全球少有的凭借技术优势改变供求格局的国家。

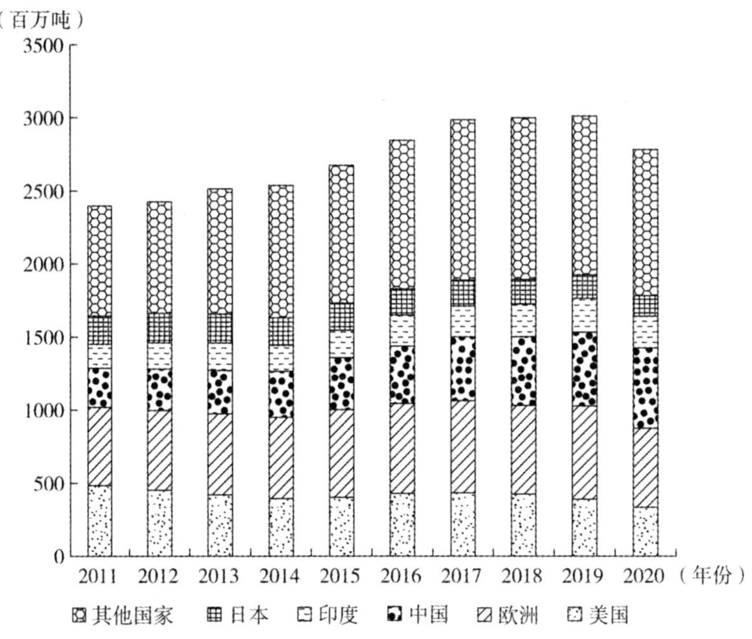

图 3-2　2011—2020 年全球各地区原油进口量

资料来源：《BP 世界能源统计年鉴 2021》。

进入 21 世纪以后，许多亚洲国家都在积极建设本土化的原油期货市场，其中新加坡、阿联酋等国更是走到了前方。但受全球供求关系、国际政治经济形势、大国博弈等复杂因素制约，这些国家的期货市场都没有形成强大的影响力，实际上已沦为两大国际原油期货定价中心的“影子市场”，上海原油期货的上市有望打破亚太地区定价中心缺失的窘境。

二、石油贸易定价方式的变迁

全球石油产业供求格局的变化对供求双方的市场势力带来了动态冲击。在供给方绝对垄断的时期，定价权完全掌握在垄断组织手中。20 世纪 90 年代以来，随着供求双方市场势力的日益平衡、全新交易机制（期货定价机制）被世界各国的广泛接受，一种更加科学的、市场化的定价方式正式登上历史的舞台。通过观察全球石油价格的变动趋势不难发现，无论是在石油公司寡头垄断定价阶段、OPEC 官方主导定价阶段还是在期货定价阶段，全球原油价格的波动均比较大（见图 3-3）。特别地，伴随着重要事件的发生，原油价格的波动率还会显著提高（见图 3-4）。长期趋势来看，供求格局改变、产业转型升级、金融市场发展等因素共同决定了原油价格走势。

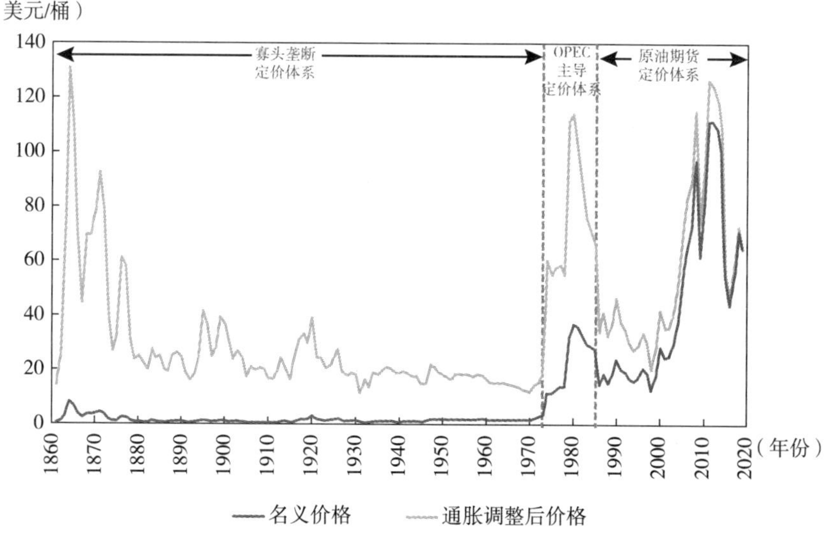

图 3-3　原油定价体系与原油价格波动

注：数据来自《BP 世界能源统计年鉴 2020》。其中 1861—1944 年取美国原油平均价格，1945—1983 年取沙特阿拉伯轻质原油价格，1984—2019 年取 Brent 现货价格，该图使用 2019 年美国消费者物价指数进行平减。

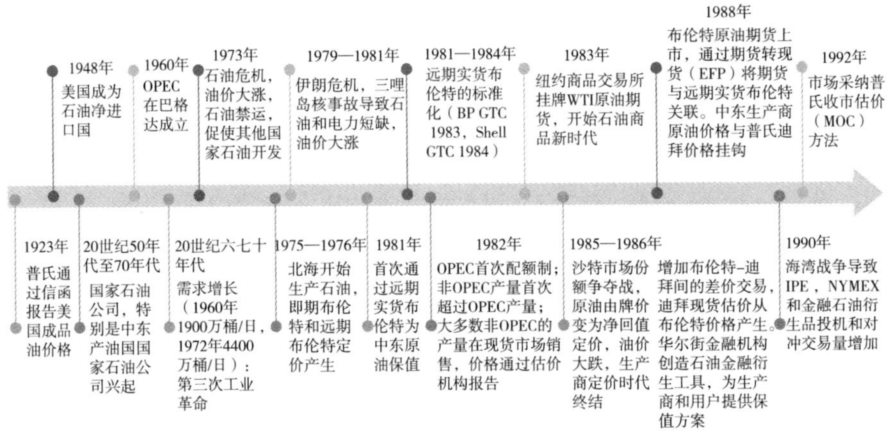

1923年
普氏通过信函报告美国成品油价格
1948年
美国成为石油净进口国
20世纪50年代至70年代
国家石油公司，特别是中东产油国国家石油公司兴起
1960年
OPEC在巴格达成立
20世纪六七十年代
需求增长（1960年1900万桶/日，1972年4400万桶/日）：第三次工业革命
1973年
石油危机，油价大涨，石油禁运，促使其他国家石油开发
1975—1976年
北海开始生产石油，即期布伦特和远期布伦特定价产生
1979—1981年
伊朗危机，三哩岛核事故导致石油和电力短缺，油价大涨
1981年
首次通过远期实货布伦特为中东原油保值
1981—1984年
远期实货布伦特的标准化（BP GTC 1983，Shell GTC 1984）
1982年
OPEC首次配额制；非OPEC产量首次超过OPEC产量；大多数非OPEC的产量在现货市场销售，价格通过估价机构报告
1983年
纽约商品交易所挂牌WTI原油期货，开始石油商品新时代
1985—1986年
沙特市场份额争夺战，原油由牌价变为净回值定价，油价大跌，生产商定价时代终结
增加布伦特-迪拜间的差价交易，迪拜现货估价从布伦特价格产生。华尔街金融机构创造石油金融衍生工具，为生产商和用户提供保值方案
1988年
布伦特原油期货上市，通过期货转现货（EFP）将期货与远期实货布伦特关联。中东生产商原油价格与普氏迪拜价格挂钩
1990年
海湾战争导致IPE，NYMEX和金融石油衍生品投机和对冲交易量增加
1992年
市场采纳普氏收市估价（MOC）方法

图 3-4 国际原油市场重要事件

“基准价+升贴水”模式是理解石油贸易定价方式演进的核心内容。在1859年之前的一般商品定价体系中，石油国际贸易几乎不存在，国内交易普遍采用“讨价还价”模式，拥有成本优势的一方占据定价主导权。在这一阶段，“基准价”的概念尚未出现。在寡头垄断定价阶段，石油贸易规模显著提升。为了便于掌控全球价格，获取高额的垄断利益，“基准价”概念正式出现，“七姐妹”时期主要以“海湾基价+运费”模式作为定价方式，这也是“基准价+升贴水”模式的雏形。由于当时全球主要石油生产和贸易的源头在海湾地区，“海湾基价”自然成为全球贸易的定价基础。运费则根据贸易距离、物流方式来确定。在OPEC官方定价阶段，基本沿用了“基准价+运费”模式。只不过，此时的定价基础发生了改变，先后以沙特阿拉伯轻油、一揽子原油（七种原油）价格为基准。在垄断定价和OPEC官方定价阶段，“基准价”是具体的现货价格，掌控了“基准价”的定价规则，就掌控了贸易话语权。到了期货定价阶段，“基准价”不再锚定现货价格，而由买卖双方直接约定某临近交易日到期的期货合约。此时，原油贸易结算价格=某约定期货合约到期日价格+升贴水。

期货定价使得基准价格不再是具体的现货标价，而要以远期价格为参照。这种模式的主要优势在于，买卖任何一方都无法直接左右期货合约的价格，期货价格由诸多交易者根据最新的市场供求信息撮合生成。更为关键的是，买卖双方在约定期货合约作为基准价后，可以分别通过“卖出套保”和“买入套保”随即锁定贸易利润，不必再承担签约日以后由于极端事件对贸易价格带来的不利影响。当前，全球主要的基准价期货合约来自Brent和WTI原油期货市场。其中，欧洲地区的石油贸易一般参考Brent原油期货价格，北美地区则参考WTI原油期货价格。中东地区石油如果出口到欧洲地区，以Brent价格为准；如果出口到北美地区，以WTI价格为准；如果出口到其他亚太国家，则以迪拜交易所的阿曼原油价格为准，但上述两大原油期货价格基本也属于Brent和WTI的“影子价格”。影响升贴水的因素很多，包括原油的品质、运输渠道、季节性、油田生产、远期价格结构、买卖双方的博弈能力等，升贴水也是由交易人员进行协商谈判确定的。相对于基准价，升贴水的绝对水平较低，因此“期货基准价+升贴水”模式也成功地让市场劣势一方较大程度地避免了“讨价还价”模式中可能带来的福利损失。表3-1系统总结了不同供求格局下定价方式的变迁。

表3-1　石油定价格局与定价方式的变迁

阶段	时间	供求与贸易格局	定价体系	定价方式	定价中心
第一阶段	1859年之前	石油需求较小贸易规模不足	一般商品定价	讨价还价	—
第二阶段	1859年至20世纪60年代	美国是主产国，其他国家产量均衡，中东地区产量逐年增长，但尚未确立优势	垄断定价	海湾基准价+运费	“七姐妹”契约组织

续表

阶段	时间	供求与贸易格局	定价体系	定价方式	定价中心
第三阶段	20 世纪 60 至 80 年代	中东地区石油产量逐步占据世界主导，非 OPEC 国家产油量尚不够大	OPEC 官方定价	沙特阿拉伯轻油价格+运费	OPEC 组织
	20 世纪八九十年代			七种原油一揽子价格+运费	
第四阶段	20 世纪 90 年代至今	非 OPEC 国家原油产量增加，打破了中东垄断。欧美等国家消费强劲	期货市场定价	不同地区选取不同的期货基准价格+升贴水	IPE、NYMEX

不难发现，在期货定价方式出现之前，石油定价权先后掌握在石油公司和石油国家手中，哪个组织掌控产业链供给的核心环节，其便掌握话语权。为方便价格管控，这些组织会控制“基准地”现货价格，并通过“基准价+运费”的方式进行全球定价辐射。20 世纪 90 年代以后，期货定价成为主流的贸易定价方式，“基准期货价格+升贴水”模式被迅速推广，欧美国家在储备不占优势的情况下，凭借消费联盟和期货定价中心的制度优势，重新掌控了石油定价权。当然，中东国家由于拥有资源禀赋优势，并未失去对市场的控制，只不过这一阶段市场势力实现了供给权、定价权的分离。

三、全球主要交易所及原油期货合约概览

目前，全球共有数十家交易所开展原油期货交易（见表 3-2）。其中，纽约商品交易所、伦敦洲际交易所在全球原油期货市场中占据主导地位，WTI 和 Brent 原油期货合约是最具影响力的原油期货合约。在亚太地区，迪拜商品交易所的阿曼原油期货合约则最具影响力。

表 3-2　全球重要原油期货合约和上市交易所情况

交易所	合约
芝加哥商品交易所（CME）	轻质低硫 Crude Oil Physical（CL）
	轻质低硫迷你合约纽约商品交易所 Mini Crude Oil（QM）
	Brent 原油 Brent Crude Oil-Last Day（BZ）
	WTI 休斯敦 WTI Huston Crude Oil Futures（HCL）
	轻质低硫（现金交割）Crude Oil（WS）
洲际交易所（ICE）	Brent 原油 ICE Brent Crude
	WTI 原油 ICE WTI Crude
迪拜商品交易所（DME）	阿曼 Oman
东京工业品交易所（TOCOM）	中东原油 Crude Oil
印度大宗商品交易所（MCX）	迷你原油 Crude Oil Mini Future
	WTI 原油、Brent 原油
俄罗斯莫斯科交易所	Brent 原油 Brent Crude Oil
南非约翰内斯堡证券交易所（JSE）	Brent 原油 Brent Crude Oil
	Quantro Crude Oil
罗塞里奥期货交易所（ROFX）	WTI 原油
新加坡商品期货交易所（SMX）	WTI 原油
泰国期货交易所（TFEX）	Brent 原油
阿根廷罗萨里奥期货交易所（ROFX）	WTI 原油
上海国际能源交易中心（INE）	SC 原油

（一）纽约商品交易所

纽约商品交易所（NYMEX）隶属于芝加哥商业交易集团（CME）。交易所运行历史较长，制度设计和交易模式非常成熟。1978 年，世界上第一个能源期货合约——取暖油期货合约在该交易所上市。1981—1996 年，汽油、原油、天然气、丙烷和电力期货合约陆续上市。2001 年，动力煤期货合约开始交易。能源和稀有金属交易量位居 NYMEX 商品期货成交量前列。

WTI 原油期货交易最为活跃且最具流动性，在美国重要的能源中心——俄克拉荷马州的库欣交割，交易品种是产自美国西得克萨斯州的轻质原油。作为 NYMEX 最活跃期货合约，WTI 轻质原油期货交易量占比约 50%，天然气交易量占比约 20%，汽油、纽约港超低硫柴油和 Brent 油的交易量分别占 4%~9%。

（二）伦敦国际石油交易所

伦敦国际石油交易所（IPE）是欧洲地区最老牌的商品交易所。1988 年，IPE 正式上市 Brent 原油期货合约。该期货合约流动性高、定价客观，短时间内便被欧洲各国认可，并成为原油贸易价格基准。IPE 不仅开展原油期货交易，还上市了柴油、天然气等期货品种，期货产品与实货计价关系紧密，还为客户提供了起到桥梁作用的价差交易。2001 年，IPE 被 ICE 收购。Brent 原油期货实际上包括四种原油交割品，即 Brent、Forties、Oseberg 和 Ekofisk，均是轻质低硫原油。Brent 原油和低硫柴油期货交易量占据全球油品期货交易量的一半以上，是国际能源指数的基准，在全球能源市场上占据举足轻重的位置。Brent 原油期货的交割品具有临港的海运优势，交割地并不专门设置，主要以期货转现货方式进行实物交割，比 WTI 原油受外在硬件设施的限制更少，国际接受度也是所有原油期货合约中最高的。

（三）迪拜商品交易所

迪拜商品交易所（DME）是中东地区首家国际能源期货交易所。该交易所建立于 2007 年，原油期货交易品种非常丰富，除阿曼原油期货合约之外，还包括阿曼与全球两大原油定价中心 WTI 和 Brent 期货的价差合约。由于存在地理位置和生产优势，并且开展贸易（交易、交割）无须配额限制，阿曼原油期货在全球销售体系中被广泛使用，成为全球原油价格的重要参考。但是，由于纽约商品交易所参股迪拜商品交易所，交易、交割、结算环节等全部流程都有 NYMEX 参与，使得阿曼原油期货合约的自主性较低，加之美元结算体系等要求，导致阿曼原油期货市场主要服务于实物交割，投机交易量相对有限。目前，该交易所拥有 50 余家会员企业、20 多家做市商，中国石油国际事业有限公司、摩根士丹利、高盛公司也是该交易所的会员。

第二节　中国的石油产业发展现状和期货市场功能发挥

一、中国的石油生产、消费和贸易现状

鉴于石油在国民经济中的重要战略地位，为保证石油安全，我国长期重视对石油产业的监管，不断加强石油勘探和开采。中华人民共和国成立以后，以 1959 年大庆油田的发现为标志，我国石油工业艰难起步，原油产量也由中华人民共和国成立初期的 12.09 万吨提高到了 373.37 万吨。随着胜利油田（1961）、大港油田（1964）、长庆油田（1970）等一批大型油气田被陆续发现，我国原油产量迅速提升，终于摆脱了对进口石油的依赖，我国也实现了由石油净进口国向净出口国的转变。1978 年，我国原油产量首次突破 1 亿吨大关，达到 1.04 亿吨，出口量达到 1131 万吨，奠定了石油工业的坚实基础。20 世纪 80 年代，三大国有石油公司相继组建（1982 年组建中国海洋石油总公司，1983 年组建中国石油化工总公司，1988 年组建中国石油天然气总公司），主管部门采取了“产量包干”“价格双轨制”

等一系列措施来激发生产积极性。这一时期的原油勘探储量翻了一番，油气总产量是前 30 年总和的 1.6 倍，中国成为世界主要的产油国之一。截至 1989 年，原油产量达到 13764 万吨，原油出口量达到 2439 万吨。1998 年，三大石油公司经过改组，各自形成了独立的上下游、内外贸、产供销一体化格局。进入 21 世纪，借助国际合作，中国原油产量稳步提升，但 2013 年左右出现小幅波动。图 3-5 展示了 1949 年以来中国石油产量情况，总体而言呈现波动上升趋势。截至 2020 年，中国原油产量已达到 1.95 亿吨。

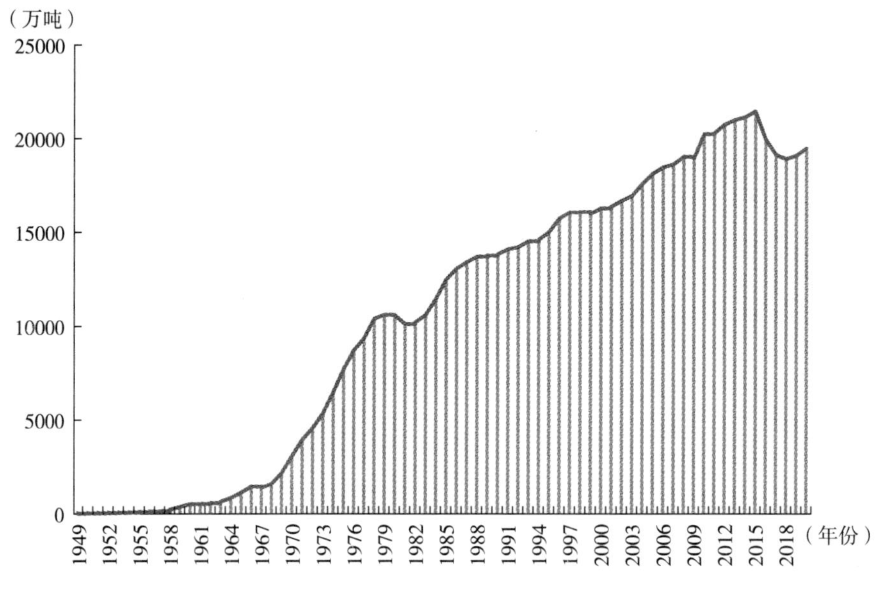

图 3-5　1949—2020 年中国石油产量

资料来源：Wind 数据库和国家统计局。

工业化、城市化进程带来了我国石油需求的快速攀升，这一趋势在人均 GDP 突破 1000 美元以后更加明显。发达国家经验表明，世界经济总量每增长 1%，石油消费将增长 0.2%。图 3-6 和图 3-7 数据显示，1990—2002 年，随着经济体制的深度转型，我国石油消费增长迅速，年均增速上升到 6.3%。截至 2002 年，石油消费量已达到 2.39 亿吨。2002 年以来，随着加入 WTO，中国经济实现增长“奇迹”，石油消费量也随之大幅提升，10 年间的平均增速高达 6.9%。截至 2020 年，中国石油消费量已达到 6.69 亿吨，与产量呈现 4.74 亿吨的巨大缺口。另据中国石油学会研报数据，分行业来看，交通运输、仓储和邮电通信业的石油消费增速最快，工业石油消费占比最大。从单位 GDP 石油消耗来看，中国由 1992 年的 0.5 万吨/亿元左右逐渐降低到 2010 年的 0.106 万吨/亿元，并于 2020 年进一步降低到 0.066 万吨/亿元，但依然显著高于美国，说明我国在提高石油利用效率、节能减排方面还有许多工作要做。

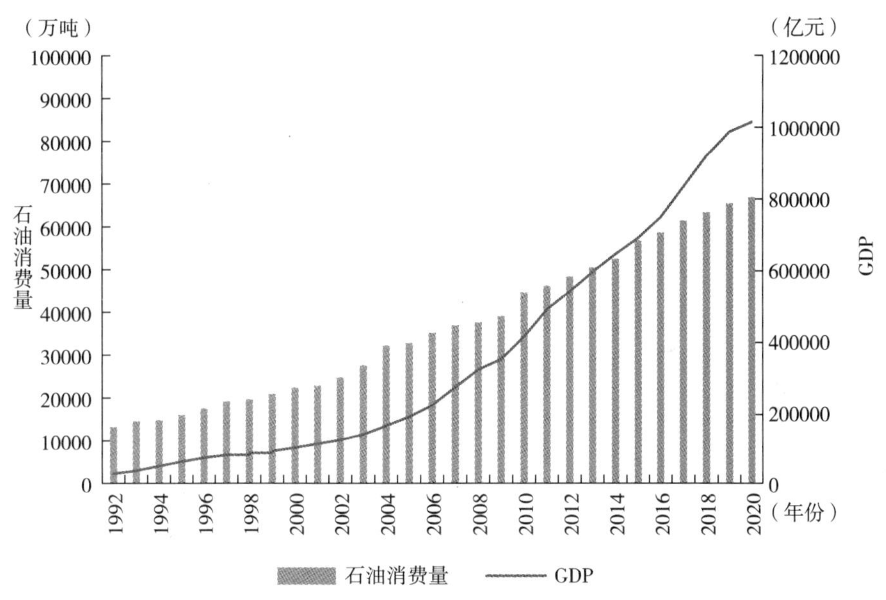

图 3-6　1992—2020 年中国石油消费量

资料来源：Wind 数据库和国家统计局。

石油消费的快速攀升与石油勘采的缓慢增长形成了矛盾，也使得国内市场“供不应求”压力越来越大，造成我国石油市场对外依存度逐年上升（见图 3-7）。

2010 年以来，中国石油的需求缺口快速放大。截至 2020 年，已经达

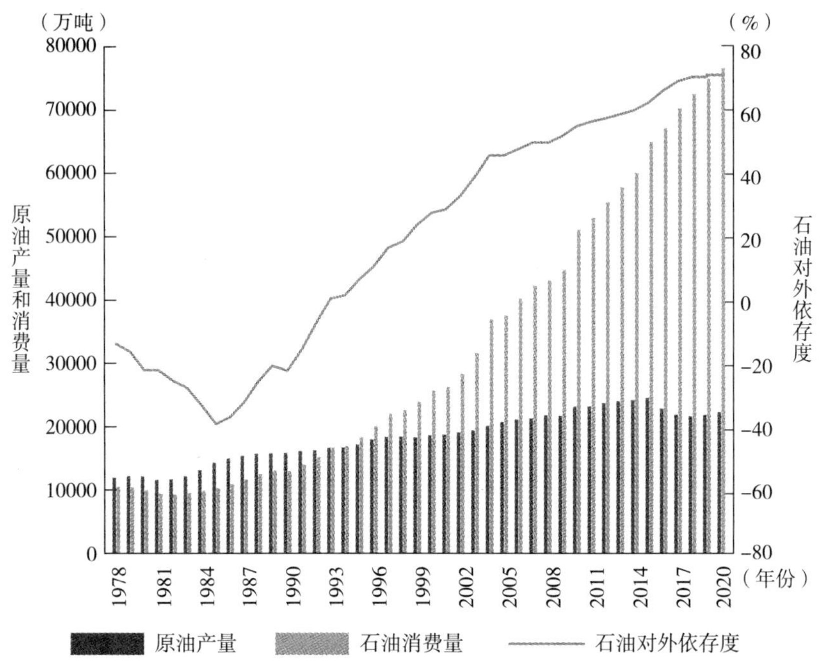

图 3-7　1978—2020 年中国石油产量、消费量、净进口量及对外依存度

注：资料来源于 Wind 数据库和国家统计局。对外依存度=净进口量/石油消费量，由于统计口径有所区别，数值与工业和信息化部公布数据有所差别。

到近 5 亿吨的水平，这也导致我国石油进口总额逐年上升（见表 3-3）。同时，2011—2020 年，我国原油对外依存度始终高于 50%的警戒线，2020 年更是达到 71%。据国际权威机构预测，到 2035 年中国原油对外依存度还将缓慢上升 1 个百分点。

表 3-3　2000—2020 年我国石油进出口贸易情况　　单位：万美元

年份	原油进口额	成品油进口额	总进口额	原油出口额	成品油出口额	总出口额
2000	1486066	365706	1851772.00	212801	212808	425609
2001	1166645	376940	1543585.00	138537	212740	351277
2002	1275731	379826	1655557.20	129618	238463	368081

续表

年份	原油进口额	成品油进口额	总进口额	原油出口额	成品油出口额	总出口额
2003	1978240	586349	2564589.00	166164	372681	538845
2004	3391168	923930	4315098.00	132474	396019	528493
2005	4772293	1043465	5815758.00	269601	641146	910747
2006	6641130	1042554	7683684.00	273698	704821	978519
2007	7977091	1643675	9620766.00	168710	914955	1083665
2008	12933500	3004432	15937931.60	297955	1366516	1664472
2009	8925559	1698396	10623954.50	215573	1254994	1470567
2010	13515109	2234302	15749410.80	165115	1704404	1869519
2011	19666447	3269870	22936316.90	190701	2076603	2267304
2012	22079989	3307184	25387172.10	222603	2130995	2353597
2013	21966037	3202573	25168609.50	145621	2450496	2596117
2014	22828847	2345296	25174142.80	49070	2577675	2626745
2015	13445122	1430344	14875466	15456400	1909548	17365948
2016	11666075	1115737	12781812	9434900	1939585	11374485
2017	16232843	1448563	17681406	18223700	2539869	20763569
2018	24038026	2014257	26052283	12704200	3588370	16292570
2019	24238486	1707591	25946077	3617600	3843644	7461244
2020	17845285	1181518	19026803	—	2559591	2559591

资料来源：Wind数据库和国家统计局。

以贸易竞争指数（Trade Competitiveness，TC），即净出口额与进出口总额的比值来衡量我国在国际石油贸易中的竞争水平。如图3-8所示，我国贸易竞争指数大多为负值，说明我国石油产业整体在国际贸易中处于竞争劣势。近年来，我国成品油贸易的竞争能力有所增强，但原油贸易竞争能力持续下降，指数值趋于-1，处于“极大的竞争劣势”状态。值得注意的是，近年来国外石油公司都加大了在我国境内的炼油项目投资，带来了石油产业的产能增加，但我国原油整体品质处于下降趋势，导致能源加工转换率也有所下降，并带来了环保问题。双碳目标下，我国石油炼制行业实际上已经进入了一种“进退两难”的困局。

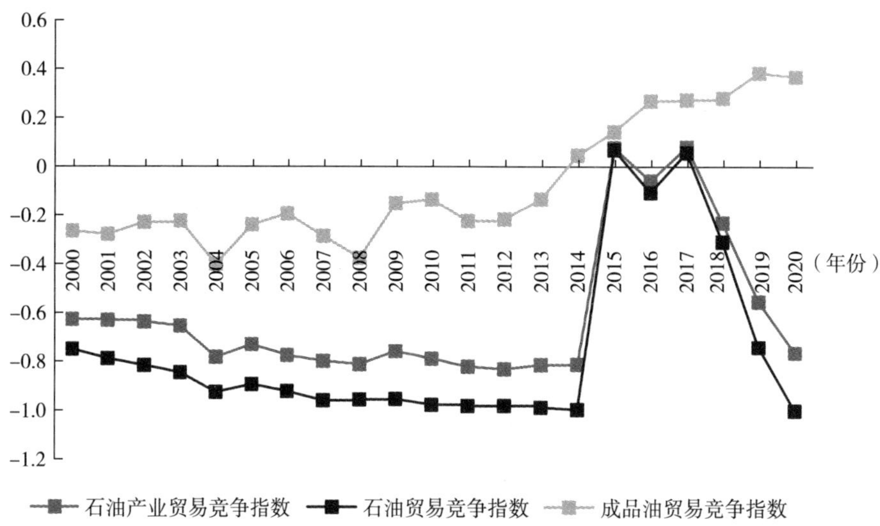

图 3-8 2000—2020 年中国石油产业竞争指数

综合我国当前石油的生产、消费和贸易情况，可以得出：未来我国石油产量仅能维持缓慢增长，但国内需求扩张仍将迅速，石油的供需缺口和对外依存度有望进一步被拉大。当前，国际可贸易石油储量充裕，OPEC国家以及俄罗斯、乌克兰等欧洲地区生产的石油还有 50%左右都可以进入国际石油市场，因此我国基本不会面临“资源无法获取”的压力。然而，由于缺乏与消费端相匹配的定价能力，国际油价波动将持续困扰外贸企业运营。从这个意义上讲，我国石油安全的主要矛盾已经逐渐从“资源可获取”转向“价格可承受”。稳定石油贸易、获取定价主动，将是新时期我国面临的主要问题。

二、中国企业参与国际原油期货市场的情况概述

石油贸易以具体的企业作为交易主体。中东地区始终是我国最主要的原油贸易区域，但近年来我国也加强了与非洲、欧洲和西半球（主要是南美洲的委内瑞拉、巴西和哥伦比亚）地区的石油贸易往来。相比之下，在亚太地区开展原油贸易的规模急剧萎缩。其中，进口中东原油以普氏（Platts）价格与阿曼原油期货价格的平均价作为定价基准，进口西非的原油以 Brent 期货价格为基准。由于缺乏本土化的期货市场，为管理贸易价格风险、平抑利润波动，我国企业被迫参与境外原油期货市场交易。

国际上，原油期货市场参与主体众多（见图 3-9），按照类型主要包括能源行业机构、银行、中介机构、基金公司等。我国参与国际原油期货交易的机构同样较多，根据企业性质和交易目的大致可以分为三类：一是商业性持仓，如原油生产商、贸易公司、炼化企业等；二是掉期持仓，一般是实体企业为了对冲风险在期货市场进行套期保值；三是基金持仓，一般是资管机构从事资产投资以盈利为目的参与期货交易。除此之外，还包括一些非报告持仓。

中国石油天然气集团有限公司（以下简称中石油集团）参与原油期货交易主要通过中联油和国际事业公司组成的国际贸易公司进行实操。中联油公司成立于 1993 年 1 月，初始注册资本为 1 亿元，2010 年增资后达 12.7 亿元。目前，中国石油天然气股份有限公司持股 70%，中化集团公司持股 30%，主要承担贸易配额下进出口国际贸易以及期货业务。中国石油国际事业有限公司成立于 2002 年 1 月，初始注册资本为 2 亿元，经过 4 次增资后达 181 亿元，是中石油集团全资子公司，负责境内口岸设施、海外贸易运作平台建设和运营，还负责境内外期货业务。2016 年 12

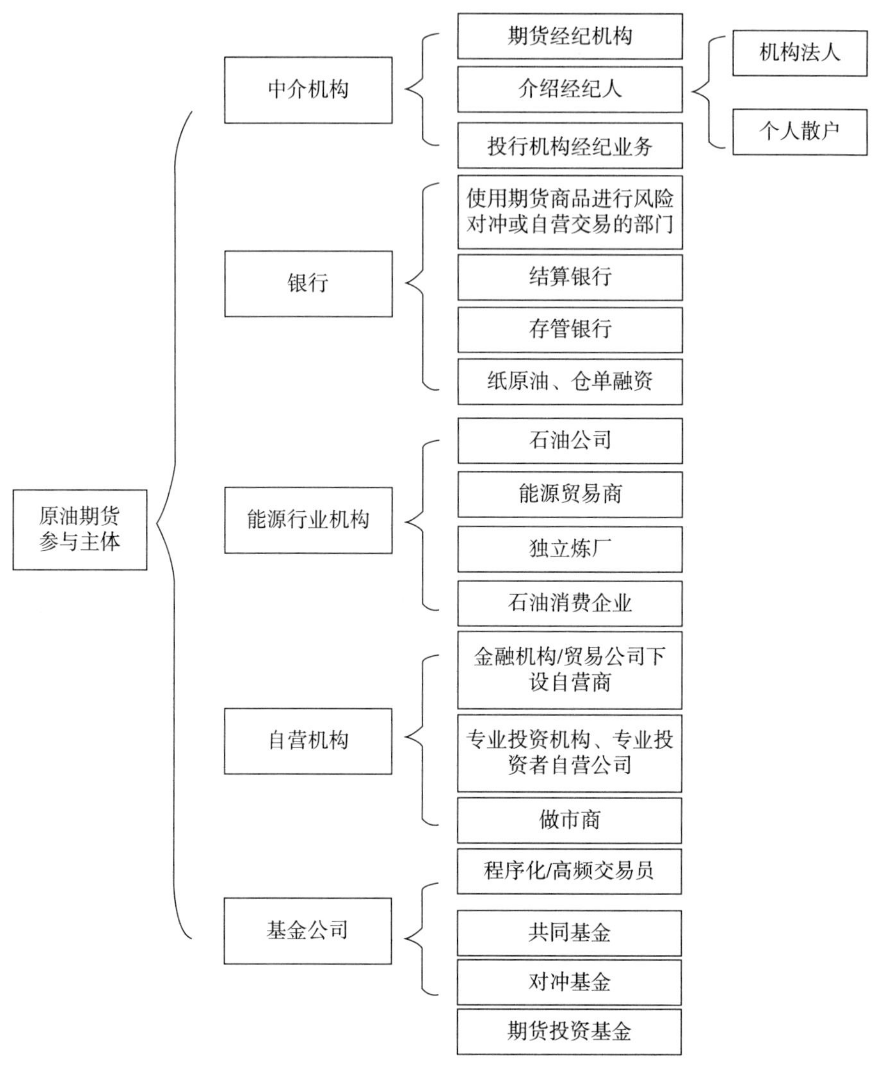

图 3-9　国际原油期货参与主体分类

月，中石油集团正式被赋予国际贸易职能，负责海外权益油销售、油气资源进口、国内油气平衡等。2011 年以来，国际贸易通过纸货交易为实货贸易套期保值，纸货交易量年均增长 22%，2018 年达到 6 亿吨（日均 165 万吨）。

三、中国原油期货市场的建设概况

早在2001年，上海期货交易所便开始论证石油期货交易的可行性。2003年，国务院发展研究中心课题组向中央提交了“383”改革方案，对石油期现货市场体系和定价机制开展了深度论证。2004年，上海期货交易所优先上市了燃料油期货，中央领导同时做出重要批示，“先以燃料油起步，逐步借鉴经验，开放更多的石油期货品种”，最终目标直指原油期货。2018年3月26日，上海期货交易所正式上市原油期货合约。从2001年开始设计原油期货交易，到2004年推出首个试探品种——燃料油期货，再到2013年建立上海国际能源交易中心，终于在2018年实现了原油期货的上市。境内企业参与大宗石油贸易的避险工具有了全新的选择。

自上市以来，上海原油期货交易较为活跃，成交规模逐渐扩大。截至2020年，总开户数已超过22万个，成交量实现1.03亿手，成交金额达到11.96万亿元。日均成交量和持仓量分别达到17.11万手和11.89万手，分别同比增长10.5%和145.0%。交易规模在全球市场占比从上市初年的6.4%、0.4%分别上升至8.14%、2.48%。美国期货业协会（Futures Industry Association，FIA）统计数据显示，2020年，上海原油期货交易量在全球原油期货合约中位列第3，仅次于WTI、Brent原油期货，为全球原油期货交易增加了亚洲时区（见图3-10）。上海原油期货在上市初期，一度面临远月合约不活跃等问题，且跨月合约活跃现象突出，这显然不利于套期保值展期交易。2018年9月之后，交易所通过降低远月合约手续费、推出做市商制度等手段，充分鼓励客户参与远月合约交易，合约的期限结构得以改善。各类企业充分参与卖出交割，倒逼上期所不断增大交割仓库数量、增加交割仓库容量，扩大了可交割区域覆盖范围，这也导致原油商业库存稳步扩大。2020全年，累计交割8515.9万桶，同比增长380%。通过交割仓库建设，保证了原油加工企业的生产，畅通了企业的产供销链条，提升了我国能源安全水平。

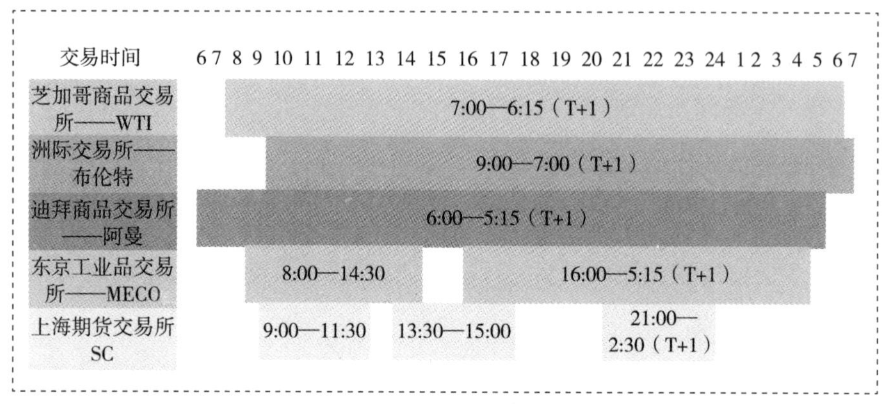

图 3-10　世界主要原油期货和报价机构交易时间

注：所有时间均转换为北京时间。

（一）上海原油期货市场价格发现功能发挥

上海原油期货以 Brent、WTI 期货结算价格作为重要参照，通过大规模原油保税库的建设和运营，确保跨境交割物品不受到关税、增值税等税费的影响，即实现净价交易。这进一步确保了上海原油期货价格与全球原油定价中心价格高度联动。以中质含硫原油作为交割标的，能够与中国进口油品保持同步，并以胜利油田原油交割作为补充措施。同时，参与上海原油期货交易的投资者必须通过人民币进行原油期货交易、交割、结算，减少了国内贸易商在利用境外期货市场作价时面临的汇率风险，在一定程度上削弱了美元与原油市场的价格联动，提升了人民币国际化水平。种种日趋完善的交易机制确保了上海原油期货价格发现功能得以充分发挥，国际市场的认可度逐步提升。上海原油期货的价格影响主要体现在两个方面：

其一，更加直接地反映中东原油到岸价格。上海原油期货以阿曼原油作为交割标的，在市场流动性充裕的情况下，上海原油期货对阿曼原油现货形成了良好的价格发现机制，这一点从两者的走势图上可以窥见。如图 3-11 所示，两者保持了非常紧密的互动关系，标志着上海原油期货价格发现功能初显。2020 年，在新冠疫情的影响下，国际油价大幅波动。同年下半年，在国内原油库存高企、油轮运费下跌以及人民币升值的合力推动下，上海原油估值较外盘原油更低，提升了原油期货的交易量。然而，由于 2020 年原油非国有贸易进口配额已经用完，使得地炼企业进口配额也随之降低，而巴士拉轻油难以用于地炼，又造成上海原油购买不足的情况。2021 年，在非国有贸易进口配额下，上海原油的仓单性价比开始提升，增强了原油购买力，推动原油仓单的全面释放，进而推动上海原油估值的上升，从而更能反映中东原油到岸价格。

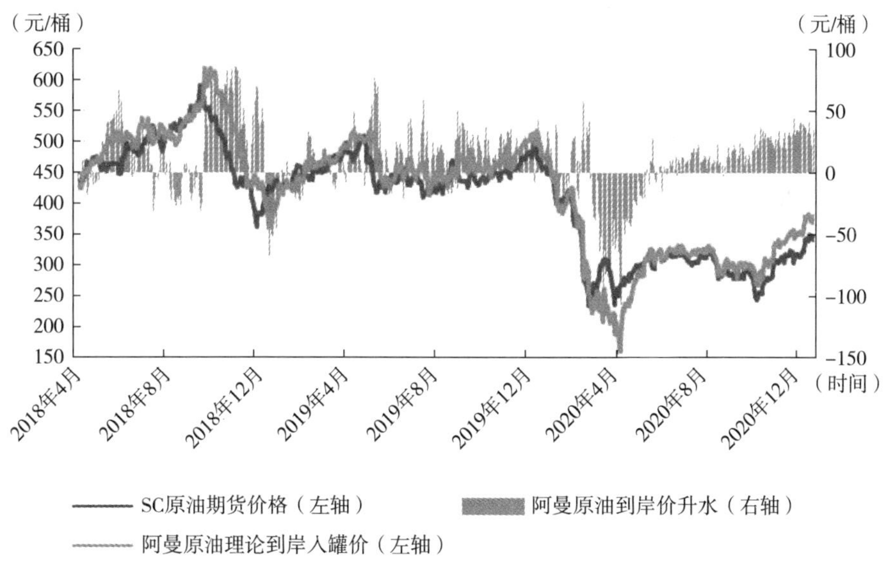

图 3-11　阿曼原油到岸价格和上海原油期货（SC）价格对比

资料来源：Bloomberg。

其二，集散地价格发现功能初显。2020年，上海原油期货的价格发现产生了一些变化，从到岸价格发现逐渐转向集散地价格发现。诸多运输到中国沿海保税仓库的交割油种在价格合适的市场条件下，又被转移到一些其他亚洲国家，如韩国、马来西亚、缅甸、新加坡等。这意味着，中东原油在中国沿海（如大连、青岛、舟山、湛江等）形成了一个集散地，并辐射到亚太其他区域。目前，上海原油期货市场通过进口报关或转运出境等方式已打通了所有的交割环节。2020年，部分原油通过卢克石油（Lukoil）转运至韩国，部分先运送至云南，再通过中缅管道运至缅甸。这为企业采购原油增添了新的路径，提升了亚太地区原油贸易的辐射范围。上海期货交易所数据显示，截至2021年3月，上海原油期货累计注销仓单3787.9万桶，转运出口占比39%、转保税现货占比11%、报关进口至炼厂占比50%。

（二）上海原油期货市场套期保值功能发挥

随着上海原油期货市场定价效率（价格发现功能）的逐渐提高（发挥），航空公司、产业链加工企业纷纷开始利用上海原油期货合约进行套期保值，初步摆脱了过去需要在境外市场对冲价格风险的窘境。与此同时，大型金融机构（投资者）也开始利用上海原油期货市场优化金融资产配置。从原油的全产业链来看，现有品种期货价格之间存在着较高的相关性（见表3-4），上海原油期货与低硫燃料油、燃料油、沥青、PTA期货价格的相关性均在0.8以上，与醇类期货价格相关系数在0.75左右，与聚烯烃类期货价格相关系数在0.65左右。整体来看，上海原油期货价格与产业链各油品之间的关联度很高，在相关石油化工企业参加原油期货和自身产品、原材料风险对冲中，可以作为重要的风险管理工具。

表 3-4　国内上市的能源化工类期货价格的相关系数

	原油	低硫燃料油	燃料油	沥青	乙二醇	LPG	PVC	聚丙烯	聚乙烯	苯乙烯	PTA	甲醇
原油	1											
低硫燃料油	0. 9866	1										
燃料油	0. 8463	0. 9026	1									
沥青	0. 9022	0. 8352	0. 3969	1								
乙二醇	0. 7595	0. 8817	0. 7902	0. 6864	1							
LPG	0. 4329	0. 3067	0. 5194	0. 6717	0. 5028	1						
PVC	0. 1261	0. 8187	0. 4305	0. 2165	0. 3784	0. 6272	1					
聚丙烯	0. 6949	0. 7696	0. 5862	0. 7954	0. 7132	0. 6767	0. 4486	1				
聚乙烯	0. 6839	0. 8376	0. 7557	0. 6646	0. 8025	0. 6538	0. 4578	0. 7646	1			
苯乙烯	0. 6566	0. 7978	0. 8281	0. 6466	0. 8682	0. 4683	0. 7752	0. 7712	0. 812	1		
PTA	0. 8829	0. 9469	0. 8369	0. 7691	0. 7834	0. 4523	0. 5856	0. 7616	0. 7504	0. 6946	1	
甲醇	0. 7573	0. 6637	0. 7428	0. 5997	0. 825	0. 5272	0. 5242	0. 8898	0. 7234	0. 8344	0. 77	1

资料来源：上海国际能源交易中心。

长期以来，我国原油大多从中东地区进口，从达成购买意向到原油到货大概经历半个多月的时间，这一时间段若油价降低，企业将损失贸易利益。因此，企业在购买原油时往往采用卖出等规模的期货合约来规避价格风险，提前锁定贸易利润。上海原油期货市场自建立以来就积极发展仓单转让和期货转现货业务。截至 2020 年，两类业务的总量已接近 5000 万标准桶，国内企业积极通过上述两类业务优化了自身的期现货配置，提升了资源配置效率，促进了保税现货贸易的发展。此外，2020 年 10 月，国内首个 TAS 指令在原油期货市场实施，已有多个境内外机构利用该指令开展仓单转让套保。截至 2020 年底，共成交 758 手，成交金额达到 2. 06 亿元。企业选择恰当时间买入交割操作，能够降低生产的原材料成本。例如，2020 年上海原油期货价格曾出现显著贴水，较全球其他原油期货市场更具价格优势，许多企业通过交割提货将原油供应于自身的炼化企业，从而减少了原材料成本，赚取了超额收益。

（三）企业参与上海原油期货市场的基本情况

2018 年以来，随着上海原油期货合约定价效率（套期保值、价格发现功能）的逐渐提高（发挥），投资者结构日益完善，中联油、联合石化、托克等大型石油企业、金融机构纷纷进入了中国原油期货市场。同年 9 月 7 日，上海期货交易所首个原油期货合约顺利实现交割，全流程未出现任何问题，具有重要的示范意义。2019 年 3 月 26 日，上海期货交易所在原油合约上市一周年之际，对外发布了“原油期货价格指数”，成为现货价格的基准，对原油交易的 ETF 等产品也有促进作用。中联油、中国国际石油化工联合有限责任公司等企业交易原油已将上海原油期货价格视为基准价格，说明中国的原油期货逐渐被市场认可。

第三节　原油期货定价能力与石油议价能力的辩证关系探析

一、国际原油期货价格传导机制与定价能力

国际原油贸易主要涉及两个市场，实物贸易市场和纸货贸易市场（见图 3-12）。前者包括原油和成品油贸易两大类，致力于商品流通、实现资源的全球配置；后者包括场内和场外交易。其中，期货和期权是最典型的场内交易衍生品，主要特征在于合约的标准化；而场外交易包括远期、掉

期交易等，合约往往是非标准化的。纸货贸易市场致力于实现贸易定价，并进行风险对冲。

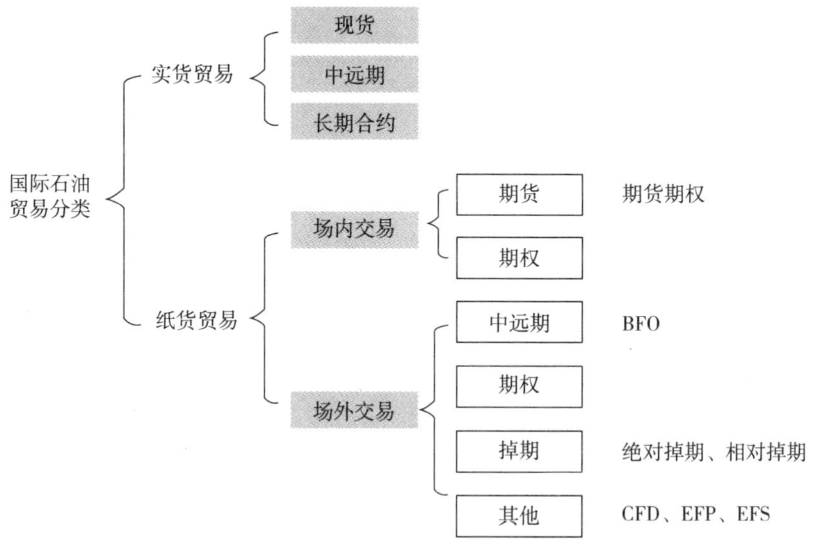

图 3-12 国际原油贸易分类与定价工具

本书关注的原油期货市场在全球贸易体系中占据核心地位，这是因为在当前的“基准价+升贴水”定价模式中，基准价往往直接约定某期货合约价格。目前，大约 70%的原油贸易以 Brent 原油期货作为“基准价”。其他场内、场外衍生品价格往往又与原油期货价格联动。以 Brent 原油期货为例，可以初步展示出期现货价格和国际其他原油价格的传导框架（见图 3-13）。

（一）原油期货价格联动的交割制度保障

期货交易必须通过平仓或交割来实现。平仓行为常见于投机、套利交易当中，而交割行为则将即期货物（现货）与远期货物（期货）紧紧联系在一起。交割制度保障了期现货商品的跨时空配置，让原油期货与现货价格深度联动，这也是期货价格成为现货价格无偏估计的重要基础。现实

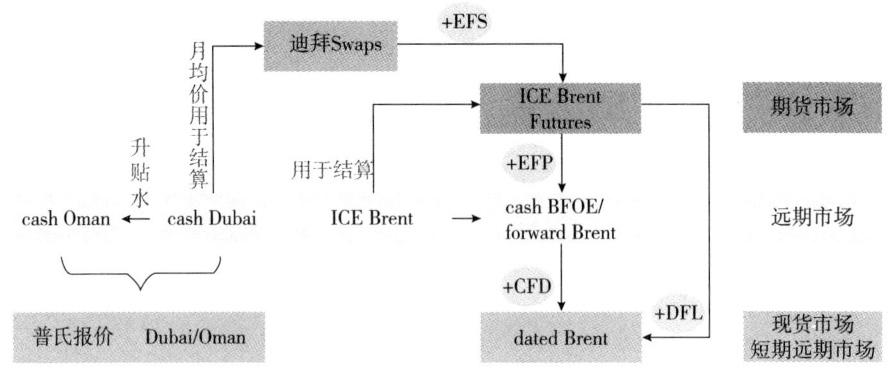

图 3-13 Brent 期货价格的复杂传导机制

中，Brent 期货市场通过现金交割作用于现货市场，而 WTI 通过实物交割直接作用于现货市场，后者与实货价格之间的吻合度更高。

（二）原油期货价格的信息属性

原油期货价格是由众多交易者结合自己所掌握的供求基本面信息、金融市场信息、地缘信息，根据交易者自身的风险偏好、对已知信息的综合判断、每个时点上其他相关价格的走势变化，对到期日交割现货所对应的期货合约价格进行预判，给出报价，再由交易平台统一撮合实现最终报价的直观呈现。因此，交易者按照市场机制在交易平台信息博弈的行为就是期货价格产生的过程，集合竞价实现了市场信息的混沌综合。如果市场上充斥着足够多的理性投资者，期货价格便是远期现货价格的无偏估计。当某一期货合约定价出现明显偏差时，套利者会迅速进入市场，将价差及时修正。从这个意义上讲，期货市场价格发现功能的发挥是以市场参与者的信息博弈为基础，套利机制有助于修正短期的价格偏离。长期来看，期货价格围绕基本面信息所决定的公允价值上下波动。期货市场通过公开、公平、高效的集合竞价规则，形成高度市场化的权威报价，这对于“基准价”的确定具有独特的制度优势。正是由于期货价格超越时空、超越信仰、超越国别、超越种族纷争、超越意识形态的特性（张宜生，2018），才能够在全球大宗商品定价机制演进中脱颖而出，成为终极定价形态，也是目前全球定价效率最高的模式。

（三）原油期货价格的金融属性

在图 3-13 展示的系统中，包括 3 类价格，即期货价格（ICE Brent Futures）、远期价格（cash Oman、cash Dubai、ICE Brent、cash BFOE/forward Brent）、现货价格（普氏报价、dated Brent）。dated Brent 是 BFOE（原油市场上的远期现货合约）被指定船期之后原油的现货价格，即国际原油市场现货交易价格的标杆。cash BFOE 为纸货价格，是一种交货月份确定、其余交易信息（如船期、交易时间等）尚未确定的远期价格。ICE Brent 为期货价格。上述系列价格满足以下等式关系，即：

$$\text{dated Brent} = \text{ICE Brent} + \text{DFL} \tag{3-1}$$

$$\text{dated Brent} = \text{cash BFOE} + \text{CFD} \tag{3-2}$$

$$\text{cash BFOE} = \text{ICE Brent} + \text{EFP} \tag{3-3}$$

其中，DFL（Dated to Front Line）、CFD（Contract for Difference）、EFP（Exchange of Futures for Physical）属于场外交易，是期货交易所外买卖双方以行业公认的约定方式开展的纸货贸易。具体来说，DFL 是将原油互换市场转入现货市场；CFD 是差价合约，是买卖双方订立的关于差价的合约，是原油开仓与平仓价值差额；EFP 是期转现（远期）业务，建立了原油期货交易与 25 日（后）原油远期交易的关联。

就 Brent 原油期货市场本身而言，Brent 期货市场和现货市场通过两条途径传递：一条是期货市场通过与远期合约互换进行，另一条则是通过期现互换掉期交易市场进行，这两个渠道使得 Brent 的期货和现货市场联动。Platts 是现货交易平台，其历史悠久，在当前的原油定价体系中仍然发挥着重要作用。普氏窗口交易是现货交易的实现形式，参与者包括大型石油公司、贸易公司、独立炼油商、投资银行等。普氏窗口交割的油种包括 Dubai、Oman、Upper Zakum 三种。窗口中现货交割很少，其作用更多的是发现价格，而非现货交割。其窗口交易价格会被采纳用于中东基准原油现货价格的评估（见表 3-5）。

表 3-5　普氏估值规则

	普氏 Brent	普氏迪拜
评估规则	普氏闭市价格评估原则（MOC）——交易日结束时产生反映市场价值的价格评估	
可交割油种	Brent、福蒂斯、爱克菲斯克、奥斯博格、特罗	迪拜、阿曼、穆尔班、上扎库姆、阿尔沙欣
评估标的	未来 10~30 天装船北海油	M+2 月中东中质原油
评估逻辑	基于当日最具竞争力交割油种贴水、CFD 和 BFOET 现货价格计算确定	评估时间结束前最后一个有效的现货交易或报价价格
评估时间（普氏窗口）	伦敦时间下午 4 点至 4 点 30 分	新加坡时间下午 4 点至 4 点 30 分
主要参与者	国际上下游一体化石油公司（BP、壳牌、道达尔等） 国际主要原油贸易商（维多、嘉能可、摩科瑞等） 国内主要石油央企贸易公司（国际事业公司、中联油） 部分独立炼油商（恒力石化等）	
主要使用范围	北海、西非、拉美原油计价基准	中东原油计价基准

每天 4 点半窗口结束之后会报出一个 Dubai 价格，该价格是两个月后装船的远期价格（cash Dubai），并通过升贴水信息的市场询问，得到 cash Oman 的价格。由于 Platts 每个工作日都产生 Dubai 和 Oman 的远期现货价格，取其均价 Platts Dubai/Oman。Platts 派生出来迪拜原油掉期（Dubai Swaps）。Dubai Swaps 与 ICE Brent 期货价的关系如下：

$$\text{ICE Brent} = \text{Dubai Swaps} + \text{EFS} \tag{3-4}$$

ICE、CME 的用户交了保证金便可以交易该合约，其结算方式是 M 月的掉期按照 Platts M+2 月在 M 月的月均价结算。就 Brent 原油期货与 Dubai Swaps 的关系而言，由于 Dubai Swaps 直接开仓交易很少，交易者一般都利用流动性更好的 Brent Futures 进行操作，在合适时机通过交易 EFS（Exchange For Swap）将 Brent Futures 的仓位转移到 Dubai Swaps 仓位，其中 EFS 互换对象仅限于利率互换协议。

上述价格联动过程虽然复杂，但基本原理却不难理解，即区域（全球）定价中心确定基准价格的锚定目标，金融市场通过制度创新实现不同产品之间的价格联动，整个定价体系以“基准价”为核心，以复杂金融衍生工具价格为纽带，推动整条产业链定价、作价，并进行价格风险对冲。

总的来说，原油期货的实物交割制度、集合竞价制度、金融市场联动机制确保了期货定价体系的先进性、灵活性和科学性。在整套定价体系当中，期货价格是“基准价”锚定的核心，因此期货市场定价能力体现了“基准”期货价格在整套定价体系中的主导地位，也是“基准”期货价格的传导效率的客观体现。它是由投资者、交易平台、交易制度、金融基础设施等共同保障的。

二、国内外期货价格的联动现状

如图 3-14 所示，我国原油期货与国际原油期货既存在联动性和一致性，也保持一定的独立性。

就联动性而言，Brent、WTI 作为全球原油期货定价中心，阿曼原油期货价格作为 Brent、WTI 的“影子价格”，势必影响上海原油期货价格走势。Platts 作为上海原油期货交割油种的信息发布中心，也会对上海价格

图 3-14　国内外四大原油期货价格变化情况

产生重要影响。投资者行为会进一步强化上述价格之间的联动关系。

就独立性而言，主要体现在一定时期内我国原油期货价格与国际原油期货价格相关性较低。例如，2020 年在国际油价大幅波动过程当中，上海原油期货在某些时段展现出一定的独立性。就上半年的日均波幅而言，上海原油期货主力合约为 3.6%，远低于同期 Brent、WTI 原油期货主力合约 7.2%和 9.0%的水平。尤其是 WTI 出现负油价时，上海原油期货价格与 Brent、WTI 油价的背离更加明显，甚至在国际油价处于“下行”周期时，反而呈现逆市上涨态势。一方面，这与中国提前“复工复产”导致的国内原油需求恢复有关，上海原油期货价格反映出我国经济发展的良好前景。另一方面，中国市场需求、实货交割情况、油轮运费、人民币汇率等也会在上海原油期货价格中得以体现，这与 Brent、WTI 原油期货的基本面存在些许差异。

商品期货价格之间的联动性体现了其作为大宗商品贸易“基准价”的合理性，即没有任何一个期货市场的定价能够脱离于供求基本面，没有任何一个期货市场的价格趋势能够完全与其他市场背离，这种联动关系保障了期货定价的“公平性”和“广泛性”。独立性则彰显出建立原油期货定价中心的战略意义。期货价格毕竟是每一个市场参与者结合市场信息、习惯偏好、自身禀赋，集合竞价的均衡结果。那么，本土化的期货中心价格自然更加反映本土（区域）供求信息，也会更加反映本地的经济、金融发展状况。以本土化的期货中心价格作为定价基准，本土企业势必占据更大的优势，更贴合本地的经营实际。

例如，在上海原油期货上市之前，国内贸易企业被动地参与境外套保，这就会面临“境外期货价格不能反映本地供求”的操作困境，被迫承担一定程度的“亚洲溢价”；同时，在风险对冲（套期保值）过程中还可能面临汇率风险、时区偏差风险、境外极端事件冲击风险等；此外，一旦境外交易所修改交易规则，国内企业也无从提前知晓，只能无奈承担规则变化带来的不利冲击，这一点也恰好体现了期货市场定价能力与某国大宗商品定价（议价）能力的辩证关系。将本土化期货市场打造成国际贸易定价中心，有助于境内企业规避上述风险，充分享受价格独立性带来的红利。因此，打造本土化的全球期货定价中心，是为了更好地服务本国企业的经营发展，提升本国产业的国际竞争力，这也是期货定价能力提升的终极要义。

从这个意义上讲，期货定价能力的提升主要目标在于获取三大权力，即规则制定权、规则调整权和监管主导权。期货市场之间的竞争，表面上是定价权力的竞争，从根本上看是交易制度的竞争，是期货交易所服务现货产业能力的竞争，是国家“软实力”的竞争。竞争中的获胜者，将主导上述三大重要权力。全球化背景下，制度优势是国家最为核心的竞争力。

三、期货市场制度建设与定价能力提升的辩证关系

鉴于期货市场定价能力提升对确保某国大宗商品定价（议价）能力的核心价值，一个重要的问题便是，如何稳步提升本土化期货市场的定价能力呢？本书认为，问题的关键在于通过科学、先进的制度建设，吸引更加广泛的市场主体参与期货交易，这也将为期货市场功能发挥提供流动性基础。只有更多的交易商参与到集合竞价的过程中，才能形成更为高效的价格信号。因此，哪个期货市场拥有更广泛的交易人群，哪个市场便会获得更高的信誉度，就更容易成为定价中心。期货市场的交易者包括套保者、套利者和投机者三类，吸引这三类投资者参与期货市场交易，需要优化不同的制度路径：就吸引套期保值者而言，需要打造丰富的品种体系、高效的结算机制、合理化的交割仓库布局等；就吸引投机者而言，需要更加便捷的报价系统、更为高频的交易时间、更加强大的法律保障；就吸引套利者而言，需要更为低廉的交易成本、更加敏捷的全球价格联动。

当然，无论对何种类型的交易者，打造国际化的交易平台，获取国际参与度和认可度都是极为关键的一步。国际平台指的是原油期货交易、交割、结算等不同环节均可以实现国际化，这有助于吸引更多的境外交易者高效、便捷地参与我国原油期货市场定价。随着境外交易者数量的不断提升，我国与 Brent、WTI 原油期货价格的联动性将更加紧密，本土化期货价格的国际影响力会逐渐提高，最终有机会成为全球原油期货定价中心第三极，为亚太地区甚至“一带一路”地区提供反映区域供求的公允市场。目前，上海原油期货的制度规则基本被国际监管机构、行业组织、市场参与者所认可。截至 2020 年，境外客户超过 330 个，分布在五大洲 23 个国家和地区，备案境外中介机构达到 66 家，还有境外特殊经纪参与者 1 家。境外客户日均成交量、持仓量占比分别为 18%和 25%，多个境外大型产业客

户，如 BP、托克、嘉能可等，均已参与上海原油期货交易、交割全流程。2018 年，上海期货交易所成为新加坡认可的市场交易者；2019 年，上海期货交易所成为国际期货业协会会员；2020 年，上海期货交易所被纳入欧洲证券及市场管理局（The European Securities and Markets Authority，ESMA）正面清单，至此欧洲交易商参与我国原油期货市场交易将不再被要求公开披露交易后的相关信息和数据，降低了合规管理及运营成本。上述种种都是上海原油期货市场制度建设取得的标志性成果。

然而，就成为全球原油期货定价中心第三极这一目标而言，上海原油期货市场的制度建设还存在较大的差距。以 Brent、WTI 原油期货市场为对标，上海原油期货市场还存在以下明显不足：首先，上海期货交易所的投资者结构有待优化。从图 3-15 中不难发现，在 2020 年接近 10 万户投资者中，上海原油期货市场的机构投资者参与率仅有 40%，散户投资者高达 60%，套期保值仓单占比过小，这说明上海原油期货价格的投机成分更浓，不利于套期保值和价格发现功能的充分发挥。WTI 原油期货市场的参与者比上海原油期货市场分类细致，数据颗粒度更高，掉期交易商、实货交易商、基金占比较高，散户仅占 4%，这与上海形成了鲜明的对比。Brent 原油期货的实货交易商占比最高，高达 41%，掉期交易商、基金以及其他大户交易商占比相当，在 16%～22%区间波动，散户占比仅为 3%。这说明，上海原油期货市场的投资者优化，关键在于吸引更多的机构，尤其是境外机构投资者参与。上述不足也是制约上海原油期货国际定价能力提升的关键瓶颈。

其次，上海原油期货市场的结算机制有待进一步完善。结算价方面，由于交易习惯和时区差异，基本上每个期货市场的结算方式和时间均不相同。其中，WTI、Brent、阿曼原油期货分别采取纽约时间 14：28—14：30、伦敦时间 19：28—19：30、新加坡时间 16：25—16：30 成交加权平均价作为结算价格。相比之下，上海原油期货结算价采取的是日成交加权平均

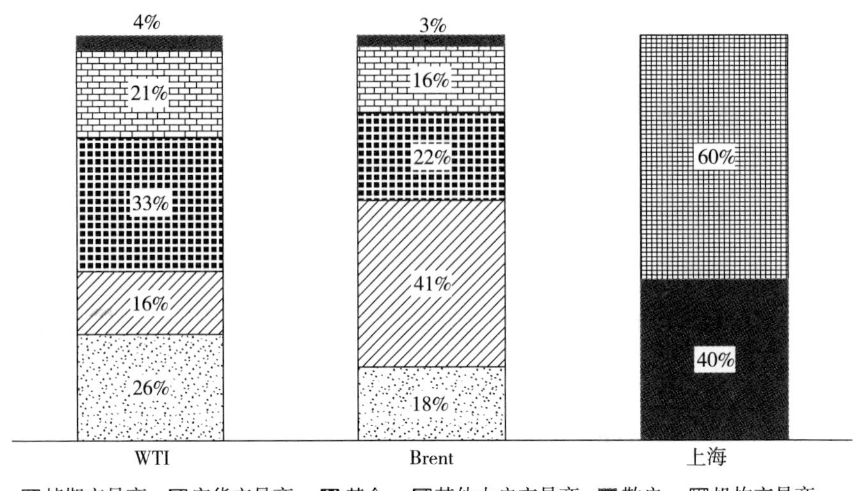

图 3-15 三大原油期货市场持仓结构

价，结算价格规则上的差异更容易产生全球套利窗口，从而阻碍结算价交易指令（Trade at Settlement，TAS）的接受程度。与此同时，上海原油期货交易时间不能完全匹配国际主要期货合约的交易时间，这导致参与套期保值企业难以完全做到精准时间的风险对冲。

再次，上海原油期货的交割品种和配套工具存在不足。交割品种方面，上海原油期货尽管提供了七种可交割油品，但数量还是太少，并且除胜利油田原油外的其余六种交割油品均为境外生产。胜利原油虽然也能作为交割品，但它主要在中国石油化工集团公司（以下简称中石化）内部流通，国内现货行业的垄断性造成胜利原油价格的市场化程度不高，仅发挥了对中东交易商逼仓行为的一种震慑作用。配套工具方面，我国原油期货市场产品结构单一，还未形成金融衍生品市场体系，缺少场外金融衍生品，缺乏石油基金 ETF、外汇等工具。国内企业可采用的套期保值手段较少。从产业链配套期货品种来看，与原油期货相配套的石油期货品种体系还没有完全形成，汽油、柴油、煤油等成品油期货还未上市，这可能会阻碍我国原油期货市场的发展壮大，影响价格发现功能的发挥。反观 WTI 和 Brent 原油期货市场，其原油衍生产品体系非常丰富，配套衍生工具同样在全球占据主导地位，交易者从便利性、相关性出发，更倾向于参与 WTI 和 Brent 原油期货及其配套衍生品市场，这也是 WTI 和 Brent 原油期货成为全球定价中心的关键。

最后，中国石油现货行业市场化程度不高，极大地制约了期货市场的发展。现货市场的充分竞争有助于形成活跃的期现互动机制，从而防止期货市场价格操控。当前，中国原油现货市场的市场化程度较低，交易机制还不够成熟。中石油、中石化、中海油[①]三家公司控制着绝大多数的油气生产，而且中石油、中石化之间原油购销价格的确定来自双方协商，并未采用市场定价机制。不仅如此，这些集团内部的油田、炼油厂的购销价格也由集团直接决定。这也导致上海原油期货市场的交割商品只能与贸易品对标，与国际期货价格直接挂钩，结算价格遵循基础油价（计价期）+升贴水的计价模式。国内石油产业市场化进程缓慢，也直接导致境内期现货价格联动不足。如果现货产业继续维持现状，上海原油期货争夺全球石油定价权的战略规划会显得毫无意义，毕竟服务现货市场才是期货市场的根本目标。

第四节　本章小结

本章系统地梳理了全球石油供求格局、贸易格局的演进以及石油定价体系的变迁，阐释了期货定价成为大宗商品终极模式的合理性，它是期货市场集合竞价、套利修正、交割联动等一系列先进规则带来的必然现象，

---

① 中海油指中国海洋石油集团有限公司。

历史上没有任何一种模式比当前的期货定价模式更加公平、高效。全球石油贸易又以美国 WTI、英国 Brent 原油期货市场为定价中心。2010 年以来，中国石油产业供求缺口逐渐扩大，进口规模快速提升，对外依存度持续提高，并稳定在 70%以上，贸易竞争力极差。更为重要的是，中国乃至亚太地区缺乏具有影响力的原油期货定价中心，这使得本土贸易商被动承担“亚洲溢价”，不得不在境外参与风险对冲，饱受汇率、时差等因素的干扰，相关业务开展极不便利。建立本土化的期货定价中心，提升原油期货定价能力，具有战略意义，它不仅能够通过反映本土（本区域）供求修正不公平“溢价”，而且价格信号中会融入更多的本土（本区域）经济、金融信息，更方便本土企业进行套期保值。更为重要的是，提升本土化原油期货市场的定价能力，成为区域性乃至全球性定价中心，有助于国家最终获取贸易“基准价”形成的规则制定权、规则调整权和监管主导权，这种“软实力”的提升在全球化格局中将令规则主导方（国家）获取重要战略利益。制度建设是提高原油期货定价能力的关键。目前，与 Brent、WTI 相比，上海原油期货市场还存在投资者结构不合理、结算机制不完善、交割品种和配套工具不足等缺陷，但更加关键性的瓶颈还在于，中国现货产业的市场化程度不高，导致国内期现货价格联动性不够紧密。理顺现货市场的交易机制，提升现货市场的定价效率，能够为上海原油期货国际化建设提供重要的现货基础，服务实体产业稳健发展、促进产业结构转型升级、实现国家能源安全是上海原油期货争夺全球石油定价权的终极目标，也是根本目标。

第四章
原油期货定价能力的测算及溢出效应分析

第三章简要地描述了上海原油期货上市以来取得的重要成绩、与其他原油期货市场的价格联动等。但更为重要的问题是，上市4年以来，上海原油期货定价能力究竟如何？与Brent、WTI等期货定价能力的互动关系怎样？上述问题的回答需要对主要原油期货市场的定价能力展开科学评估。目前，学术界大多基于套期保值或价格发现功能发挥来评估期货市场的定价能力，但这类模型只是间接地测度了期货市场的定价效率。尽管定价效率是定价能力的基础，但两者并不相同。另有文献简单地利用市场交易数据作为定价能力的评价指标，但这种指标仅仅体现了市场交易情况。根据第三章的理论分析，它是期货市场定价能力得以充分发挥的流动性基础，但同样不是定价能力本身。更为重要的是，利用交易数据评价定价能力难以剔除投机力量的干扰，会存在较大的测量偏差。针对已有研究的缺陷，本章基于原油期货定价能力内涵和外延的全新界定，创新性地构建了原油期货定价能力评估指标体系。在此基础上，本章将期货市场定价能力视为一种加权信息，利用VECM—GJR—GARCH—BEKK模型，系统地分析上海原油期货市场与Brent、WTI、阿曼原油期货市场定价能力的联动机制和溢出效应，科学、准确地测算出全球主要原油期货市场定价能力之间的互动影响。从这个意义上说，本章对期货定价能力的分析是基于信息效率机制。

第一节 全球主要原油期货市场定价能力的测算

一、原油期货定价能力评价指标体系的构建

根据第三章的分析，原油期货市场定价能力是指，在全球石油贸易定价体系中，某原油期货市场与“基准价”联动的紧密程度。在这里，有三个维度的重要指标需要考虑：其一，原油期货市场自身的价格走势，包括结算价、收益率走势。原油期货结算价格反映了原油期货本身的价格，其对国内外原油期货交易商的价格发现和引导作用最强，是交易商开展交易最直接的参考指标，是最直观反映原油期货定价能力的指标。收益率是原油期货日度价格的对数变化，是原油投机者最为关心的指标。这是因为，收益率与获利水平成正比，投资者通过比较收益率，会对投资方式、投资策略甚至投资品种选择产生重大影响，收益率也是程序化交易者追逐的重要目标。其二，原油期货市场的交易规模，包括成交量和持仓量。成交量和持仓量直接影响期货价格，也是投资者市场参与度的直观体现。前文的分析表明，吸引更多的投资者参与是期货市场提升影响力的关键，因此市场交易情况是评估期货定价能力的必要指标。其三，原油期货价格与主要区域代表性现货价格的联动性。本章以 10 个地区期现货价差作为区域性价格联动的衡量指标，包括两大基准油 Brent 和 WTI、影响中东地区和亚洲地区的阿曼原油和迪拜原油、与我国新建立的上海原油期货相对应的本土现货大庆原油和胜利原油以及其他区域知名的塔皮斯、米纳斯、辛塔、杜

里原油。价差越同步，反映出该期货市场对全球不同区域的综合定价能力越强。基于上述原则，本章具体选定如下 14 个指标来衡量期货市场的定价能力（见表 4-1）。

表 4-1　原油期货定价能力评价指标的描述性统计结果

指标（单位）	样本量	均值	标准差	最小值	最大值
期货结算价（美元）	11663	62. 267	27. 071	-37. 630	146. 080
收益率（—）	11660	0. 000	0. 025	-0. 282	0. 320
成交量（手）	11663	207507. 5	152658. 8	28003. 7	655171. 4
持仓量（手）	11663	197906. 9	107300. 1	17821. 2	415700. 6
期货结算价与 Brent 现货价差（美元）	10202	-1. 220	5. 126	-56. 920	21. 549
期货结算价与 WTI 现货价差（美元）	9325	2. 351	5. 175	-8. 330	71. 946
期货结算价与阿曼现货价差（美元）	9610	0. 566	5. 327	-58. 630	26. 450
期货结算价与胜利油现货价差（美元）	9960	3. 734	7. 468	-67. 180	33. 220
期货结算价与大庆油现货价差（美元）	9959	1. 789	6. 074	-60. 890	24. 960
期货结算价与迪拜油现货价差（美元）	10142	1. 053	5. 335	-58. 700	26. 720
期货结算价与塔皮斯现货价差（美元）	10013	-4. 753	5. 894	-64. 630	18. 856
期货结算价与米纳斯现货价差（美元）	10009	-0. 895	6. 455	-59. 320	21. 756
期货结算价与辛塔现货价差（美元）	9964	1. 754	6. 125	-61. 480	29. 220
期货结算价与杜里现货价差（美元）	9960	3. 400	8. 004	-70. 440	33. 720

在进行定价能力测算的过程中，还需注意三个问题：首先，上述 14 个指标本身具有较强的联动关系。例如，收益率近似结算价的一阶差分序列；结算价与持仓量、成交量具有较强的“量价关系”；10 个地区的期现货价差同样存在“整体相关性”，个别局部市场的价差甚至呈现“强相关性”。如何提取上述 14 个指标的共同信息成为评估体系科学性的根本保障，主成分分析法能够最大限度地提取公共有效信息。

其次，原油期货价格具有一定的周期性变化。许金华和范英（2010）

研究发现，1972 年以来原油价格经历了 4 次结构变动过程；Chiarucci 等 (2017) 基于广义赫斯特指数发现，WTI 价格在 2004—2007 年发生了结构性变化。每一次结构性变化都意味着期货市场的内外部环境发生了重要变迁，如果不能区分这种结构性断点，则总体的评估信息会使得不同周期的规律相互抵消，在一定程度上降低评估结果的有效性。针对上述问题，本书利用结构性断点识别方法对不同价格周期加以剥离，分时段评估原油期货定价能力，并合成连续指标。

最后，部分评价指标可能会呈现周期性、趋势性特征，比如成交量、持仓量。趋势项和周期项分别反映了原油成交量随着时间变化相对稳定以及波动的部分。具体来说，趋势项是缓慢变动的，反映了原油投资者和交易商对期货合约数量进行买卖操作的趋势，是一个期货市场的活跃程度以及投资者和交易商对原油期货市场的信赖程度；周期项则反映了原油期货市场成交量的周期性波动程度，是所有投资者在综合考虑多种内外部因素影响后决策的结果，其同时也会影响交易商的交易策略。本书认为，趋势项更直观地反映出期货市场定价能力的内涵。针对上述问题，采用 Hodrick 和 Prescott (1980) 提出的 HP 滤波方法对时间序列进行分析，准确剥离各种成分。

二、期货价格的结构断点分析

市场结构性转变在统计学分析中又被叫作结构断点。分析结构断点信息，捕捉原油市场价格周期的系统性变化，对于准确度量原油期货定价能力至关重要。统计学中，识别结构断点有很多种方法，包括邹氏检验 (Chow test)、Bai-Perron 检验、Globally Determined 检验等。本章分别采用 Globally Determined 检验和 Bai-Perron 检验对原油期货价格结构断点进行测算，具体的实证结果如表 4-2 所示。

表 4-2　四大原油期货价格的结构断点检验

原油价格	估计的断点日期	Schwarz 准则	LWZ 准则	断点检验方法
WTI	5 个：2004 年 7 月 1 日、2007 年 9 月 17 日、2010 年 12 月 20 日、2014 年 11 月 28 日、2018 年 2 月 12 日	4.985	5.025	Globally Determined 检验
	2 个：2005 年 6 月 17 日、2014 年 12 月 4 日			Bai-Perron 检验
Brent	5 个：2004 年 7 月 22 日、2007 年 10 月 15 日、2011 年 1 月 10 日、2014 年 11 月 10 日、2018 年 1 月 23 日	5.014	5.054	Globally Determined 检验
	1 个：2005 年 6 月 3 日			Bai-Perron 检验
阿曼	4 个：2011 年 1 月 11 日、2014 年 11 月 26 日、2017 年 3 月 23 日、2019 年 4 月 29 日	5.210	5.254	Globally Determined 检验
	1 个：2014 年 11 月 28 日			Bai-Perron 检验
上海	3 个：2018 年 11 月 20 日、2020 年 3 月 6 日、2020 年 12 月 8 日	7.064	7.158	Globally Determined 检验
	0 个			Bai-Perron 检验

根据 Globally Determined 检验结果，WTI 和 Brent 原油期货价格在 2000 年以来均发生了 5 次明显的结构变化，而且两个原油期货市场断点发生的时间点的间隔有所不同；短则为 1~2 周，如 WTI 原油期货价格在 2014 年 11 月 28 日发生结构突变，而 Brent 原油期货价格在 2014 年 11 月 10 日发生结构突变；长则不超过 1 个月，这也侧面说明两大基准原油相互间的影响较为密切，信息传递较快。阿曼原油期货价格在 2000 年以来发生了 4 次明显的结构变化，且紧跟 Brent 和 WTI 原油期货价格发生变动之后。上海原油期货价格在上市后发生了 3 次结构变化，一方面源自上海原油期货的品种、规则、交易量等在不断调整，另一方面也可能受到国际原油期货价格市场的影响。

根据 Bai-Perron 检验结果，WTI、Brent 和阿曼原油期货价格在 2000

年以来分别发生了2次、1次、1次明显的结构变化，而上海原油期货价格则没有发生结构性变化。Bai-Perron检验是反映结构突变成分的多结构断点单位根检验方法，难以反映全部断点。因此，本书基于Globally Determined断点检验方法，并且以WTI原油期货价格的结构断点检验结果的日度时间作为原油期货结构变化的划分依据。选择WTI原油期货价格的原因：一方面是由于WTI在两大基准油中发生的结构变化整体上要早于其他原油；另一方面是因为WTI期货合约流动性好、价格透明度较高。

三、原油期货定价能力的测算结果分析

（一）主成分分析法

由于原油期货价格、收益率、成交量（趋势项）、持仓量（趋势项）、期货和现货价差等14个评价指标之间可能会呈现相关性，即信息的交叉重叠，面临多重共线性等问题，因此需要对相关评价指标进行精简，本章通过降维技术达到诸多指标的简化。

降维技术是指通过数学变换将高维变量（空间关系）转变为低维变量（空间关系），具体包括LASSO、聚类分析、小波分析、主成分分析等方法。其中，LASSO方法借助参数缩减来达到降维目的，用于处理具有共线性数据的有偏估计，会产生某些严格等于0的回归系数。聚类分析主要针对小样本数据进行降维分析，但在遇到大样本、多变量数据时，处理效能较低。小波分析的方法更加复杂、前沿，通过小波线性组合的转换忽视次要信息，但该方法并不适用于本章的数据分析。主成分分析法是一种经典的降维方法，其核心思想在于对具有相关性的一组变量进行正交处理，提取出个数更少的、不相关的信息成分，并尽可能地包含原有的信息含量。主成分分析法以不同的线性组合表达成分，通过计算每个线性组合的方差

来判断所包含信息的数量。在主成分分析法中，越靠前的提取成分包含的原始信息越多，当若干个成分包含原始信息的累积值超越某阈值时，即完成降维工作。

本章通过主成分分析法来对 14 个反映原油期货定价能力的指标进行降维精简，令 $M_1 \sim M_p$ 是表 4-1 指标体系中具有关联关系的 p 个随机变量（在本章中 p=14），假设每个指标都能够用 n 个成分变量（$f_1 \sim f_n$）的线性组合表示：

$$M_1 = a_{11}f_1 + a_{12}f_2 + \cdots + a_{1n-1}f_{n-1} + a_{1n}f_n + \varepsilon_1$$

$$\cdots\cdots$$

$$M_p = a_{p1}f_1 + a_{p2}f_2 + \cdots + a_{pn-1}f_{n-1} + a_{pn}f_n + \varepsilon_p \tag{4-1}$$

在式（4-1）中，a_{pn}是因子载荷。在标准化处理、计算相关阵的基础上，通过特征方程求解，可以得到若干个成分的累积方差贡献率，并最终确定提取的主成分个数。

（二）原油期货定价能力的测算

KOM 检验和 SMC 检验是判断主成分分析效率的常用指标，两个指标均是越大越代表适用于主成分分析。特别地，就前者而言，当 KOM 统计量高于 0.7 时，才表示主成分分析法有效；如果 KOM 统计量低于 0.5，则不适宜使用主成分分析法。表 4-3 给出了 KOM 和 SMC 检验的实证结果，不难发现 KMO 值高达 0.877，处于较高效率区间。此外，大多数指标的 SMC 值高于 0.9，也说明使用主成分分析法是较为合适的。

表 4-3　KMO 和 SMC 检验（2000 年 1 月 4 日至 2004 年 7 月 1 日）

评价指标	KMO 值	SMC 值
期货结算价	0.872	0.746
收益率	0.633	0.595
成交量（趋势项）	0.865	0.984

续表

评价指标	KMO 值	SMC 值
持仓量（趋势项）	0.868	0.984
期货结算价与 Brent 现货价差	0.961	0.858
期货结算价与 WTI 现货价差	0.947	0.764
期货结算价与阿曼现货价差	0.858	0.951
期货结算价与胜利油现货价差	0.855	0.998
期货结算价与大庆油现货价差	0.821	0.993
期货结算价与迪拜油现货价差	0.910	0.895
期货结算价与塔皮斯现货价差	0.925	0.774
期货结算价与米纳斯现货价差	0.884	0.929
期货结算价与辛塔现货价差	0.858	0.993
期货结算价与杜里现货价差	0.849	0.998
合计	0.877	

表 4-4 给出了不同成分的特征值、方差贡献率和累积方差贡献率。不难发现，特征值和方差贡献率都是由大到小排列的。选取特征值大于 1 的主成分，即成分 1（特征值 9.215）、成分 2（特征值 1.775）和成分 3（特征值 1.118），它们的累计方差贡献率达到 0.865。这意味着，选取前 3 个主成分，可以解释原来 14 个指标 86.5%的信息，信息损失程度较小，且达到了降维的目的。碎石图也支持了上述结论，出于节约篇幅的考虑，不再披露，留存备索。

表 4-4 特征值与方差贡献率（2000 年 1 月 4 日至 2004 年 7 月 1 日）

因子	特征值	方差贡献率	贡献率	累积贡献率
成分 1	9.215	7.439	0.658	0.658
成分 2	1.775	0.657	0.127	0.785
成分 3	1.118	0.452	0.080	0.865
成分 4	0.666	0.224	0.048	0.912
成分 5	0.443	0.203	0.032	0.944

续表

因子	特征值	方差贡献率	贡献率	累积贡献率
……	……	……	……	……
成分 13	0.004	0.003	0.000	1.000
成分 14	0.001	—	0.000	1.000

表 4-5 披露了各主要成分的因子载荷情况，根据表 4-4 的结果，本章只关心前 3 个主成分的载荷情况。

表 4-5　因子载荷矩阵表（2000 年 1 月 4 日至 2004 年 7 月 1 日）

评价指标	成分 1	成分 2	成分 3	成分 4	……	成分 13	成分 14
期货结算价（price）	0.224	0.297	-0.080	0.671	……	0.021	-0.003
收益率（rate）	0.057	0.057	0.888	0.107	……	0.006	0.000
成交量趋势（trade）	0.283	-0.314	-0.170	0.099	……	-0.119	-0.006
持仓量趋势（hold）	0.286	-0.287	-0.183	0.065	……	0.124	0.010
期货结算价与 Brent 现货价差（c_brent）	0.288	-0.233	-0.061	-0.027	……	-0.019	-0.008
期货结算价与 WTI 现货价差（c_wti）	0.239	-0.392	-0.065	-0.075	……	0.032	0.002
期货结算价与阿曼现货价差（c_amn）	0.300	-0.136	0.167	0.235	……	-0.013	0.000
期货结算价与胜利油现货价差（c_shengli）	0.280	0.332	-0.105	0.042	……	0.101	-0.706
期货结算价与大庆油现货价差（c_daqing）	0.291	0.268	0.013	-0.287	……	0.685	0.074
期货结算价与迪拜油现货价差（c_dubai）	0.284	-0.172	0.154	0.253	……	0.017	0.005
期货结算价与塔皮斯现货价差（c_tapis）	0.254	-0.232	0.245	-0.349	……	0.017	-0.003
期货结算价与米纳斯现货价差（c_minas）	0.282	0.245	-0.008	-0.376	……	-0.097	-0.013

续表

评价指标	成分 1	成分 2	成分 3	成分 4	……	成分 13	成分 14
期货结算价与辛塔现货价差（c_cinta）	0. 298	0. 259	0. 009	-0. 221	……	-0. 692	-0. 053
期货结算价与杜里现货价差（c_duri）	0. 280	0. 332	-0. 106	0. 048	……	-0. 028	0. 702

根据表 4-5 的实证结果，可以具体给出 2000 年 1 月 4 日至 2004 年 7 月 1 日（阶段一）前 3 个主成分的计算公式：

f1 = 0. 224×price+0. 057×rate+0. 283×trade+0. 286×hold+0. 288×c_brent+0. 239×c_wti+0. 300×c_amn+0. 280×c_shengli+0. 291×c_daqing+0. 284×c_dubai+0. 254×c_tapis+0. 282×c_minas+0. 298×c_cinta+0. 280×c_duri

f2 = 0. 297×price+0. 057×rate-0. 314×trade-0. 287×hold-0. 233×c_brent-0. 392×c_wti-0. 136×c_amn+0. 332×c_shengli+0. 268×c_daqing-0. 172×c_dubai-0. 232×c_tapis+0. 245×c_minas+0. 259×c_cinta+0. 332×c_duri

f3 = -0. 080×price+0. 888×rate-0. 170×trade-0. 183×hold-0. 061×c_brent-0. 065×c_wti+0. 167×c_amn-0. 105×c_shengli+0. 013×c_daqing+0. 154×c_dubai+0. 245×c_tapis-0. 008×c_minas+0. 009×c_cinta-0. 106×c_duri

f=（0. 658/0. 865）×f1+（0. 127/0. 865）×f2+（0. 080/0. 865）×f3

同理，可以依次计算出 2004 年 7 月 1 日至 2007 年 9 月 17 日（阶段二）、2007 年 9 月 18 日至 2010 年 12 月 20 日（阶段三）、2010 年 12 月 21 日至 2014 年 11 月 28 日（阶段四）、2014 年 11 月 29 日至 2018 年 2 月 12 日（阶段五）、2018 年 2 月 13 日至 2021 年 12 月 31 日（阶段六）的特征值和贡献率（见表 4-6）。

表 4-6　不同时间区间相关系数矩阵的特征值与方差贡献率

成分	阶段二			阶段三			阶段四			阶段五			阶段六		
	特征值	贡献率	累积贡献率	特征值	贡献率	累积贡献率	特征值	贡献率	累积贡献率	特征值	贡献率	累积贡献率	特征值	贡献率	累积贡献率
成分 1	5.593	0.400	0.400	6.533	0.467	0.467	10.122	0.723	0.723	8.611	0.615	0.615	8.021	0.573	0.573
成分 2	2.887	0.206	0.606	2.338	0.167	0.634	1.643	0.117	0.840	1.988	0.142	0.757	2.263	0.162	0.735
成分 3	1.282	0.092	0.697	1.825	0.130	0.764	0.986	0.070	0.911	1.180	0.084	0.841	1.128	0.081	0.815
成分 4	1.030	0.074	0.771	0.891	0.064	0.828	0.434	0.031	0.942	0.839	0.060	0.901	0.936	0.067	0.882
成分 5	0.907	0.065	0.836	0.787	0.056	0.884	0.259	0.019	0.960	0.408	0.029	0.930	0.545	0.039	0.921
成分 6	0.814	0.058	0.894	0.558	0.040	0.924	0.245	0.018	0.978	0.270	0.019	0.950	0.415	0.030	0.951
成分 7	0.579	0.041	0.935	0.387	0.028	0.952	0.152	0.011	0.989	0.233	0.017	0.966	0.252	0.018	0.969
成分 8	0.454	0.032	0.968	0.249	0.018	0.969	0.083	0.006	0.995	0.213	0.015	0.982	0.199	0.014	0.983
成分 9	0.228	0.016	0.984	0.226	0.016	0.985	0.030	0.002	0.997	0.154	0.011	0.993	0.099	0.007	0.990
成分 10	0.147	0.011	0.994	0.117	0.008	0.994	0.024	0.002	0.998	0.067	0.005	0.997	0.066	0.005	0.995
成分 11	0.045	0.003	0.998	0.035	0.003	0.996	0.017	0.001	1.000	0.025	0.002	0.999	0.056	0.004	0.999
成分 12	0.016	0.001	0.999	0.030	0.002	0.997	0.003	0.000	0.999	0.006	0.000	0.999	0.014	0.001	0.999
成分 13	0.010	0.001	1.000	0.015	0.001	1.000	0.003	0.000	1.000	0.004	0.000	1.000	0.004	0.000	1.000
成分 14	0.007	0.001	1.000	0.007	0.001	1.000	0.001	0.000	1.000	0.001	0.000	1.000	0.001	0.000	1.000
KMO 值	0.712			0.770			0.856			0.773			0.839		

不难发现，除了2010年12月21日至2014年11月28日（阶段四）仅有两个主成分特征值大于1之外，其余阶段的主成分特征值均是前三个大于1，因此14个因子中取前3个因子便可。表4-7给出了不同阶段主要成分的因子载荷情况，可以得出类似的方程式。

为进一步对比区分结构变动与未区分结构变动评估结果的差异性，本章同时对全样本数据进行主成分分析，详细的实证结果见附表1~附表3。此时，4个主成分的特征值大于1，合计能解释总变异的85.7%，信息损失为14.3%。具体载荷公式不再披露，可以看出与区分结构性断点各个阶段的计算公式均存在明显不同。表4-8进一步展示了采用主成分分析法得到的四大原油期货定价能力的描述性统计结果，区分结构断点时所获得的四大原油期货定价能力的均值要高于未区分结构断点时的情况。这意味着，如果未区分结构断点，所获得的原油期货定价能力可能被低估。此外，就两类方法计算结果的均值差异性而言，均值相差最大的是阿曼原油期货，区分断点的定价能力要比未区分断点高出0.106；其次是上海原油期货，区分断点的定价能力要比未区分断点高出0.073；再次是Brent原油期货（差值为0.024）；WTI原油期货最小（差值为0.001）。就标准差而言，除了阿曼原油期货外，区分结构断点得到的3大原油期货定价能力的波动要低于未区分结构断点的情况。特别需要注意的是，当区分结构断点时，上海原油期货定价能力与WTI、Brent和阿曼原油期货定价能力（均值）分别相差0.169、0.039和-0.148；而未区分结构断点时，上海原油期货与上述3家期货市场定价能力分别相差0.242、0.088和-0.181。这意味着，区分结构断点的主成分分析法所测算出的上海原油期货定价能力与其他原油期货定价中心的差距变小了。

表 4-7　不同时间区间因子载荷矩阵表

评估指标	阶段二				阶段三			阶段四		阶段五			阶段六		
	成分 1	成分 2	成分 3	成分 4	成分 1	成分 2	成分 3	成分 1	成分 2	成分 1	成分 2	成分 3	成分 1	成分 2	成分 3
price	-0. 104	0. 328	-0. 029	0. 584	0. 127	-0. 329	0. 417	0. 217	-0. 331	-0. 046	-0. 466	0. 561	0. 063	0. 558	-0. 185
rate	0. 168	0. 036	0. 177	0. 295	0. 195	0. 197	-0. 140	0. 038	0. 150	0. 095	0. 169	0. 561	0. 050	0. 032	0. 770
trade	-0. 130	0. 456	0. 362	-0. 307	-0. 014	0. 379	0. 587	-0. 253	0. 296	-0. 208	0. 476	0. 191	-0. 240	0. 276	0. 221
hold	-0. 045	0. 421	0. 514	-0. 328	-0. 033	0. 442	0. 524	-0. 160	0. 588	-0. 103	0. 419	0. 469	-0. 121	0. 148	0. 441
c_brent	0. 304	-0. 004	0. 128	0. 047	0. 302	0. 109	-0. 047	0. 303	0. 004	0. 307	-0. 072	-0. 058	0. 306	-0. 244	-0. 031
c_wti	-0. 036	0. 334	0. 130	0. 517	-0. 062	0. 275	-0. 076	0. 222	-0. 442	0. 165	-0. 513	0. 225	0. 270	0. 108	-0. 270
c_amn	0. 329	-0. 132	0. 353	0. 174	0. 366	-0. 037	0. 095	0. 308	-0. 010	0. 327	0. 027	0. 011	0. 327	-0. 153	0. 031
c_shengli	0. 198	0. 408	-0. 363	-0. 049	0. 320	-0. 254	0. 115	0. 298	0. 212	0. 310	0. 172	-0. 094	0. 258	0. 415	0. 027
c_daqing	0. 380	0. 084	-0. 116	-0. 090	0. 342	0. 206	-0. 170	0. 296	0. 230	0. 331	0. 044	-0. 013	0. 336	0. 043	0. 104
c_dubai	0. 326	-0. 143	0. 330	0. 175	0. 367	-0. 065	0. 113	0. 308	-0. 014	0. 325	0. 032	-0. 010	0. 327	-0. 152	0. 031
c_tapis	0. 367	-0. 078	0. 093	-0. 070	0. 197	0. 442	-0. 290	0. 303	0. 064	0. 311	0. 075	0. 181	0. 296	-0. 260	0. 182
c_minas	0. 371	0. 012	-0. 042	-0. 135	0. 318	0. 214	-0. 122	0. 291	0. 228	0. 303	0. 057	0. 067	0. 332	0. 046	0. 044
c_cinta	0. 374	0. 107	-0. 137	-0. 067	0. 348	-0. 045	0. 033	0. 301	0. 196	0. 331	0. 077	0. 079	0. 335	0. 079	0. 085
c_duri	0. 198	0. 408	-0. 362	-0. 043	0. 317	-0. 266	0. 123	0. 296	0. 216	0. 311	0. 189	-0. 089	0. 227	0. 471	0. 013

表 4-8　四大原油期货定价能力的描述性统计

变量	类型	样本量	均值	标准差	最小值	最大值
Brent	区分结构断点	5510	0. 407	0. 144	0. 223	0. 726
	未区分结构断点	5510	0. 383	0. 153	0. 132	0. 690
WTI	区分结构断点	5378	0. 537	0. 176	0. 304	1. 000
	未区分结构断点	5378	0. 536	0. 192	0. 313	1. 000
阿曼	区分结构断点	3601	0. 220	0. 085	0. 000	0. 406
	未区分结构断点	3601	0. 114	0. 044	0. 000	0. 207
上海	区分结构断点	772	0. 368	0. 039	0. 286	0. 464
	未区分结构断点	772	0. 295	0. 054	0. 196	0. 430

图 4-1 描绘了 4 大期货市场定价能力的发展轨迹。其中，WTI 原油期

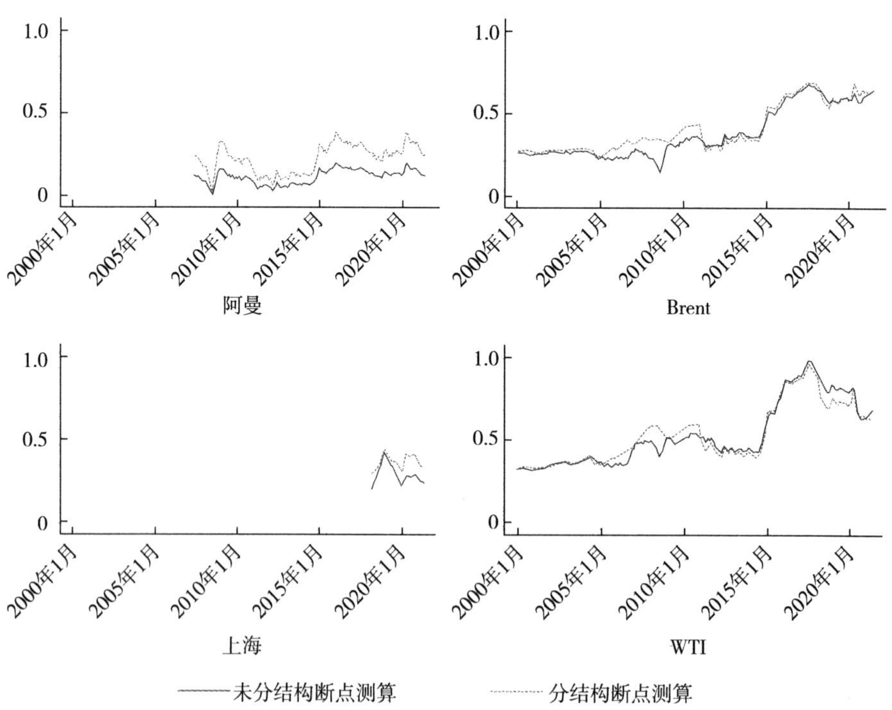

图 4-1　四大原油期货定价能力的变化情况

货定价能力（均值）最高，其次是 Brent 原油期货，上海原油期货定价能力位居第三，略高于阿曼原油期货。从演进趋势来看，WTI 原油期货定价能力经历了上升下降又急速上升和下降的过程；而 Brent 原油期货定价能力经历了上升下降又急速上升后稳定波动的过程；上海原油期货尽管推出较晚，但相比于亚太地区较有影响力的阿曼原油期货合约波动较大，其在 2020 年 6 月以后出现了下降过程。上述现象意味着，原油期货定价能力的发展轨迹不仅是一个较长时间积累的过程，更是一个波动、反复的过程，并不是一个单调变化过程。

图 4-2 展示了四大原油期货价格的变动趋势。不难发现，除了极个别时段（如 2020 年 4 月 20 日 WTI 出现负油价）外，三大国际原油期货市场

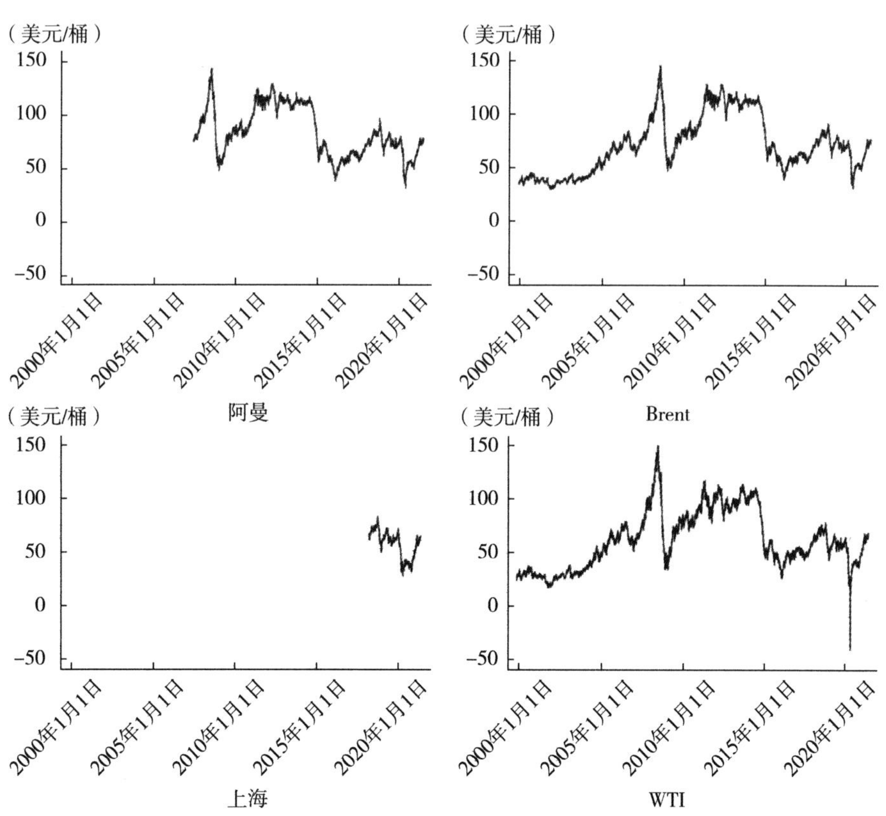

图 4-2　四大原油期货结算价格的变化情况

的价格走势较为一致，上海原油期货价格与 Brent 走势更为接近。

通过对比图 4-1 和图 4-2，可以初步得出以下几点判断：其一，原油期货定价能力与原油期货价格具有一定的内在关联性。一方面，当原油期货价格快速上升时，领涨市场的定价能力往往会有所上升。例如，2000 年 1 月至 2008 年 7 月，WTI 和 Brent 总体经历了波动上涨的“牛”市，WTI 原油期货价格更是于 2008 年 7 月 3 日冲高至 145.29 美元/桶。此时，WTI 原油期货定价能力也呈现缓慢上升趋势，其余期货市场定价能力则较为平稳。另一方面，当原油期货价格快速下跌或横盘震荡时，国际定价中心的定价能力会有所降低。例如，2008 年 7 月至 2008 年 12 月，WTI 原油价格一度从前期高点（145.29 美元/桶）骤降至 12 月 19 日的 33.87 美元/桶。此时，WTI 和 Brent 原油期货定价能力均出现回调。其二，原油期货定价能力与原油期货价格是截然不同的两个指标。在部分时期（例如 2014 年 4 月至 2016 年 1 月），也会出现原油期货价格高位波动伴随定价能力回调的现象，且这种背离出现的频率并不低。这说明，原油期货定价能力本身不依赖于原油期货价格的发展。从学理上讲，期货价格主要反映了供求基本面信息，而期货定价能力则体现了不同期货市场反映供求能力的高低。其三，原油期货定价能力的涨跌幅度要小于原油期货价格的涨跌幅度，这凸显出原油期货定价能力是一个相对稳定的指标。原因在于，期货价格的大涨大跌是投机者参与的必要条件，是市场流动性提供的基础；而期货定价能力是“话语权”软实力的象征，除非爆发“黑天鹅”事件，一般并不会过度波动。

从实践来看，期货市场是一个庞大的信息交易平台，充分吸收了全部市场投资者所掌握的各类信息，并撮合形成“均衡价格”。这个“均衡价格”是高是低与定价能力无关，“均衡价格”是否更快捷、更公允地反映了全球供求以及金融、经济信息才是关乎定价能力的关键，而这是期货交易所制度先进性、服务便捷性竞争的结果。自 2017 年 7 月以来，Brent 比

WTI 原油期货定价能力下降得更慢，说明 Brent 原油期货的定价能力相对提升了，主要是由于产业客户（如大型石油公司）转向 Brent 市场所致，这背后正暗含着交易所之间的激烈竞争。因此，上海原油期货市场的建设不能被价格波动所左右，过度关注国际原油价格涨跌容易迷失方向。

第二节　WTI 和 Brent 原油期货定价能力的溢出效应分析

在经济学概念中，溢出效应也可以理解为“外部性”。就金融市场而言，信息是“外部性”产生的基础。例如，在全球不同地区的期货市场，由于都受到“标的物”全球供求信息的冲击，期货价格便具有较强的关联性；套利机制进一步强化了这种关联性，使得不同期货市场价格往往“同涨同跌”。期货市场定价能力虽然不像期货价格一样对全球供求信息那么敏感，但同样会呈现出一定的“互动影响”。这是因为，决定定价能力的核心变量——交易指标和价差指标，在不同期货市场之间具有较强的替代性或互补性。此外，如果简单地将定价能力视为期货市场的信息效率，它同样具有信息基础，具备与期货价格信息溢出相类似的作用机理。

金融市场的溢出效应可以分为均值和波动溢出两种。前者是指，某金融产品的价格及其收益率变动所引发的其他金融产品价格及收益率变动的连锁反应；后者则是指，某市场价格波动对其他市场价格波动带来的“传导”。就时间序列而言，序列相关是均值溢出维度的概念；而方差相关则是波动溢出维度的概念。GARCH 模型族可以用于捕捉波动性集聚的“溢出”影响。在原油期货价格的相关研究中（薛健、郭万山，2020；Wang & Li，2016；Liu et al.，2019），均值溢出只反映市场间的一阶矩关系，即变量平均值的传导关系，难以体现分位数、风险传导等信息；波动溢出进一步体现了收益率条件二阶矩间关系，蕴含了信息流动的机理，更能够体现出跨市场内在风险的传导机制（董秀良、曹凤岐，2009）。特别是当期货价格大涨大跌之时，下尾传导的作用和影响力更大。Souček（2013）还发现，期货市场之间短期的波动溢出效应非常频繁且敏感。本章将分析期货价格溢出效应的计量模型应用于期货定价能力溢出效应的分析上，既具有一定的创新性，也具有一定的合理性，有助于深度挖掘上海原油期货市场与全球主要原油期货市场定价能力的互动规律。

具体而言，本章利用 VECM—GJR—BEKK—GARCH 模型来估算主要原油期货市场定价能力的溢出效应。与单一使用 VAR 模型族考察一阶矩均值溢出效应不同，为同时考察不同期货市场定价能力的二阶矩关系，需要对序列的残差平方项规律进行分析。由前文分析可知，GARCH 模型族是合适的计量工具，但 GARCH 模型族种类繁多，包括 DCC—GARCH 模型、Copula—GARCH 模型、BEKK-GARCH 模型、混频 GARCH 模型等。BEKK-GARCH 模型根据 Baba、Engle、Kraft、Kroner 四位学者首字母命名，是目前最为常用的多元 GARCH 模型，该模型具有两大优点：其一，能在较弱条件下假定协方差矩阵的正定性（李博阳等，2021）；其二，待估参数少，能够测算出波动率的溢出方向。BEKK 模型又有对角、标量、满秩等多种形式。因此，构建 VECM—BEKK—GARCH 模型便可以综合 VAR 模型族、GARCH 模型族的优点，全面测算原油期货定价能力之间一阶矩、二阶矩的关联性，通过均值、条件方差、协方差的分析，从波动方程残差项中剥离更多信息，综合识别均值溢出效应以及波动溢出效应。不仅如此，本章还充分吸收了以 Glosten、Jagannathan、Runkle 三位学者首字母命名的 GJR—GARCH 模型的优势，通过加入 GJR 项获得原油期货定价能力波动的“杠杆效应”，以捕捉负面信息与正面信息对定价能力波动带来的“非对称”影响，本章的计量模型具有一定的前沿性。

一、样本选取和变量设定

本节和本章第三节主要利用本章第一节所计算出的四大原油期货市场定价能力进行实证分析，不涉及原油定价能力以外的其他变量。样本区间为2000年1月4日至2021年12月31日，数据来自本章第一节采取结构性断点识别后主成分分析法计算出来的原油期货定价能力时间序列，具体包含WTI原油期货定价能力（lwti）、Brent原油期货定价能力（lbrent）、上海原油期货定价能力（line）、阿曼原油期货定价能力（laman），将四大期货市场定价能力在同一张图中展示（见图4-3）。本节主要探讨了全球最著名的两个原油期货市场WTI和Brent原油期货定价能力的溢出效应，因此只涉及lwti和lbrent两个变量；本章第三节进一步探讨了全球四大原油期货市场定价能力的溢出效应，涉及全部的四个变量。需要说明的是，

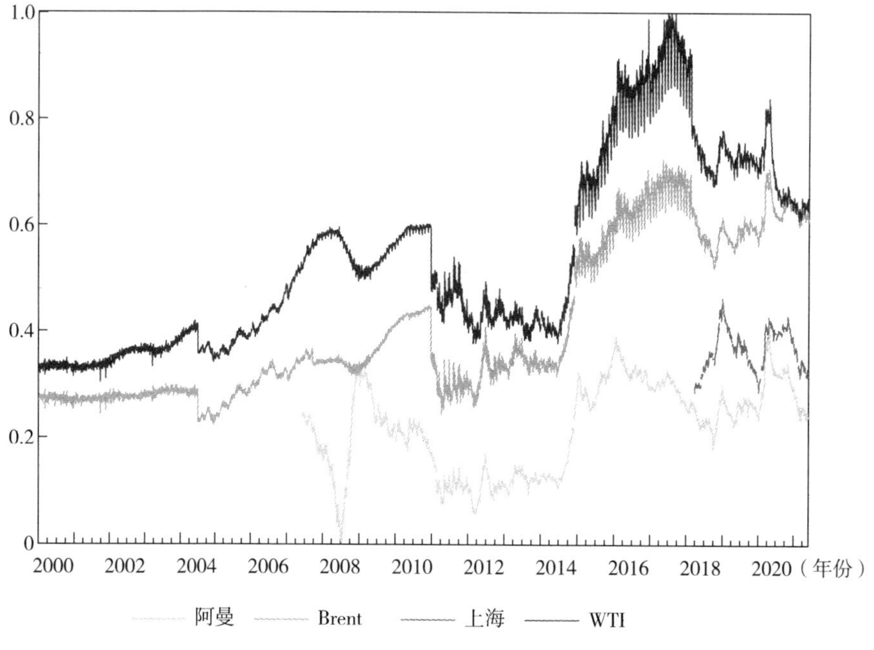

图4-3　四大原油期货定价能力的变化情况汇总

本章第三节第一部分还特别以上海原油期货市场上市时点为标准，将样本区间“一分为二”，探索了 WTI 和 Brent 原油期货定价能力溢出效应在上海原油期货上市前后的动态变化，实际上是将本节的实证分析进一步分段化对比，因此，它们采用了类似的回归分析，并进行了实证结果的比较。由于本章中多个小节运用了完全一致的实证方法——VECM—GJR—BEKK—GARCH 模型，研究方法集中在本节介绍，本章第三节将不再介绍变量选取和模型设定。

二、实证模型构建

VECM—GJR—BEKK—GARCH 模型包含两个成分——均值方程（VECM）和方差方程（GARCH）。其中，均值方程结构如下：

$$\Delta y_t = \alpha' \begin{Bmatrix} 1 \\ ect_{t-1} \\ \Delta y_{t-1} \\ \cdots \\ \Delta y_{t-p} \end{Bmatrix} + \mu_t \tag{4-2}$$

在本节的分析中，$\Delta y_t = \begin{pmatrix} dlwti_t \\ dlbrent_t \end{pmatrix}$ 为被解释变量（向量），$ect_{t-1} = lwti_t - \beta \times lbrent_t$ 为误差修正项；在本章第三节的分析中，$\Delta y_t = \begin{pmatrix} dlwti_t \\ dlbrent_t \\ dline_t \\ dlaman_t \end{pmatrix}$，$ect_{t-1} = lwti_t - \beta \times lbrent_t - \delta \times line_t - \gamma \times laman_t$ 为误差修正项。p 为滞后阶数，μ_t 为误差项。

上述模型的条件方差方程设定如下：

$$H_t = C'C + \sum_{k=1}^{K}\sum_{i=1}^{q} A_{ik}\,\varepsilon_{t-i}\,\varepsilon'_{t-i}\,A'_{ik} + \sum_{k=1}^{K}\sum_{i=1}^{q} B_{ik}\,H_{t-i}\,B'_{ik} + \sum_{k=1}^{K}\sum_{i=1}^{q} D_{ik}\,H_{t-i}\,D'_{ik} \tag{4-3}$$

其中，C、A_{ik}、B_{ik}、D_{ik}为 N 阶矩阵，就本节而言为 4×4 维对称矩阵。C 表示下三角常数项矩阵。A_{ik}表示残差项系数矩阵，即 ARCH 项系数，揭示新息冲击的直接作用。B_{ik}条件异方差项系数矩阵，即 GARCH 项系数，揭示波动的持续性。D_{ik}为非对称项系数矩阵，揭示变量间波动溢出的非对称性，用于捕捉负面信息比正面信息造成的更剧烈的波动。H_{t-i}衡量了滞后阶条件方差的影响（GARCH 项），$\varepsilon_{t-i}\varepsilon'_{t-i}$衡量了滞后阶残差项的影响（ARCH 项）。

当然，本章相关模型的构建也并非“一蹴而就”，需要遵循一定的步骤：首先，建立 VECM 模型，识别核心变量之间的协整关系、联动关系；其次，开展标准化残差项检验，识别残差的序列相关和 ARCH 效应；再次，构建 BEKK—GARCH 模型，并重点检验模型设定的合理性；最后，纳入“非对称效应”，构建完整的 VECM—GJR—BEKK—GARCH 模型，判断四大期货市场之间波动溢出效应的方向，以及交叉效应、非对称效应的表现特征。

三、WTI 和 Brent 原油期货定价能力溢出效应的实证结果分析

（一）单位根检验

本节分析 WTI、Brent 两大全球原油期货定价中心定价能力的溢出效应，有助于预判上海期货交易所在争夺全球原油定价权过程中可能出现的路径冲击。仅选用 WTI、Brent 期货定价能力，序列最长。为避免时间序列

回归分析中常见的虚假回归（伪回归）现象，首先需要检验序列的平稳性，ADF单位根检验是最常用的方法。表4-9展示了单位根检验的结果，不难发现序列lwti和lbrent均是一阶单整序列I(1)。

表4-9 ADF单位根检验结果

原序列	lwti	lbrent	一阶差分序列	dlwit	dlbrent
	（I，N，1）	（I，N，1）		（N，N，0）	（N，N，0）
ADF	-2.929	-2.825	ADF	-38.994***	-31.639***
p值	0.129	0.188	p值	0.000	0.000
SBIC	-2.920	-3.117	SBIC	-2.921	-3.134

注：*** 表示在1%的水平下显著；根据SBIC信息准则选取滞后阶数。

由于序列存在同阶单位根，可以进行协整检验。Johansen协整检验是建立在VECM模型估计的基础上的。为了使模型参数具有较强解释能力，首先可以构建无约束向量自回归（UVAR）模型，并采用SBIC或AIC准则选取最优的滞后阶数。表4-10的回归结果显示，当UVAR模型滞后5阶时，SBIC值最小，因此本节将由WTI原油期货定价能力（lwti）和Brent原油期货定价能力（lbrent）构成的VECM模型系统的最优滞后阶数设为5。考虑到协整检验需要对原序列做一阶差分处理，最优滞后阶数调整为4。

表4-10 UVAR模型构建及最优滞后阶数选择

滞后阶数	1	2	3	4	5
SBIC	-1.586	-6.906	-7.257	-7.343	-7.369*
AIC	-1.589	-6.915	-7.272	-7.364	-7.397*
单位根至少一个在圆外	NO	NO	NO	NO	NO

注：* 表示在10%的水平下显著。

（二）协整检验

表4-11 给出了 Johansen 协整检验的实证结果。结果显示，lwti 和 lbrent 只存在 1 个协整关系。

表 4-11　Johansen 协整关系检验结果

模型形式	无附加项、截距和线性趋势	无附加项、线性趋势，有截距	无线性趋势，有截距	有线性趋势、截距	有二次趋势、截距
Trace 统计量	0	1	2	1	2
最大特征值统计量	0	1	2	1	2
SBIC	-7.378	-7.378*	-7.374	-7.374	-7.370
AIC	-7.403	-7.410*	-7.409	-7.410	-7.409

注：* 表示在 10%的水平下显著。

lwti 和 lbrent 的协整方程如下：

$$lwti=-0.397\times lbrent+0.680$$
$$(-2.855)\qquad(8.545)$$

（三）均值方程的估计结果

已有文献（如丁剑平等，2020）在进行均值方程的估计时往往采用两步法：第一步，对时间序列构建 VAR（VECM）模型；第二步，对上述模型中的残差进行条件异方差的拟合。然而，上述方法的严谨性有所不足，更为合理的方法是将均值方程和条件异方差作为一个整体进行参数估计，为了明确区分上述两种方法之间的差异，表 4-12 给出了详细的回归结果。其中，列（1）~（2）给出了两步法的估计结果，由于 lwti 和 lbrent 存在协整关系，所以第一步首先构建 VECM 模型，再对残差进行 GARCH(1,1)—BEKK 的估计；列（3）~（4）给出了 VECM—GJR—GARCH—BEKK 模型的回归结果。特别需要说明的是，为捕捉金融时间序列尖峰肥尾的分布特征，本章假定 lwti 和 lbrent 序列的残差服从联合 T 分布。

从残差的自相关、异方差情况来看：当使用两步法来进行模型拟合时，（第一步）残差的 ARCH 效应检验统计量$\chi^2_{(27)}=785.09$，在 1%的水平下显著（p 值=0.000）；残差的自相关检验统计量 $Q_{(12)}=82.335$，同样在 1%的水平下显著（p 值=0.000）。上述结果说明，在进行 VECM 估计时，残差存在着显著的条件异方差特征。进一步利用 GARCH(1，1)—BEKK 模型对残差进行拟合，继续进行 ARCH 效应检验。此时，统计量$\chi^2_{(27)}=1832.21$，依然在 1%的水平下显著；统计量 $Q_{(12)}=10619.44$，同样在 1%的水平下显著，这说明两步法并不能较好地拟合条件异方差。与上述结果不同，采用 VECM—GJR—GARCH—BEKK 模型估计后，ARCH 检验统计量$\chi^2_{(27)}=47.45$，不再显著；残差自相关检验统计量 $Q_{(12)}=7.918$，同样不显著，这说明残差的自相关和条件异方差特征已经消除。

表 4-12　WTI 和 Brent 期货定价能力的均值方程估计结果

	两步法		VECM—GJR—GARCH—BEKK	
	dlwti	dlbrent	dlwti	dlbrent
	(1)	(2)	(3)	(4)
$ECT_{(-1)}$	-0.005*** (-6.164)	-0.004*** (-4.898)	-0.002*** (-3.440)	-0.001*** (-2.913)
$dlwti_{(-1)}$	-0.361*** (-11.792)	-0.035 (-1.221)	-0.256*** (-12.089)	-0.041** (-2.026)
$dlwti_{(-2)}$	-0.135*** (-4.203)	-0.007 (-0.235)	-0.076*** (-4.479)	0.022 (1.386)
$dlwti_{(-3)}$	-0.128*** (-4.015)	-0.047 (-1.573)	-0.102*** (-4.625)	-0.051** (-2.455)
$dlwti_{(-4)}$	-0.042 (-1.372)	-0.010 (-0.362)	-0.016 (-0.677)	-0.005 (-0.224)

续表

	两步法		VECM—GJR—GARCH—BEKK	
	dlwti	dlbrent	dlwti	dlbrent
	(1)	(2)	(3)	(4)
$dlbrent_{(-1)}$	-0.357*** (-10.875)	-0.695*** (-22.873)	-0.503*** (-21.777)	-0.718*** (-31.908)
$dlbrent_{(-2)}$	-0.310*** (-8.732)	-0.443*** (-13.442)	-0.424*** (-21.309)	-0.521*** (-26.814)
$dlbrent_{(-3)}$	-0.103*** (-2.867)	-0.215*** (-6.484)	-0.197*** (-7.615)	-0.2550*** (-10.400)
$dlbrent_{(-4)}$	-0.065** (-1.970)	-0.112*** (-3.669)	-0.133*** (-5.266)	-0.155*** (-6.434)
Constant	0.023*** (6.010)	0.0167*** (4.804)	0.006*** (3.144)	0.005*** (2.652)
第一步残差检验				
ARCH 检验 $\chi^2_{(27)}$	785.09 (0.000)		47.45 (0.373)	
残差自相关检验 $Q_{(12)}$	82.335 (0.000)		7.918 (0.792)	
第二步残差检验				
ARCH 检验 $\chi^2_{(27)}$	1832.21 (0.000)		—	
残差自相关检验 $Q_{(12)}$	10619.44 (0.000)			

注：***、**、*分别表示在1%、5%、10%的水平下显著；括号内为回归系数的T值。两步法即先进行VECM模型估计，再对残差采用GARCH(1，1)—BEKK模型进行估计。

从均值方程的回归结果来看：列（1）~（2）的回归结果显示，WTI和Brent原油期货定价能力会受到自身（滞后期）的显著影响。具体而言，WTI原油期货定价能力受到自身滞后1~3期的显著冲击；Brent市场受自身冲击的持续期更加广泛，全部滞后期（1~4 期）均存在显著影响。同时，WTI 期货定价能力还会受到 Brent 市场滞后 1~4 期的显著冲击，影响系数逐渐衰退（-0.357、-0.310、-0.103 和-0.065）；而 Brent 原油期货定价能力不会受到 WTI 原油期货定价能力的显著影响。当同时估计均值方程和残差效应时，列（3）~（4）的回归结果大致与前两列保持一致，尽管系数和显著性水平略有差异。唯一不同的是，WTI 原油期货定价能力（滞后项）也开始显著冲击 Brent 原油期货定价能力，其滞后 1 期、3 期的影响系数分别为-0.041 和-0.051，且均在 5%的水平下显著。

上述结果表明，两步法和 VECM—GJR—GARCH—BEKK 模型对均值方程的估计结果存在明显差异，主要表现在：其一，两步法较难消除残差的自相关和 ARCH 效应。其二，WTI 和 Brent 原油期货定价能力的互动关系发生了部分变化，在 VECM—GJR—GARCH—BEKK 模型中，两大基准油期货市场的定价能力呈现出更广泛的双向引导关系。其三，估计系数发生了变化，在 WTI 原油期货定价能力的影响效应中，两步法的估计系数普遍更高；相反，在 Brent 原油期货定价能力的影响效应中，两步法的估计系数普遍要更低。总体而言，尽管两大基准油期货市场定价能力呈现双向互动影响，但影响是不对称的。Brent 对 WTI 定价能力的影响要高于 WTI 对 Brent 的影响。这意味着，在当前的竞争格局中，Brent 市场略占上风。同时，误差修正项均在 1%的水平下显著影响 WTI 对 Brent 定价能力，这说明两大基准油期货定价能力符合均衡修复机制。上述结果深刻地体现出 WTI 和 Brent 在国际原油定价体系中的竞争共生关系。此外，WTI 和 Brent 定价能力显著受到自身滞后项的影响，表明定价能力存在自我维护机制。

采用与 Hacke 和 Hatemi（2005）相似的估计方法，本章进一步估计了 VECM—GJR—GARCH—BEKK 模型的条件方差结果，并与两步法中第二步 GARCH(1，1)—BEKK 模型的估计结果相比较，回归结果见表 4-13。不难发现，两者的回归结果同样存在明显差异。

表 4-13　WTI 和 Brent 期货定价能力的条件方差方程估计结果

	矩阵元素	11	12	21	22
两步法	C	0.004*** (5.625)	—	0.003*** (3.653)	0.002*** (4.647)
	A	0.226*** (15.191)	-0.115*** (-7.242)	0.011 (0.612)	0.316*** (14.610)
	B	0.970*** (294.043)	0.035*** (37.029)	-0.004 (-1.367)	0.933*** (239.237)
	D	-0.042 (-0.691)	0.092* (1.873)	0.223*** (4.553)	0.143*** (3.934)
	条件残差 T 分布	4.987*** (19.608)			
VECM—GJR—GARCH—BEKK 模型	C	0.004*** (4.614)	—	0.001 (1.150)	0.004*** (6.753)
	A	0.381*** (8.482)	-0.184*** (-4.272)	-0.214*** (-4.176)	0.361*** (7.657)
	B	0.898*** (37.263)	0.073*** (2.931)	0.081*** (3.117)	0.891*** (33.021)
	D	0.070 (1.097)	-0.162*** (-3.191)	-0.290*** (-4.698)	-0.127** (-2.171)
	条件残差 T 分布	4.835*** (24.581)			

注：***、**、*分别表示在 1%、5%、10%的水平下显著；括号内为回归系数的 T 值。两步法即先进行 VECM 模型估计，再对残差采用 GARCH(1，1)—BEKK 模型进行估计。

具体而言，首先从 WTI 和 Brent 定价能力自身的条件方差情况来看，在 VECM—GJR—GARCH—BEKK 模型中，A_{11}、A_{22}、B_{11}、B_{22}这 4 个系数为正，且均在 1%的水平下显著，说明两大基准油期货市场定价能力存在显著的 GARCH 效应（波动聚集特征）。

其次从 WTI 和 Brent 定价能力的波动溢出效应来看：就 A 矩阵而言，$A_{12}=-0.184$，$A_{21}=-0.214$，两者均在 1%的水平下显著，说明两大基准油期货定价能力前一期新息冲击会传递到对方市场。由于$A_{21}^2>A_{12}^2$，表明 WTI 原油期货定价能力对 Brent 的新息冲击要大于 Brent 原油期货定价能力对 WTI 的冲击，这也从侧面说明，拥有的原油期货定价能力越强，便越能够影响其他原油期货定价能力。同时，注意到$A_{12}^2<A_{11}^2$，这说明来自 Brent 原油期货定价能力的新息冲击对 WTI 定价能力的影响小于其自身新息冲击带来的影响；而$A_{21}^2<A_{22}^2$，这说明来自 WTI 原油期货定价能力的新息冲击对 Brent 定价能力的影响同样小于其自身新息冲击带来的影响。该结果意味着，原油期货市场拥有的定价能力越强，越会受到自身的影响，这种影响要明显大于来自其他原油期货定价能力的影响，这体现出原油期货定价能力的自主性。就 B 矩阵而言，$B_{12}=0.073$，$B_{21}=0.081$，两者均在 1%的水平下显著，说明 WTI 和 Brent 原油期货定价能力前一期的波动会对当期产生显著冲击，这也体现了波动溢出效应的持续性。同时，鉴于$B_{21}^2>B_{12}^2$，WTI 原油期货定价能力对 Brent 定价能力的波动溢出效应要大于 Brent 对 WTI 定价能力的波动溢出。此外，由于$B_{12}^2<B_{11}^2$且$B_{21}^2<B_{22}^2$，说明原油期货定价能力滞后期的波动溢出效应均小于自身滞后期的波动溢出效应，再次彰显出原油期货定价能力的自主性和路径依赖。

最后从 WTI 和 Brent 定价能力波动溢出的非对称效应来看：D 矩阵的回归结果表明，$D_{12}=-0.162$，$D_{21}=-0.290$，两者均在 1%的水平下显著；$D_{22}=-0.127$，在 5%的水平下显著，这说明原油期货定价能力的负向冲击比正向冲击带来更为剧烈的影响。同时，鉴于$D_{21}^2>D_{12}^2$，表明 WTI 原油期货定价能力对 Brent 定价能力冲击的非对称效应要大于 Brent 对 WTI 定价能力冲击的非对称效应。

总而言之，两大基准油期货市场存在着显著的双向波动溢出效应（同时受到新息冲击和历史溢出影响）。相较于 Brent 对 WTI，WTI 对 Brent 的溢出水平更高，并且坏消息的冲击更大（非对称性）。这意味着，WTI 和 Brent 原油期货定价能力均受到自身以及对方定价能力的影响。任何一个市场上有任意风吹草动，譬如规则变更、国际投机力量介入等，都会对两大市场造成不同程度的影响，尽管传递的速度和力度有所不同。当某个原油期货市场定价能力的绝对水平领先时，该市场对其他市场（定价能力）的波动溢出效应也是最大的，这体现出争夺大宗商品定价权（自主权）的战略意义。

上述结果的启示在于：其一，对于后发市场，定价能力的提升是一个艰难且漫长的过程，会受到现有定价中心溢出效应的持续干扰；其二，要积极发挥主观能动性，不断提升本土化市场的自主性，敢于面对外部市场的干扰；其三，在面临坏消息冲击时，更要警惕外部市场的负面扰动，通过合适的手段（如规则修订）降低负面冲击的程度。

第三节　中国（上海）对其他原油期货定价能力的影响分析

一、上海原油期货上市前后 WTI 和 Brent 定价能力溢出效应比较

本小节进一步采用与上文相同的研究方法，对上海原油期货上市前后 WTI 和 Brent 定价能力的溢出效应进行比较分析。表 4-14 显示了均值模型的最优滞后阶数选择结果，表 4-15 则给出了 Johansen 协整关系检验的估计结果。

表 4-14 协整方程的最优滞后阶数选择

	滞后期	1	2	3	4	5	6	7	8	9	10
上海原油期货上市前（2000 年 1 月 4 日至2018 年 3 月 26 日）	SBIC	-6. 695	-7. 043	-7. 124	-7. 124	-7. 151*	-7. 149	-7. 142	-7. 135	-7. 128	-7. 120
	AIC	-6. 706	-7. 061	-7. 149	-7. 149	-7. 191	-7. 197	-7. 197	-7. 198*	-7. 197	-7. 196
上海原油期货上市后（2018 年 3 月 27 日至 2021 年 3 月 30 日）	SBIC	-8. 677	-8. 871	-8. 950	-8. 964*	-8. 959	-8. 938	-8. 926	-8. 909	-8. 906	-8. 883
	AIC	-8. 716	-8. 936	-9. 043	-9. 082	-9. 104	-9. 109	-9. 123	-9. 133	-9. 157	-9. 160*

注：* 表示根据 SBIC 或 AIC 信息准则选取的最优滞后阶数。

表 4-15　Johansen 协整关系检验结果

	模型形式	无附加项、截距和线性趋势	无附加项、线性趋势，有截距	无线性趋势，有截距	有线性趋势、截距	有二次趋势、截距
上海原油期货上市前	Trace	0	1	2	1	2
	最大特征值	0	1	2	1	2
	SBIC	-7.152	-7.152*	-7.147	-7.147	-7.142
	AIC	-7.188	-7.196*	-7.195	-7.195	-7.194
	协整方程	lwti=-0.351×lbrent + 0.688 (-2.347)　　(7.829)				
上海原油期货上市后	Trace	0	1	2	2	2
	最大特征值	0	1	2	0	2
	SBIC	-8.991	-8.991*	-8.972	-8.972	-8.954
	AIC	-9.060	-9.071	-9.071	-9.083	-9.083*
	协整方程	lwti=0.108×lbrent + 0.243 (0.633)　　(3.458)				

注：* 表示 SBIC 或 AIC 取最小值的模型形式。

不难发现，在上海原油期货上市前后，WTI 和 Brent 定价能力的长期均衡关系发生了变化（协整方程系数改变）。上海原油期货上市以后，WTI 和 Brent 定价能力不再具有显著的协整关系，表 4-16 的回归结果也进一步印证了这一点。上海原油期货上市以后，误差修正项不再对 WTI 和 Brent 定价能力产生显著影响，这说明随着上海原油期货的上市，WTI 和 Brent 的均衡修复机制遭到了破坏。

表 4-16　上海原油期货上市前后均值模型回归结果对比

	上海原油期货上市前		上海原油期货上市后	
	dlwti	dlbrent	dlwti	dlbrent
	(1)	(2)	(3)	(4)
$ECT_{(-1)}$	−0.002*** (−3.521)	−0.002*** (−3.395)	−0.003 (−1.634)	−0.002 (−1.521)
$dlwti_{(-1)}$	−0.254*** (−9.545)	−0.0274 (−1.106)	−0.295*** (−5.144)	−0.101 (−1.688)
$dlwti_{(-2)}$	−0.076*** (−3.405)	0.021 (1.013)	0.015 (0.236)	0.124* (1.945)
$dlwti_{(-3)}$	−0.118*** (−5.266)	−0.058*** (−2.772)	0.024 (0.403)	0.030 (0.489)
$dlwti_{(-4)}$	−0.018 (−0.858)	−0.001 (−0.068)	—	—
$dlbrent_{(-1)}$	−0.489*** (−18.897)	−0.724*** (−29.472)	−0.426* (−1.921)	−0.598*** (−10.038)
$dlbrent_{(-2)}$	−0.391*** (−17.697)	−0.492*** (−24.138)	−0.511 (−1.654)	−0.608*** (−9.049)
$dlbrent_{(-3)}$	−0.161*** (−6.120)	−0.231*** (−9.375)	−0.255* (−1.827)	−0.262*** (−3.795)
$dlbrent_{(-4)}$	−0.122*** (−4.779)	−0.147*** (−5.977)	—	—

续表

	上海原油期货上市前		上海原油期货上市后	
	dlwti	dlbrent	dlwti	dlbrent
	(1)	(2)	(3)	(4)
Constant	0.010 *** (3.506)	0.009 *** (3.386)	0.011 *** (7.010)	0.008 *** (5.220)
ARCH 检验 $\chi^2_{(36)}$	90.431 (0.070)		95.660 (0.127)	
残差自相关 检验 $Q_{(12)}$	26.682 (0.320)		42.976 (0.035)	

注：***、**、* 分别表示在 1%、5%、10%的水平下显著；括号内为回归系数的 T 值。

从均值方程的回归结果来看：列（1）~（2）的回归结果显示，在上海原油期货上市之前，WTI 和 Brent 原油期货定价能力的互动影响规律基本与表 4-12 的列（3）~（4）一致，此处不再赘述。上海原油期货上市后，列（3）~（4）的回归结果显示，WTI 和 Brent 原油期货定价能力更显著地受到自身定价能力（滞后期）的影响，基本不再存在互动影响（仅个别滞后项显著，且显著性水平普遍较低）。由此可见，随着上海原油期货上市，WTI 和 Brent 原油期货定价能力的均值互动路径也遭到了一定程度的破坏。

表 4-17 给出了上海原油期货上市前后 WTI 和 Brent 原油期货定价能力条件方差的估计情况。首先，从 WTI 和 Brent 定价能力的条件方差来看，无论上海原油期货上市与否，A_{11}、A_{22}、B_{11}、B_{22}这 4 个系数均显著为正（1%水平下），即基准油期货市场定价能力存在显著的 GARCH 效应（波动聚集特征）。除 B_{11} 以外，A_{11}、A_{22}、B_{22}的系数（绝对值）均在上海原油期货上市之后变得更大，这说明上海原油期货推出总体加大了两大基准油期货定价能力的聚集特征。

表 4-17　上海原油期货上市前后条件方差估计结果对比

	矩阵元素	11	12	21	22
上海原油期货上市前	C	0.004*** (4.861)		0.002*** (2.763)	0.002*** (4.065)
	A	0.238*** (9.547)	-0.069*** (-4.849)	-0.034 (-1.068)	0.253*** (11.372)
	B	0.963*** (97.691)	0.024*** (3.267)	0.012 (1.144)	0.950*** (118.518)
	D	0.027 (0.449)	-0.203*** (-4.457)	-0.187*** (-2.924)	0.009 (0.144)
	条件残差T分布	4.982*** (18.849)			
上海原油期货上市后	C	0.014*** (7.078)		0.009*** (4.760)	0.004*** (4.079)
	A	0.631*** (4.969)	-0.033 (-0.291)	-0.272* (-1.751)	0.284** (2.425)
	B	0.512*** (5.415)	-0.153* (-1.735)	0.290*** (3.200)	1.005*** (13.142)
	D	0.029 (0.127)	0.260* (1.843)	0.509** (2.452)	0.232 (1.431)
	条件残差T分布	4.317*** (8.740)			

注：***、**、*分别表示在1%、5%、10%的水平下显著；括号内为回归系数的T值。

其次，从WTI和Brent定价能力的波动溢出效应来看：就A矩阵而言，上市前，$A_{12}=-0.069$，$A_{21}=-0.034$。前者在1%的水平下显著，后者并不显著，表明Brent定价能力前一期新息冲击会传递到WTI，反之却不成立。上市后，上述情况产生了明显变化，说明沪油上市强化了WTI的新息冲击，弱化了Brent的新息冲击。与此同时，A_{21}^2和A_{12}^2的数值关系同样在上海原油期货上市前后发生了逆转，也暗含着“随着上海原油期货的上市，WTI 新息冲击效力显著提升”的规律。此外，无论处在哪个样本区间，$A_{12}^2<A_{11}^2$且 $A_{21}^2<A_{22}^2$的规律都保持不变，这意味着沪油上市并没有打破“两大基准油期货市场定价能力更主要地受到自身信息冲击”的规律，即两大基准油定价能力的自主性依然存在。进一步观察 A_{11}^2的数值，不难发现，在上海原油期货上市后，A_{11}^2有所增大，说明上述自主性进一步增强。就 B 矩阵而言，B_{21}的系数在上海原油期货上市前后经历了“由不显著向显著”的转变，这说明随着上海原油期货的上市，WTI（滞后期）广义波动对 Brent 的影响逐渐体现。鉴于沪油上市后$B_{21}^2>B_{12}^2$，说明 WTI 对 Brent 原油期货定价能力的波动溢出效应大于 Brent 对 WTI 定价能力的溢出效应。此外，鉴于$B_{12}^2<B_{11}^2$且$B_{21}^2<B_{22}^2$，这表明无论上海原油期货上市与否，期货市场间的波动溢出效应均小于自身（历史）信息的溢出效应，这意味着“自身历史波动占据持续性主导地位”的规律并未被打破。

最后，就 D 矩阵而言，D_{12}和 D_{21}的系数在上市前显著为负（均在 1%水平下），在上市后显著为正（10%和 5%水平下），说明无论上海原油期货上市与否，波动溢出的非对称效应都显著存在，但随着上海原油期货的上市，两个市场对正向信息的敏感度有所提升，并逐渐占据主导。同时，D_{21}^2和D_{12}^2系数的大小关系随着上海原油期货的上市发生了逆转。随着上海原油期货上市，D_{21}^2的系数变得更大，这表明上海原油期货上市使得 WTI 对 Brent 定价能力的非对称溢出效应变得更大，即上海原油期货改变了两大基准油期货市场对好消息和坏消息的敏感度以及相互之间非对称效应的相对方向。以上结果综合表明，上海原油期货市场的建立，确实对 WTI 和 Brent 原油期货定价能力产生了不可忽视的影响，明显改变了两个市场之间的溢出规律（新息冲击和波动溢出的效力与方向）。

表 4-18 进一步显示：无论上海原油期货上市与否，本节所关注的均值溢出效应、BEKK 溢出效应和非对称性溢出效应都广泛地存在于 WTI 和

Brent 原油期货定价体系当中，这进一步提升了本节研究结果的稳健性。

表 4-18　上海原油期货上市前后溢出效应、交叉检验与不对称性检验结果

	原假设	卡方值	F 值	p 值
上海原油期货上市前	不存在 Brent 对 WTI 的均值溢出（*lbrent→lwti*）	$\chi^2_{(5)}=62.053$	F(5, ∗)= 7.839	0.000
	不存在 WTI 对 Brent 的均值溢出（*lwti→lbrent*）	$\chi^2_{(5)}=124.587$	F(5, ∗)= 12.411	0.000
	BEKK 交叉效应检验	$\chi^2_{(6)}=144307.318$	F(6, ∗)= 4051.220	0.000
	不对称性系数 D 联合检验	$\chi^2_{(4)}=97.628$	F(4, ∗)= 24.407	0.000
上海原油期货上市后	不存在 Brent 对 WTI 的均值溢出（*lbrent→lwti*）	$\chi^2_{(5)}=161.358$	F(5, ∗)= 40.339	0.000
	不存在 WTI 对 Brent 的均值溢出（*lwti→lbrent*）	$\chi^2_{(5)}=61.905$	F(5, ∗)= 15.476	0.000
	BEKK 交叉效应检验	$\chi^2_{(6)}=1976.206$	F(6, ∗)= 329.368	0.000
	不对称性系数 D 联合检验	$\chi^2_{(5)}=43.777$	F(5, ∗)= 10.944	0.000

二、上海原油期货影响其他原油期货市场定价能力的实证结果

（一）单位根检验

本部分系统地研究 2000 年以来，四大原油期货市场定价能力之间的联动机制和溢出效应，将前文的分析由两大市场（WTI 和 Brent）拓展到四大市场，上海原油期货定价能力也被正式引入模型当中。单位根检验结果显示（见表 4-19），四大原油期货定价能力的原序列都是非平稳的，一阶差分序列都是平稳的，它们均为 I(1) 序列。

表 4-19　ADF 单位根检验结果

原序列	Brent 原油	WTI 原油	阿曼原油	上海原油	一阶差分	Brent 原油	WTI 原油	阿曼原油	上海原油
	lbrent	lwit	laman	line		dlbrent	dlwit	dlamam	dline
(C, T, P)	(I, N, 1)	(N, N, 1)	(N, N, 1)	(N, N, 1)	(C, T, P)	(N, N, 0)	(N, N, 0)	(N, N, 0)	(N, N, 0)
ADF	-2. 188	0. 294	-0. 595	0. 193	ADF	-13. 810***	-12. 726***	-58. 992	-23. 670
p 值	0. 496	0. 771	0. 460	0. 742	p 值	0. 000	0. 000	0. 000	0. 000
SBIC	-6. 605	-6. 058	-7. 946	-8. 128	SBIC	-6. 638	-6. 059	-7. 945	-8. 137

注：*** 表示在 1%水平下显著。

采用与上文相同的研究方法，表 4-20 显示了 UVAR 模型的最优滞后阶数选择的实证结果。由于无约束向量自回归选择滞后 3 阶时，SBIC 值最小，因此本节将 WTI 原油期货定价能力（lwti）、Brent 原油期货定价能力（lbrent）、阿曼原油期货定价能力（laman）、上海原油期货定价能力（line）构成 VECM 模型的最优滞后阶数选定为 2。

表 4-20　UVAR 模型构建与最优滞后阶数选择

滞后阶数	1	2	3	4	5	6	7
SBIC	-31.314	-31.708	-31.781*	-31.675	-31.529	-31.364	-31.189
AIC	-31.440	-32.042	-32.126*	-32.138	-32.114	-32.078	-32.037
单位根至少一个在圆外	NO	NO	NO	NO	NO	NO	NO

注：* 表示根据 SBIC 或 AIC 信息准则选取的最优滞后阶数。

（二）协整检验

同样地，对最优无约束向量自回归模型开展 Johansen 协整。表 4-21 的实证结果显示，四大市场定价能力存在 1 个协整关系。下方协整方程估计结果显示，Brent、上海原油期货定价能力会长期降低 WTI 原油期货定价能力，而阿曼原油期货定价能力会长期促进 WTI 原油期货定价能力。

$$lwti=-0.664\times lbrent+0.572\times laman-0.229\times line+0.998$$
$$(-4.648)\qquad(3.130)\qquad(-1.162)\qquad(8.917)$$

表 4-21　Johansen 协整关系检验结果

模型形式	无附加项、截距和线性趋势	无附加项、线性趋势，有截距	无线性趋势，有截距	有线性趋势、截距	有二次趋势、截距
Trace	0	1	0	0	0
最大特征值	0	1	0	0	1

续表

模型形式	无附加项、截距和线性趋势	无附加项、线性趋势，有截距	无线性趋势，有截距	有线性趋势、截距	有二次趋势、截距
SBIC	-31.819	-31.819*	-31.782	-31.782	-31.754
AIC	-32.140	-32.144	-32.136	-32.154	-32.155*

注：* 表示在 10%的水平下显著。

（三）VECM—GJR—GARCH—BEKK 模型的估计结果

通过直接构建 VECM—GJR—GARCH—BEKK 模型，将均值方程和方差方程作为一个整体进行估计，回归结果见表 4-22。根据$\chi^2_{(36)}$和 $Q_{(12)}$的结果，残差的 ARCH 效应和自相关已经消除。需要说明的是，如果进行两步法的估计，残差的 ARCH 检验统计量、自相关检验统计量均显示，残差具有异方差、自相关性，在第二步 GARCH 拟合后，并不能很好地消除上述异方差性。

表 4-22　四大原油期货定价能力的均值模型估计结果

	dlbrent	dlwti	daman	dline
	(1)	(2)	(3)	(4)
$ECT_{(-1)}$	0.000*** (3.268)	0.001*** (18.117)	-0.000* (-1.824)	-0.000*** (-2.981)
$dlbrent_{(-1)}$	-0.081*** (-3.116)	-0.066** (-1.978)	0.408*** (19.973)	0.386*** (15.904)
$dlbrent_{(-2)}$	-0.066*** (-2.585)	-0.073*** (-2.812)	0.107*** (5.958)	0.0507** (2.122)
$dlwti_{(-1)}$	-0.053*** (-2.841)	-0.155*** (-5.426)	0.040*** (2.985)	0.063*** (4.164)
$dlwti_{(-2)}$	-0.027 (-1.552)	-0.082*** (-2.709)	-0.007 (-0.600)	-0.020 (-1.434)

续表

	dlbrent	dlwti	daman	dline
	(1)	(2)	(3)	(4)
$dlaman_{(-1)}$	0.065** (2.006)	0.043*** (30.330)	-0.182*** (-7.001)	0.200*** (6.534)
$daman_{(-2)}$	0.018 (0.647)	0.049*** (13.715)	-0.112*** (-5.006)	0.093*** (3.196)
$dline_{(-1)}$	-0.003 (-0.106)	0.069*** (8.126)	-0.030 (-1.318)	-0.123*** (-4.115)
$dline_{(-2)}$	-0.007 (-0.253)	-0.036*** (-5.470)	0.024 (1.190)	-0.032 (-1.212)
Constant	-0.001** (-2.470)	0.000*** (14.545)	-0.001*** (-3.164)	-0.001** (-2.349)
ARCH 检验 $\chi^2_{(36)}$	121.89		p 值	0.170
残差自相关检验 $Q_{(12)}$	6.685		p 值	0.998

注：***、**、*分别表示在1%、5%、10%的水平下显著；括号内为回归系数的T值。

从均值方程估计结果来看：首先，误差修正项（ECT）对四大期货定价能力均具有显著影响。其中，对 Brent 和 WTI 原油期货定价能力的影响显著为正（1%水平下），对阿曼和上海原油期货定价能力的影响显著为负（10%和1%水平下），表明四类原油期货市场组成的系统，整体上存在误差修正机制，有助于维持长期均衡关系。其次，就上海原油期货对国际三大原油期货定价能力的影响而言，列（1）~（3）的结果显示，上海原油期货定价能力滞后1~2期会显著地影响 WTI 定价能力；上海原油期货定价能力滞后1期能够显著地影响自身的定价能力，说明上海原油期货定价能力还不具备全方位影响。再次，就国际三大原油期货定价能力对上海原油期货的影响而言，列（4）的结果显示，上海原油期货定价能力除受到自身的影响外，还受到 Brent 原油期货定价能力滞后1~2期、WTI 原油期货定价能力滞后1期、阿曼原油期货定价能力滞后1~2期的影响。最后，就其他三大原油期货定价能力的交互影响看，两两市场之间均表现出显著的双向互动关系，这说明相对于后发市场——上海，其余三大国际原油期货市场的信息联动效应更加紧密。

上述实证结果也进一步表明：第一，四大原油期货市场均存在“自主性”，尽管它们时刻保持着波动，但都会受到自身前期定价能力的显著影响，因此具有路径惯性。第二，四大市场均受制于长期均衡关系，使得定价能力存在“均衡恢复机制”，这也意味着任意一家期货市场的定价能力都不可能无限度地发散。第三，三大国际期货市场定价能力的互动性更强，这表明在境外市场，但凡有一方定价能力发生变动，均会迅速引致其他期货市场做出定价能力的反应。第四，短期内三大国际原油期货市场定价能力均会对上海原油期货定价能力产生作用，而上海暂时只能影响 WTI。可能的原因是，上海和 WTI 市场的参与者中，投机者众多，投机者倾向于在两个市场间开展套利。该结果说明，上海要全面提升其国际影响力，应进一步加强与 Brent 乃至亚太地区的阿曼原油期货市场的制度关联性。第五，上述非对称性现象存在的另一个可能原因在于，Brent 和阿曼原油期货市场交易者中大多数是原油贸易商，是真正做套期保值的，而上海原油期货交易者中套期保值参与者较少，在定价能力发生变动时往往会选择同样投机者众多的 WTI 期货市场，投资者结构的优化便可能成为拉近上海与三大原油期货市场联动关系的重要抓手。第六，在当前包含境内外期货市场的定价系统中，沪油市场处于劣势地位，长期均衡关系、非对称影响使得上海原油期货的定价能力受制于人、主动性不足。尽管在上市后的 4 年多时间里，上海原油期货市场取得了长足的进步，但想要从当前的定价体系中有所突破并不容易，这不仅要求上海原油期货通过长期累积来壮大自身定价能力，还需要其从内部和外部、宏观和微观等方面确定相关的影响因素和提升路径。

表 4-23 披露了条件方差的估计结果。就 **A** 矩阵而言，A_{21}、A_{31}、A_{41}

这 3 大系数均显著，说明 WTI 期货定价能力新息冲击会不同程度地传导到其他 3 个期货市场；A_{12}、A_{32}、A_{42} 的系数均在 1%的水平下显著，表明 Brent 期货定价能力新息冲击会更加明显地传递到其他 3 个期货市场。以上结果彰显了全球定价中心的影响力。A_{13}的系数在 1%的水平下显著，表明阿曼期货定价能力新息冲击会传递到 WTI 市场；A_{14}、A_{34}的系数均在 1%的水平下显著，表明上海原油期货定价能力新息冲击会传递到 WTI 和阿曼市场。鉴于 $A_{41}^2<A_{14}^2$，$A_{42}^2>A_{24}^2$，$A_{43}^2<A_{34}^2$，表明 Brent 原油期货定价能力对上海原油期货定价能力新息冲击的影响要高于上海对 Brent 的影响，WTI 和阿曼市场的规律则恰恰相反，说明上海原油期货市场新息冲击的影响要高于 WTI 和阿曼市场，仅次于 Brent 市场。此外，A_{44}系数并不显著，这意味着上海提升定价能力还不具备“自主性”。

表 4-23　四大原油期货定价能力的条件方差方程估计结果

矩阵元素	C	A	B	D
11	0.000 (0.742)	-0.135*** (-3.166)	0.864*** (28.165)	0.304*** (2.938)
12		-0.199*** (-3.495)	-0.021 (-0.412)	0.120 (0.790)
13		0.262*** (6.197)	0.179*** (7.332)	0.329*** (3.874)
14		0.260*** (5.437)	-0.154*** (-5.272)	-0.108 (-0.979)
21	0.001 (1.242)	0.113*** (3.970)	0.072*** (2.928)	-0.370*** (-5.338)
22	0.001* (1.734)	0.248*** (5.660)	0.935*** (32.103)	0.598*** (5.118)
23		-0.009 (-0.375)	0.115*** (6.333)	-0.303*** (-5.250)

续表

矩阵元素	C	A	B	D
24		0.021 (0.708)	0.039* (1.826)	-0.125* (-1.694)
31	0.000 (0.494)	-0.134** (-2.447)	-0.925*** (-21.541)	0.093 (0.944)
32	-0.001*** (-4.755)	-0.245*** (-3.209)	-0.926*** (-13.273)	-0.094 (-0.699)
33	0.000 (0.000)	0.014 (0.248)	0.468*** (12.719)	0.350*** (3.699)
34		0.406*** (4.452)	-0.228*** (-4.548)	0.409*** (2.979)
41	0.001 (0.751)	0.115** (1.963)	0.607*** (12.521)	-0.006 (-0.075)
42	-0.002*** (-2.774)	0.267*** (3.304)	0.588*** (8.791)	-0.173 (-1.531)
43	0.000 (0.022)	-0.048 (-0.837)	0.144*** (4.218)	0.130* (1.850)
44	0.000 (0.013)	-0.060 (-0.791)	0.762*** (20.200)	0.253*** (2.734)

注：***、**、*分别表示在1%、5%、10%的水平下显著；括号内为回归系数的T值。

该结果暗含了以下三个重要启示：其一，上海原油期货要想提升定价能力需要强化自身能力建设。其二，上海原油期货定价能力的提升必须广泛关注三大原油期货市场上过往的信息以及新的变化。其三，在三大国外期货市场中，更应关注Brent原油期货市场的信息变化。

就**B**矩阵而言：$B_{14}=-0.154$，$B_{41}=0.607$，两个系数均在1%的水平下显著，表明WTI和上海原油期货定价能力具有双向的持续波动溢出效果。由于$B_{41}^2>B_{14}^2$，WTI对上海原油期货定价能力的单向波动溢出效应更大。由于$B_{14}^2<B_{11}^2$且$B_{41}^2<B_{44}^2$，说明 WTI 与上海原油期货定价能力之间的波动溢出效应小于自身的持续波动冲击。$B_{24}=0.039$ 和 $B_{42}=0.588$，两个系数分别在 10%和 1%的水平下显著，表明 Brent 和上海原油期货定价能力同样具有双向的持续波动溢出效果。由于$B_{42}^2>B_{24}^2$，Brent 对上海原油期货定价能力的单向波动溢出效应更大。同样地，由于$B_{24}^2<B_{22}^2$且$B_{42}^2<B_{44}^2$，说明 Brent 与上海原油期货定价能力之间的波动溢出效应同样小于自身的持续波动冲击。$B_{34}=-0.228$，$B_{43}=0.144$，两个系数依然均在 1%的水平下显著，表明阿曼和上海原油期货定价能力同样具有双向的持续波动溢出效果。稍有不同的是，$B_{43}^2<B_{34}^2$，这说明上海对阿曼原油期货定价能力的单向波动溢出效应更大，这也是上海原油期货市场初步彰显亚太地区“定价权”的体现。此外，由于$B_{34}^2<B_{33}^2$且$B_{43}^2<B_{44}^2$，说明阿曼与上海原油期货定价能力之间的波动溢出效应同样小于自身的持续波动冲击。总的来说，就波动溢出效应而言，上海原油期货已经初步开始影响其他国际原油期货市场，影响力超过阿曼原油期货市场，但与两大基准油定价中心尚存差距。所有原油期货市场定价能力的波动溢出效应都首要受到自身的影响，体现出较强的“自主性”。

就 D 矩阵而言：D_{24}、D_{43}系数均在 10%水平下显著，D_{34}系数在 1%水平下显著，说明上海原油期货对 Brent 和阿曼原油期货定价能力、阿曼原油对上海原油期货定价能力的波动溢出效应存在非对称性。相对于好消息，坏消息的冲击更大。由于$D_{34}^2>D_{43}^2$，表明上海对阿曼原油期货定价能力的非对称溢出效应要大于阿曼对上海的非对称溢出效应。相对于阿曼原油，上海原油期货市场在面对坏消息时更容易发生大幅波动。无论是期货市场自身的定价能力还是市场之间定价能力的互动影响，坏消息的冲击都普遍更大。这再次表明，在面临全球定价中心的竞争时，更需格外关注负面消息引起的重大市场反应。

表 4-24 披露了四大原油期货定价能力溢出效应、BEKK 交叉检验与不

对称性的检验结果。除了上海原油期货对阿曼定价能力的均值溢出效应不显著以外，上海、Brent、WTI、阿曼原油期货定价能力之间均存在显著的均值溢出效应、BEKK 交叉效应和不对称性。总体而言，上海原油期货定价能力和其他三大原油期货市场定价能力之间的关联性较强，表现出一定程度的波动溢出效应，这也是比较乐观积极的信号。

表 4-24　四大原油期货定价能力的溢出效应、交叉检验与不对称性检验结果

原假设		卡方值	F 值	p 值
不存在 Brent 对 WTI 的均值溢出	lbrent→lwti	$\chi^2_{(3)}$ = 356. 151	F(3, ∗) = 118. 717	0. 000
不存在阿曼对 Brent 的均值溢出	laman→lwti	$\chi^2_{(3)}$ = 2069. 303	F(3, ∗) = 689. 768	0. 002
不存在上海对 WTI 的均值溢出	line→lwti	$\chi^2_{(3)}$ = 410. 105	F(3, ∗) = 136. 702	0. 000
不存在 WTI 对 Brent 的均值溢出	lwti→lbrent	$\chi^2_{(3)}$ = 20. 383	F(3, ∗) = 6. 794	0. 000
不存在阿曼对 Brent 的均值溢出	laman→lbrent	$\chi^2_{(3)}$ = 14. 536	F(3, ∗) = 4. 845	0. 002
不存在上海对 Brent 的均值溢出	line→lbrent	$\chi^2_{(3)}$ = 10. 865	F(3, ∗) = 3. 622	0. 013
不存在 Brent 对阿曼的均值溢出	lbrent→lman	$\chi^2_{(3)}$ = 515. 572	F(3, ∗) = 171. 857	0. 000
不存在 WTI 对阿曼的均值溢出	lwti→lman	$\chi^2_{(3)}$ = 11. 984	F(3, ∗) = 3. 995	0. 007
不存在上海对阿曼的均值溢出	line→lman	$\chi^2_{(3)}$ = 6. 871	F(3, ∗) = 2. 290	0. 076
不存在 Brent 对上海的均值溢出	lbrent→line	$\chi^2_{(3)}$ = 275. 210	F(3, ∗) = 91. 736	0. 000
不存在 WTI 对上海的均值溢出	lwti→line	$\chi^2_{(3)}$ = 30. 372	F(3, ∗) = 10. 124	0. 000
不存在阿曼对上海的均值溢出	laman→line	$\chi^2_{(3)}$ = 55. 140	F(3, ∗) = 18. 380	0. 000
BEKK 交叉效应检验		$\chi^2_{(36)}$ = 4510. 379	F(36, ∗) = 125. 288	0. 000
不对称性系数 D 联合检验		$\chi^2_{(11)}$ = 69. 022	F(11, ∗) = 6. 275	0. 000

第四节　本章小结

本章的第一项重要工作在于，对 Brent、WTI、阿曼、上海四大原油期货市场的定价能力进行测算。首先，构建了包含原油期货结算价格、收益率、原油期货成交量（趋势项）、原油期货持仓量（趋势项）以及多个期现价差等 14 个指标在内的原油期货定价能力指标体系。其次，采用 Globally Determined 检验对原油期货价格结构断点进行测算，识别出 WTI 和 Brent 原油期货价格在 2000 年以来发生的 5 次明显结构变化。研究发现，两大基准油期货市场的断点时间间隔有所不同，短则 1~2 周，长则不超过 1 个月；阿曼原油期货价格发生了 4 次明显的结构变化，紧跟 Brent 和 WTI 的变动之后；而上海原油期货价格自上市以来发生了 3 次结构变化，也从侧面表明四大原油期货价格相互之间的影响较为密切。最后，采用主成分分析法详细测算了四大原油期货的定价能力。本章发现，区分结构断点时，四大原油期货定价能力均值要高于未区分结构断点时。原油期货定价能力呈现“WTI>Brent>上海>阿曼”的基本规律。此外，原油期货定价能力的涨跌幅度要小于原油期货价格的涨跌幅度，说明原油期货定价能力的提升是一个长期积累的结果，该指标并不容易在“短期”内发生较大的变动，这也意味着，一旦获取国际大宗商品的话语权，将会在较长的持续期内发挥引领作用。

本章的第二项重要工作在于，对 Brent、WTI、阿曼、上海四大原油期货定价能力的互动关系进行回归分析。基于前面章节定价能力测算的结果，构建能够同时估计均值方程和残差方程的 VECM—GJR—GARCH—BEKK 模型，系统地讨论均值溢出及波动溢出效应，并以两步法的实证结果加以对比。结果发现，两步法与 VECM—GJR—GARCH—BEKK 模型在消除残差自相关、异方差方面存在天然差异，且估计结果存在明显不同，VECM—GJR—GARCH—BEKK 模型具有明显的拟合优势。

就均值溢出效应而言：其一，四大原油期货定价能力都会受到自身（滞后项）的影响，且共同保持 1 个长期均衡关系，并遵循误差修正机制，即原油期货定价能力具有均值意义上的“自主性”和“均衡恢复性”。其二，Brent、WTI和阿曼三大原油期货定价能力两两之间均存在显著的双向均值溢出效应，这意味着只要其中任何一方定价能力发生变动，均会引致其他期货的定价能力产生连锁反应。其三，Brent、WTI和阿曼原油期货定价能力均会对上海原油期货定价能力形成均值溢出，这从侧面反映出本土化市场定价权建设并不是一件容易的事，需要面临诸多境外市场的“包夹”。现实中，期货定价能力反映了某市场的全球影响力，对全球交易者的“争夺”就成为重中之重。正因如此，各个期货市场之间的定价能力才会“此消彼长”。其四，上海原油期货定价能力仅对WTI原油期货定价能力具有显著的均值溢出效应。换句话说，Brent和阿曼原油期货定价能力对上海原油期货定价能力的影响要明显大于上海原油期货定价能力对Brent和阿曼原油期货定价能力的影响，体现出各大期货市场定价能力均值溢出效应的“非对称地位”。从制度上说，这与上海、WTI原油期货市场投机者众多、套利机制更紧密，Brent和阿曼原油期货市场套保者众多等投资者结构不无关系。未来，上海原油期货市场应当注重优化投资者结构，增强与Brent和阿曼原油期货定价能力的均值互动影响。其五，四大原油期货市场组成的系统整体上不利于上海原油期货定价能力的提升。突破现有系统的束缚，不仅要求上海原油期货通过长期累积来壮大自身的定价能力，还需要其从内部和外部、宏观和微观等方面统筹长期路径。

就波动溢出效应而言：第一，就定价能力自身的波动溢出影响而言，上海原油期货还未具有显著的“自主性”。第二，上海原油期货定价能力会受到WTI、Brent、阿曼原油期货定价能力过去和当前新息冲击的影响，应当全面关注三大国际期货市场的重大消息。第三，不同市场对其他市场定价能力新息冲击的响应不同。就上海原油期货市场而言，Brent的新息冲击是最大的，因此我们更应关注Brent原油期货市场的信息。第四，就整体的波动溢出效率而言，上海原油期货定价能力高于阿曼原油期货市场，但明显低于WTI和Brent原油期货市场，还需不断加强“自主性”，以抵抗外部的负面冲击。第五，上海原油期货对 Brent 和阿曼原油期货、阿曼原油期货对上海原油期货定价能力的波动溢出效应存在非对称溢出特征，在面对坏消息时比面对好消息时反应更大，这提醒我们应当重点关注市场坏消息的冲击。总而言之，均值溢出效应、BEKK 交叉效应和不对称性显著存在，说明上海和其他三大原油期货定价能力的关联性逐渐增强，初步呈现波动溢出效应。

第五章 中国原油期货定价能力的影响因素分析

根据第四章的分析，当前由境内外原油期货市场所组成的系统整体上不利于上海原油期货定价能力的提升。因此，上海原油期货要想突破该系统的约束，不仅需要强化定价能力的自主性，更需要深入讨论提升定价能力的关键影响因素和机制。本书的第五章和第六章致力于对上述问题进行科学的回答。具体来说，第五章通过构建“数据导向型”的宏观统计模型，实证分析了影响期货市场定价能力的商品、金融、宏观因素。从方法论上看，是将经典量价模型引入期货定价能力影响因素识别的一次有益尝试。第六章借鉴国外前沿文献思想，进一步构建包含石油部门的DSGE模型，对上海原油期货价格以及定价能力的发展轨迹进行模拟，并探讨重要宏观变量对定价能力动态路径的冲击。将带有微观基础的宏观模型引入期货市场机制分析具有创新性，是对国内期货市场研究方法论的一次有益扩充。

具体就本章的工作而言：首先，按照商品属性、金融属性和宏观属性三个维度对影响期货定价能力的相关因素进行梳理，厘清影响期货定价能力的三类因素集合。其次，采用日度高频数据，利用ARDL模型、脉冲响应函数、方差分解以及Granger因果检验模型详细测算3类影响因素对中国（上海）原油期货定价能力的短期、长期影响和波动冲击，深度分析影响程度、方向和持续时间等。本章的贡献在于，与以往研究仅关注少量影响因素（3~5个变量）不同，本章所构建的实证模型共涉及18个相关变量，实证结果更具有系统性。更为重要的是，本章选定了一些已有文献中鲜见的变量，包括原油期货交割库数量、地缘格局、经济不确定性等，将上述变量引入原油期货定价能力的定量分析，拓展了相关研究的变量选择范畴。

第一节　原油期货定价能力的重要影响因素

原油期货的标的物是一种商品，一种典型的不可再生性资源，因此其天然具有商品属性。商品属性不仅仅会影响到原油期货价格走势，也会对不同原油期货市场的定价能力产生冲击。同时，原油期货还是一种特殊的金融衍生品，期货价格本身具有金融属性，金融属性会改变原油期货价格的波动形态，当然也会对定价能力形成干扰。此外，原油还是一种特殊的战略资源，与各国政治经济发展密切相关，能够在一定程度上左右国家宏观竞争格局。正因如此，许多国家纷纷成立原油期货交易所，这也是增强一国全球影响力的重要渠道。因此，宏观属性与原油期货价格和定价能力具有互动影响关系。本节从3个维度（三大属性）出发，探讨关键性因素对原油期货定价能力的影响。需要说明的是，上述因素对期货定价能力的影响与其对期货价格影响的逻辑并不不同，本节将遵循第一章对核心概念的界定，深度阐释原油期货定价能力的三大属性。

一、影响原油期货定价能力的商品属性因素

作为一种大宗商品，原油期货价格波动受到全球石油供求格局的影

响。第三章的分析深刻表明，全球石油供求格局会左右定价体系的变迁，影响定价方式的演进，自然也会对原油期货定价能力产生重要冲击。

（一）原油供求格局

在期货定价模式产生之前，国际原油定价能力一直掌握在供给方手中，无论是“石油七姐妹”还是OPEC组织。随着供给力量多元化和“中国需求”等需求力量的提升，期货定价模式“应运而生”，标志着供求双方得以在“场内”进行更加公允的议价谈判。但期货定价模式并不意味着对“基本面”的背离，从根本上讲，在任何定价模式中，起决定性作用的还是供求力量的对比情况。当供求力量处于相对稳定的阶段时，主要期货市场定价能力的此起彼伏是交易所交易机制的竞争结果。在供求力量发生剧烈波动时，占据优势的一方会对与其密切相关期货市场的定价能力产生“利好”影响。

供给方面，OPEC原油生产决策是当前最重要的供给端因素，OPEC原油储量全球第一，控制全球剩余产能，其产量、价格政策等均会对国际原油价格产生影响。为了摆脱原油供给方的控制，许多国家都在积极寻求替代性方案，大型油田被发现、新的原油开采技术、可再生能源、替代能源发展等都会改变原来的供求格局，但这种影响相对有限。基于此，本章以OPEC原油产量（lopec）作为原油市场供给的代理变量。需求方面，原油产业链的下游产品多达800余种，包括汽油、煤油、柴油、燃料油、沥青、石油焦、化工原料等。这些产品均以原油作为基础原材料，辐射国民经济的绝大多数产业，因此原油需求与国家经济社会运行密切关联。尽管供给因素在国际原油供求格局中居于基础性地位，但需求因素对油价的冲击更大（Kilian & Park，2009；Morana，2013）。随着以中国、印度为代表的新兴经济体的快速增长，原油需求进一步释放，供不应求的局面也带来了全球油价的持续上涨（Hamilton，2009）。刘华富（2006）探讨了原油净进口国定价能力不高的几大原因，发现需求因素虽然对价格的影响较大，但定价能力尚不足以反映需求增量。鉴于原油价格对需求因素更加敏感，但原油定价能力反映需求因素较为迟缓的特性，本章直接以油价来反映需求因素，在所有的下游产品中，92 号汽油最为典型，因此本章以国内 92 号汽油经销价（lqiyou）作为原油市场需求的代理变量。

（二）原油供给预期

理论上讲，期货价格是未来现货价格的“发现”。在期货价格形成过程中，所有交易商将对未来价格提供预期信息，交易平台集中撮合各类信息，最终形成成交价。可以说，原油期货价格正是原油供求预期信息的集中体现。然而，从交易者行为视角来看，并非所有的交易者都是理性交易者，非理性交易者的存在会影响期货市场价格发现功能的发挥。这是因为，原油交易者的异质性预期会对国际油价的变动产生重要影响（蒋瑛、罗明志，2012），显著冲击原油价格的走势（王盼盼，2021）。此时，对市场预期的理性引导便显得尤为重要。现实中，一些第三方机构会定期发布原油市场的供求信息，但效果各异。例如，一些投资银行、原油公司会发布信息简报引导公众预期，并从中牟取暴利，加剧油价波动（孙泽生、管清友，2009）。相对而言，美国能源信息署（Energy Information Administration，EIA）公布的《原油市场月度报告》（以下简称《报告》）更加权威且更具影响力，《报告》会对石油生产者跨时期产量配置以及消费者的预期和决策产生引导效果，从而深度影响国际原油期货的价格走势，这显然也会对原油期货定价能力带来冲击。理论上讲，某原油期货价格越能反映《报告》中的新信息，其定价能力越强。当然，新信息的发布也会带来原油期货价格和定价能力的短期扰动。基于此，本章以《报告》中的国际预期原油产量（lyuqi）作为原油供给预期的代理变量，该变量为月度频率。

（三）气候变化冲击

除信息发布外，诸多“外生性”变量也会冲击未来预期，包括公共卫生事件、气候变化、汇率变动、通货膨胀、货币政策、突发战争等，这些因素同样会对原油期货定价能力产生不可忽视的冲击（葛子远，2020）。其中，异常天气的影响是较为特殊的。异常天气（飓风、寒流）除了会破坏原油生产设施，还会阻断原油贸易流通，因此与国际油价的波动息息相关。为了精确刻画气候变化对国际油价乃至原油期货定价能力的冲击，本章选取欧美国家取暖油价格（lqunuan）作为代理变量。选取该变量作为代理变量，一个重要的原因在于燃料油价格对气候变化最为敏感。

（四）原油储备

原油储备主要是为了应对战争、灾害、油价暴涨等突发事件带来的原油供给间断，保障国家、社会、企业能够持续、稳定、安全地使用原油而预留的战略库存，是一国能源安全体系的重要组成部分。当国际油价低迷时，可以通过买入储备油来增加库存；一旦“国际油价高企”甚至“原油断供”时，通过抛出原油储备，可以起到平抑油价的作用。相对于供求因素，原油储备与期货价格的敏感性较弱，更多的是油价变动在前，储蓄运用在后。然而，原油储备的量级越大，供给方对原油期货定价能力的干预就越小。从这个意义上讲，原油储备是原油需求的一种特殊形态，可以视为一种“提前兑现”的未来需求。

值得注意的是，当主要原油储备国同时采购或抛出原油时，也会引起国际油价的剧烈波动，甚至带来市场恐慌，因此原油储备也可能在特定的时点形成对国际油价的重大冲击。但这与供给因素的周期性特征（大概以年度、半年或季度为 1 个周期）、需求因素的持续性特征（时时都要销售）截然不同，具有一定的偶然性。正是因为这种偶然冲击的存在，原油储备也能够在一定程度上调整供求因素影响原油定价能力的渠道。当前，美国拥有超大规模的战略原油储备，是全球储备国的“引领者”，上述储备不仅可以应对本国的原油短缺，也可以通过贸易手段对周边国家或某特定区域的供求市场造成影响，美国储备是国际油价形成的重要参考指标，这种能力也使得美国更容易主导全球能源事务。例如，海湾战争时期，美国每天直接向市场投放约500万桶储备原油，再加上IEA提供的250万桶原油，有效抑制了国际油价的上涨。克林顿政府也多次以原油储备投放来压低国际油价，争夺与主要产油国谈判的主导权。部分国内文献深刻指出，加快原油战略储备体系建设有助于提高我国的原油定价能力（牛菊芳，2011）。因此，以美国战略原油储备与商业原油储备的加和（lchubei）作为代理变量。

二、影响原油期货定价能力的金融属性因素

作为一种典型的金融产品，交易者在交易平台（场内）展开信息博弈，交易行为会对期货定价能力产生较大的影响，它甚至会超越商品属性因素带来的冲击。在第三章中，本书系统地论证了交易所通过制度竞争吸引国际投资者参与进而提升期货市场定价能力的逻辑路径，此处不再赘述。本部分集中概括了金融（交易）层面的重大影响因素，包括上海原油期货的成交量和持仓量、国际认可度、交割仓库数、竞争者冲击、投机力量冲击、金融市场冲击（汇率冲击、利率冲击）。其中，成交量、持仓量、国际认可度是交易所制度建设的结果；竞争者冲击是交易所面临的长期困境，投机力量冲击、金融市场冲击（汇率冲击、利率冲击）在短期内会干预定价能力。

（一）上海原油期货成交量和持仓量

原油期货的成交量和持仓量是第四章原油期货定价能力的构成要素，

同时还会影响原油期货的价格波动。尽管主成分分析后，定价能力只吸取了部分成交量、持仓量的信息成分，但这两大指标显然会对原油期货定价能力产生极其重要的影响。成交量和持仓量是场内衍生品市场最重要的交易指标，受到计价币种、交割方式、交易时间、风控措施、税费优惠等交易规则的全方位作用，是机制竞争的直观结果。考虑到金融衍生产品的庞杂体系，原油期权、掉期等场外衍生品交易也与本土化交易所的场内交易息息相关，它们共同反映了原油衍生品市场的流动性（况龙、佘建跃，2018），也使得原油期货的定价能力得以延伸。一般而言，期货市场的交易机制越先进、规则越具有弹性，投资者越偏好在该市场交易，该市场的成交量和持仓量越大，期货市场的定价能力越强。例如，在新冠疫情暴发初期，受需求端疲软冲击，国际油价快速下行。WTI05 合约果断推出了负油价机制，并配套一系列平仓规则，使得价格发现功能得以充分发挥，强化了其国际定价中心的地位。当然，这种机制的修订也确保了美国本土企业的利益。相反，中国银行原油宝产品却遭遇了近百亿元的损失。原油宝事件的发生再度引起国内学术界对争夺原油全球定价中心的深度讨论。部分学者认为，提升主力合约的交易量和持仓量，有助于帮助上海原油期货迈向全球基准原油。基于此，本章采用上海原油期货合约的成交量（lchengjiaoine）和持仓量（lchicangine）作为代理变量（Li et al.，2020）。

（二）原油期货国际认可度

原油期货的成交量和持仓量反映了当下投资者对于期货市场的偏爱，但国际认可度更接近于一种无形资产，体现出原油期货市场未来的成交前景。如果说成交量和持仓量是一种即时的结果指标，那么国际认可度就是一种前瞻性指标（类似于宏观经济领域中的制造业 PMI 指数），会影响原油期货市场参与主体的未来发展轨迹。根据第三章的分析，国际重大交易商（石油公司、贸易公司和金融机构）参与本土化期货交易对于提升期货市场定价能力、争夺大宗商品定价权至关重要。因此，原油期货市场的国际认可度或是更加重要的影响因素。

截至2020年底，上海原油期货的境外客户同比增幅85.7%，覆盖23个国家和地区，境外客户日均成交量、持仓量占比逐步提升，稳步维持在20%和25%的份额，标志着国际交易商对上海原油期货市场的持续信赖。考虑到国际认可度的概念相对宽泛、难以准确界定，并且以境外成交量、持仓量度量国际认可度会具有一定的偶然性，难以反映上海原油期货合约上市初期的渐进式变化，本章最终以有序分类变量来度量国际认可程度（international）。鉴于上海原油期货市场在提升国际认可度方面取得的两大里程碑式的事件——2018年11月15日成为新加坡认可的市场经营者、2020年6月3日被纳入欧洲证券及市场管理局正面清单，本章将原油期货上市后划分为三个阶段，分别赋值为0、1和2。具体而言，从上海原油期货上市到2018年11月14日，赋值为0；2018年11月15日至2020年6月2日，赋值为1；2020年6月3日以后，赋值为2。

（三）原油期货交割能力

交割机制在期货合约设计中居于极其重要的地位。良好的交割设计能够方便交易达成，提升市场的流动性水平，这将为期货市场功能发挥、定价能力提升奠定良好的基础。例如，Brent原油期货以水运交割为主，不仅方便买卖双方，而且降低了成本，提高了现货市场的抗风险能力。WTI原油期货则充分考虑到期货价格对库欣库存的高度敏感性，实行管道运输交割。尽管这种交割方式在一定程度上降低了交割仓库的延展性，但却为交易商在库欣地区集中交割创造了便利，极大地降低了交易成本（冯保国，2019）。在所有的交割设计中，交割仓库的设计最具特色。交割仓库的设计是为了满足产业客户的实物交割需求，有助于实现期现货市场的融通，降低内盘的异常升贴水，保障期货市场的平稳运行。部分早期文献深刻指出，优化交割仓库的空间布局对于大宗商品定价能力的提升大有助益（张宜生，2018）。这是因为，交割仓库的空间分布有助于引导贸易流向，保障资源安全，健全储备体系，有助于建设区域性的大宗货物集散中心，这也是大宗商品定价能力提升的现货基础。

目前，上海原油期货交割仓库较分散、地域跨度大，对交割方信息提供不足，在一定程度上降低了交割的灵活性和便利性，难以满足国际交易商交割便利化的需求（冯保国，2019）。但 2018—2020 年，上海期货交易所持续增加交割仓库和库容，截至 2020 年，国内原油期货共入库生成仓单 5006.9 万桶。截至 2021 年 2 月，交易所已经在辽宁大连，河北唐山，山东日照、潍坊和青岛，浙江宁波和舟山，广东湛江，广西钦州，海南儋州洋浦经济开发区等地区布局了原油期货交割库（见图 5-1），已启用库容 1085 万立方米，核定库容为 1700 万立方米。未来，交易所将进一步完善原油期货交割设施的集中化建设、收费标准和交割机制，全面提升买卖双方的交易（交割）便利性。基于此，本章选取上海原油期货交割仓库数（jiaogeku）作为交割能力的代理变量。

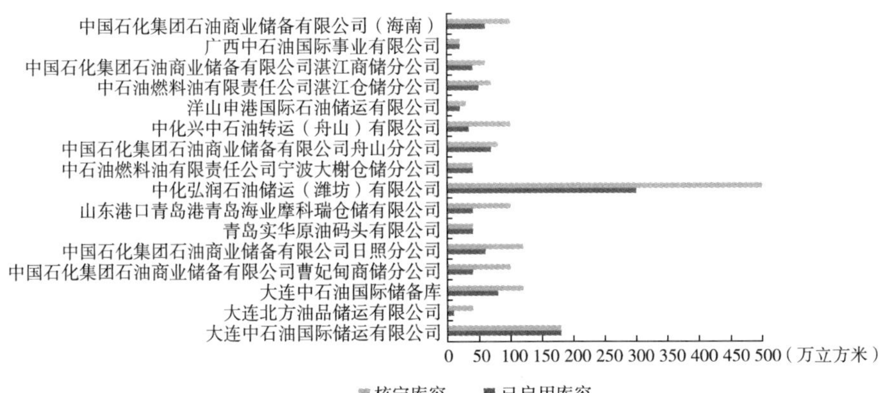

图 5-1　中国原油期货交割库建设状况

（四）竞争者冲击

在所有的大宗商品中，只有农产品存在唯一的全球定价中心（CBOT），这主要是源自 CBOT 将近 300 年的发展历史以及可再生资源相对次要的战略价值。但有色金属、黑色金属、能源产品等不可再生资源普遍存在多个全球定价中心。例如，铜期货市场呈现伦敦、纽约、上海“三足鼎立”的格局。根据第三章的内容，原油期货市场则呈现 Brent、WTI“两强领跑”的格局。上海原油期货市场虽然拥有建立区域性乃至全球定价中心的意愿，但毕竟是原油期货市场的“后进入”者，需要直接面对两大国际定价中心的竞争冲击，这一点在第四章的实证分析中也有所体现。当然，竞争者冲击最直观的表现便是，不同竞争市场对全球交易者的争夺。从这个意义上讲，Brent、WTI 原油期货的成交量、持仓量与上海原油期货市场的成交量、持仓量具有较强的“替代”关系。因此，本章以 Brent 原油期货持仓量（lchicanghuoipe）、WTI 原油期货持仓量（lchicanghuony）作为竞争者冲击的代理变量。

（五）投机力量冲击

投机者是期货市场的重要参与者，它为期货市场功能发挥提供了重要的“流动性”基础。如果期货市场投资者全都是套保者、套利者，并不利于“价格发现”。主要原因在于，套保者无须预判未来价格走势，只需要选定合适的时机建仓，并在未来平仓或交割即可。套利者只关心关联市场的异常“价差”，并从中牟利。只有投机者热衷于预测未来，将反映未来价格走势的信息带入市场，撮合形成具有预期属性的成交价格。与此同时，投机者占比过高也不利于“价格发现”。主要原因在于，很多期货市场投机者并非“理性”投资者，羊群效应会放大期货价格的波动幅度。并且，特定时期，一些资金雄厚的大投机商还拥有“操控”市场的能力，这一点从东南亚金融危机期间索罗斯做空外汇期货便可见一斑。当然，一个成熟的期货市场会保持合理的投资者结构，三类投资者都会呈现出一定的持仓量，投资者持仓一般不会超过机构套保持仓。

就原油期货市场而言，国际油价波动剧烈，全球原油生产、消费区域分布不平衡，国际政治经济局势多变，地缘冲突等“黑天鹅”事件频发，进一步放大了油价波幅，这都为投机者提供了难得的机会，也使得原油期货相对于其他期货市场，投机者参与度更高。部分文献指出，2000 年以来，投机力量对国际石油价格的冲击要比宏观经济因素的冲击高出 56%（Morana，2013）。实践中，在 2008 年金融危机期间，高达 2000 多家投机资金大肆炒作原油期货，直接推高了期货市场上的交易量，投机仓位量是实际使用量的 20 余倍，并通过羊群效应放大影响，扭曲了原油供求信息，加剧了期货价格波动，这对于原油期货定价能力的提升形成制约，因此投机力量是一柄“双刃剑”。在原油期货市场这样一个全球投机者汇聚的市场，应格外警惕过度投机对期货定价能力的损害。参考谢飞和韩立岩（2010）的研究，本章采用 WTI 非商业套利持仓交易者数量（lspeculator）作为投机因素代理变量，该类投资者主要包括投资银行、对冲基金等（Hamilton，1989）。可以看出，自上海原油期货推出以后，WTI 的非商业套利持仓交易者数量出现了短暂的上升过程，在 2018 年 5 月 15 日达到最高值 210 人后开始下降。从 2018 年 9 月 25 日开始，基本在 140～170 家波动（见图 5-2）。

（六）金融市场冲击

成交量、持仓量、国际认可度、交割能力、竞争者冲击、投机力量冲击都是直接作用于期货市场的因素。作为典型的金融市场，期货价格还会受到金融市场变量的间接影响，这意味着利率、汇率等变量也会对原油期货定价能力带来冲击。汇率方面，国际原油期货交易普遍以美元作为结算

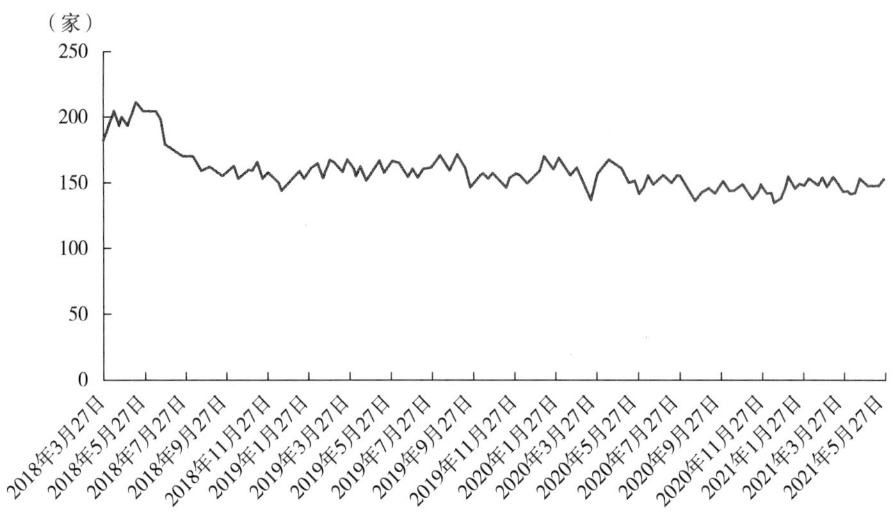

图 5-2　非商业套利持仓交易者数量

货币，美元汇率与油价高度（负）相关（Zhou et al.，2021）。当美元汇率处于贬值周期时，国际油价往往会稳健走高。美元的霸主地位也确保了WTI 成为全球最重要的原油期货交易中心（范英、焦建玲，2008）。当美元汇率剧烈波动时，原油期货市场的价格也会宽幅震荡，这会间接对定价能力带来短期扰动。基于此，本章选取美元兑人民币汇率（exchange）作为汇率冲击的代理变量。

利率方面，根据购买力平价理论（Purchasing Power Parity，PPP），国家之间的利率（差异）会对汇率走势产生重大影响。因此，利率对期货定价能力同样具有冲击效应，但传递链条相对更长，通过“利率→汇率→原油期货价格→原油期货定价能力”实现。当前美国联邦储备委员会（以下简称“美联储”）是全球中央银行的关注焦点，议息会议确定美国基准利率，会对他国央行的利率决策产生影响，也会冲击汇率市场。2008 年全球金融危机以来，美联储实施了先后四轮超常规货币政策，汇率也一路走低，导致国际油价大幅上升，这也对全球主要期货市场的定价能力产生差异化冲击。基于此，本章选取美国 5 年期国债收益率（interest）作为利率冲击的代理变量。

三、影响原油期货定价能力的宏观属性因素

原油期货的标的物作为一种特殊的战略资源，与各国政治经济发展格局密切相关，这意味着原油期货也具备一定的宏观属性。20 世纪 90 年代以来，地缘格局、宏观经济不确定性会对原油期货的价格产生巨大冲击，更是对原油期货的定价能力提出了挑战。

（一）地缘格局

随着政治多极化和经济全球化发展，地缘冲突对大宗商品的影响日趋复杂化，政治、军事、舆论等多样化手段也被充分用于大宗商品定价权的争夺当中（黄运成、陈志斌，2007；冯钰瑶等，2020）。地缘格局（局部冲突、恐怖袭击、产油国政局动荡等）强化了原油市场对供给波动的预期，对国际油价的短期冲击极大。例如，第二次伊拉克战争期间，WTI 原油价格一度在 54~55 美元/桶间波动；2007 年美国伊朗关系紧张，土耳其出兵伊拉克导致国际油价一度上涨到 87.97 美元/桶；俄乌冲突后，WTI 原油价格一度创下自危机以来的新高（139 美元/桶）。从伊朗核问题、尼日利亚人质事件、伊拉克恐怖袭击事件到阿富汗反恐活动，每次地缘冲突的爆发都会伴随着国际油价的大涨大跌（赵鲁涛等，2021），此时期货市场的定价能力会备受考验。越是在突发事件的“窗口期”，全球投资者的目光越会关注定价能力高、有话语权的原油期货市场。此时，通过灵活的制度调整，越能够维持原油价格的“公允性”，越有助于期货定价能力的提升。当然，也正是因为地缘格局的多变，原油储备才显得格外重要。基于此，选取 GPR 指数（lgpr）作为地缘格局的代理变量。该指数由 Caldara 和 Iacoviello 在 1985 年开发，计算了芝加哥论坛报、每日电讯报等 11 家报

纸中相关文章占总新闻文章比值。在海湾战争、“9·11”恐怖袭击、2003年伊拉克战争、2014年克里米亚危机、巴黎恐怖袭击等事件发生期间，该指数大幅增加。

（二）经济不确定性

如果说地缘格局的变化会带来“窗口”冲击，那么经济（政策）不确定性则是风险事件的预警，其对石油价格与定价格局的影响更加复杂且隐蔽。在全球经济不确定性越强的周期，原油期货定价能力的提升越具有战略价值，它将成为大国规避油价波动风险的利器。鉴于不确定性与定价能力可能存在的微妙的联动关系，本章选取欧盟经济意外指数（huaqieu）和美国经济意外指数（huaqiusa）作为代理变量。该指数是花旗集团和摩根集团推出的，采用历史为权重的意外数据标准差来量化经济不确定性，同时考虑了时间衰减效应，该指数为正代表实际经济情况要好于人们普遍预期，指数为负则表示实际经济情况低于预期。

第二节　研究设计

一、样本选取与数据来源

本章选取2018年3月26日至2021年12月31日上海原油期货定价能力和商品属性、金融属性、宏观属性影响因素等19个具体变量进行实证分析（见表5-1）。其中，上海原油期货定价能力来自第四章的测算；OPEC原油产量、国内92号汽油经销价、欧美国家取暖油价格、WTI非商业

表 5-1　变量定义及描述性统计

变量符号	变量名称	单位	平均值	中位数	最大值	最小值	标准差	偏度	峰度	观测值
price	上海原油期货定价能力	—	0.29	0.28	0.43	0.20	0.05	0.73	2.60	745
lchengjiaoine	上海原油期货成交量	万手	23.54	22.16	71.96	0.08	11.97	0.97	4.58	745
lchicangine	上海原油期货持仓量	万手	7.57	6.32	18.70	0.44	3.953	0.88	3.11	745
shouyilv	上海原油期货收益率	—	0.00	0.00	0.14	-0.11	0.02	0.03	8.41	745
jiaogeku	上海原油期货交割仓库数	个	9.526	7	16	6	3.49	0.87	2.17	745
international	上海原油期货国际认可度	—	1	1	2	0				745
interest	美国 5 年期国债收益率	%	-0.16	0.09	1.17	-1.91	0.94	-0.46	1.80	738
exchange	美元兑人民币汇率	元	6.79	6.86	7.13	6.28	0.23	-0.53	2.11	745
lchicanghuony	WTI 原油持仓量	万手	220.21	213.87	270.65	195.68	17.95	0.85	2.7	170
lchicanghuoipe	Brent 原油持仓量	万手	244.47	244.35	273.69	209.28	15.29	0.02	2.15	170
lspeculator	WTI 非商业套利持仓交易者数量	人	360.17	355	450	325	24.05	1.58	5.45	170
lchubei	美国原油储备	亿桶	11.06	11.45	11.94	10.54	0.09	0.32	2.06	745
lopec	OPEC 原油产量	亿桶/天	0.29	0.30	0.33	0.22	0.03	-0.58	1.91	709
lqunuan	欧美国家取暖油价格	美元/加仑	175.70	189.45	242.38	70	39.38	-0.75	2.39	745
lyuqi	国际预期原油产量	亿桶/天	0.35	0.35	0.39	0.27	0.28	-0.83	3.57	686
lqiyou	国内 92 号汽油经销价	元/吨	6918.67	7000	9550	5200	1044.04	0.43	2.77	745
lgpr	地缘格局	—	153.74	135.61	380.59	65.41	59.53	1.30	5.39	745
huaqieu	欧洲经济不确定性	—	-5.20	-2.60	94.70	-239	55.72	-1.62	7.16	745
huaqiusa	美国经济不确定性	—	27.47	8	270.80	-144.60	75.94	1.22	4.55	740

套利持仓交易者数量、WTI 和 Brent 原油持仓量均来自 Wind 数据库；上海原油期货交易量、持仓量、交割仓库数量来自上海期货交易所官方网站；其余变量的数据来源已经在本章第一节中详细介绍。表 5-1 同时给出了主要变量的描述性统计结果。上海原油期货定价能力、成交量、持仓量等变量的分布特征已经在第四章介绍。交割库、非商业套利持仓交易者数量等变量的分布特征已经在本章第一节中介绍。

二、实证模型构建

目前，大量实证模型被用于宏观变量的影响因素分析，包括相关系数法、Ravallion 模型、面板回归模型、向量自回归模型（包括 VAR 和 VECM 模型）、Granger 因果检验、ARDL 模型等。其中，相关系数法过于简单，且难以排除其他因素（如共同影响因素、季节性因素等）的干扰（周章跃、万广华，1999），一般仅用于确定变量之间的表面关联；Ravallion 模型尽管改善了相关分析法的不足，但计算结果受到变量之间内生关系的影响会导致统计结果出现偏差、不一致（韩胜飞，2007）；面板回归模型（固定效应模型、随机效应模型）与本章涉及的时间序列数据并不匹配；随着前沿计量技术的发展，对影响因素的分析也从相关分析向因果识别演进，但这种分析范式只适用于单一影响因素的识别，并不适用于多因素分析。鉴于本章选取数据的时间序列特征，选取 ARDL 模型、VECM 模型进行实证分析。

上述模型属于时间序列分析模型。一般情况下，时间序列分析需要遵循“单位根检验→协整检验→回归模型构建”的步骤。就具体模型而言，Engle 和 Granger（1987）提出的 EG 两步法可以进行协整检验，但该模型存在因变量选择随意性较强、多个协整关系难处理等问题。Johansen（1988）提出的方法较好地解决了 EG 两步法存在的问题，是目前比较主流的方法。伴随着 VAR 模型的发展，Granger 因果检验也得到了广泛的应用。然而，单位根和协整检验因其对小样本的低功效等问题而受到批评，因此 ARDL 模型快速发展。模型的优越性体现在无论序列是否存在同阶单位根均可使用。

根据向量自回归模型的建模理念，上海原油期货定价能力不仅会受到自身滞后项的影响，同时还受到相关影响因素（滞后项）的影响。同时，相关影响因素不仅会受到自身滞后项的影响，也受到上海原油期货定价能力（滞后项）的影响，具体设定如下：

$$lp_t^{ine} = \gamma_0 + \sum_{m=1}^{k} \gamma_m lx_{t-m}^{oil} + \sum_{n=1}^{k} \xi_n lp_{t-n}^{ine} + \upsilon_t \tag{5-1}$$

$$lx_t^{oil} = \alpha_0 + \sum_{m=1}^{k} \alpha_m lp_{t-m}^{ine} + \sum_{n=1}^{k} \beta_n lx_{t-n}^{oil} + \mu_t \tag{5-2}$$

在式（5-1）和式（5-2）中，lp_t^{ine} 为上海原油期货定价能力，lx_t^{oil} 为取了自然对数的相关影响因素，包括市场预期、贸易和汇率政策、地缘格局、不确定性等。lp_{t-j}^{ine} 是上海原油期货定价能力滞后 j 阶变量，最大滞后阶数为 k。

如果式（5-1）和式（5-2）中各时间序列满足非平稳但同阶单整的条件，那么便可以采用 Johansen 方法进一步检验这些长期协整关系，并可以利用协整向量考察相关因素对上海原油期货定价能力的影响方向和强度。通过对式（5-1）和式（5-2）做变换，可以得到向量误差修正（VEC）模型，如下所示：

$$\Delta lx_t^{oil} = \varphi_0 + \varphi_1 ecm_{t-1} + \sum_{m=1}^{k-1} \varphi_m \Delta lp_{t-m}^{ine} + \sum_{n=1}^{k-1} \eta_n \Delta lx_{t-n}^{oil} + \mu_t \tag{5-3}$$

$$\Delta lp_t^{ine} = \theta_0 + \theta_1 ecm_{t-1} + \sum_{m=1}^{k-1} \theta_m \Delta lp_{t-m}^{ine} + \sum_{n=1}^{k-1} \rho_n \Delta lx_{t-n}^{oil} + \mu_t \tag{5-4}$$

在式（5-3）和式（5-4）中，Δlp、Δlx 分别表示 lp、lx 的一阶差分变量（Δlp 与 dlp 等同），ecm_{t-1} 表示滞后一期误差修正项。各系数指的是相关影响因素所引起的上海原油期货定价能力波动程度以及上海原油期货定价能力波动所引起的其他影响因素的波动程度。

如果在式（5-1）和式（5-2）中，各时间序列不满足同阶单整条件，则使用 ARDL 模型。通过对式（5-4）做变换，可以得到 VECM 模型如下：

$$\Delta lp_t^{ine} = \omega + \tau \times t + \sum_{m=1}^{k} \theta_m \Delta lp_{t-m}^{ine} + \sum_{n=1}^{k} \rho_n \Delta lx_{t-n}^{oil} + \theta_0 lp_{t-1}^{ine} + \rho_0 x_{t-1}^{oil} + \varepsilon_t \tag{5-5}$$

在式（5-5）中，利用 F 统计量来检验 $\theta_0 = \rho_0 = 0$ 的原假设。若拒绝该假设，则代表变量间存在长期关系，从而能够估计 ARDL 方程：

$$lp_t^{ine} = \omega + \tau \times t + \sum_{m=1}^{k} \theta_m \Delta lp_{t-m}^{ine} + \sum_{n=1}^{k} \rho_n \Delta lx_{t-n}^{oil} + \varepsilon_t \tag{5-6}$$

第三节　实证结果分析

ADF 单位根检验实证结果如表 5-2 所示，滞后阶数按照 AIC 准则选取。可以看到，除上海原油期货成交量、上海原油期货持仓量、收益率、地缘格局、欧洲经济不确定性以外，其余 13 个价格序列的原序列非平稳序列，而一阶差分项均在 1%水平下平稳，可使用 Johansen 方法检验协整关系。

一、三类因素对中国原油期货定价能力的滞后影响

由于上海原油期货成交量、上海原油期货持仓量、收益率、地缘格局、欧洲经济不确定性均是平稳序列，与其他变量不构成同阶单整关系，难以利用协整检验、构建 VECM 进行实证分析。因此，本节构建 ARDL 模型进行实证分析，该模型只需误差修正模型 F 检验通过便可以用于回归分析，且回归参数满足一致性和无偏性（田利辉、谭德凯，2015）。

表 5-2 ADF 单位根检验结果

	原序列					一阶差分序列				
	(C, T, P)	ADF	p 值	AIC	BIC	(C, T, P)	ADF	p 值	AIC	BIC
上海原油期货定价能力	(I, T, 0)	-1.496	0.535	-8.684	-8.666	(I, T, 0)	28.627***	0.000	-8.673	-8.654
上海原油期货成交量	(I, T, 0)	-5.254***	0.000	0.982	1.02	(I, T, 0)	-18.859***	0.000	0.994	1.038
上海原油期货持仓量	(I, T, 0)	-5.223***	0.000	-2.671	-2.652	(I, T, 0)	-27.627***	0.000	-2.71	-2.69
上海原油期货收益率	(N, N, 0)	-23.913	0.000	-4.886	-4.872	(N, N, 0)	-16.058	0.000	-4.771	-4.722
上海原油期货交割仓库数	(I, T, 0)	-1.659	0.769	-0.895	-0.870	(I, T, 0)	24.540***	0.000	-0.849	-0.876
美国 5 年期国债收益率	(I, T, 0)	-2.859	0.176	-3.386	-3.360	(N, N, 0)	-22.974	0.000	-3.377	-3.371
美元兑人民币汇率	(I, T, 0)	-1.464	0.841	-5.488	-5.469	(I, T, 0)	-25.444	0.000	-5.489	-5.469
WTI 原油持仓量	(I, 0, 3)	-1.541	0.512	-3.562	-3.531	(N, N, 2)	-18.877	0.000	-3.564	-3.548
Brent 原油持仓量	(I, 0, 0)	-1.593	0.486	-4.161	-4.149	(N, N, 0)	-29.63	0.000	-4.165	-4.159
WTI 非商业套利持仓交易者数量	(N, N, 0)	0.201	0.745	-5.991	-5.985	(N, N, 0)	-25.272***	0.000	-5.995	-5.989
美国产量原油	(I, 0, 0)	-2.139	0.229	-6.080	-6.068	(N, N, 0)	-27.240	0.000	-6.075	-6.069
OPEC 原油产量	(I, T, 0)	-2.581	0.289	-5.928	-5.909	(I, T, 0)	-26.555	0.000	-5.918	-5.898
欧美国家取暖油价格	(N, N, 0)	-0.054	0.665	-4.581	-4.575	(N, N, 0)	-28.349	0.000	-4.582	-4.576
国际预期原油产量	(I, T, 0)	-2.893	0.165	-12.064	-11.982	(N, N, 0)	-3.797	0.000	-12.059	-11.996
国内 92 号汽油经销价	(I, T, 0)	-2.026	0.585	-3.915	-3.896	(N, N, 0)	-27.106***	0.000	-3.915	-3.908
地缘格局	(I, T, 0)	-3.805**	0.017	-2.220	-2.201	(I, T, 0)	-27.240	0.000	-2.105	-2.198
欧洲经济不确定性	(N, N, 0)	-3.206***	0.001	-1.745	-1.727	(N, N, 0)	-15.674	0.000	-1.734	-1.722
美国经济不确定性	(N, N, 0)	-1.293	0.181	-2.112	-2.106	(N, N, 0)	-17.109	0.000	-2.122	-2.110

注：*** 表示在 1%水平下拒绝“存在 1 个单位根”的原假设。上海原油期货国际认可度（international）由于是离散变量，不进行单位根检验。

首先，采用 AIC 准则判断基准模型的 ARDL 形式（见图 5-3）。基准模型中包括上海原油期货定价能力、成交量、持仓量、交割仓库数量以及国际认可度五个变量。鉴于原油期货市场每周会有 5 天开盘交易，故将滞后期设定为 6，即先用 ARDL（6，6，6，6，6，6）来估计基准模型，根据 AIC 原则（见表 5-3），基准模型的 AIC 值和 BIC 值分别是-9.453 和-9.309，模型的设定形式为 ARDL（6，1，4，6，0，0），误差修正项的形式为"有常数项但无趋势项"，利用 F 统计量来检验 $\theta_0 = \rho_0 = 0$ 的原假设，联合检验的 F 值为 2.413，能够在 5%的水平下拒绝原假设，说明这些变量之间存在长期关系，因此可以通过方程 ARDL（6，1，4，6，0，0）进行估计。

表 5-3　上海原油期货定价能力的 ARDL 模型选择及长期均衡关系检验

影响因素	ECM 形式	LogL	AIC	BIC	HQ	调整后 R^2	模型形式	F 值
基准模型	2	3515.798	-9.453	-9.309	-9.398	0.998	ARDL（6，1，4，6，0，0）	2.413**
金融属性	1	3481.968	-9.472	-9.346	-9.423	0.998	ARDL（3，1，4，3，0，0）	9.931***
商品属性	1	3272.317	-9.452	-9.313	-9.398	0.998	ARDL（3，1，4，3，0，0）	9.711***
宏观属性	1	3492.666	-9.449	-9.292	-9.388	0.998	ARDL（6，1，4，6，0，0）	3.120**
全部因素	1	3244.775	-9.461	-9.275	-9.389	0.998	ARDL（3，1，4，3，0，0）	6.020***

注：误差修正模型 ECM 形式中 1 表示无常数项和无趋势项的模型，2 表示有常数项但无趋势项的模型。***、** 分别表示在 1%、5%的水平下显著。

表 5-3 展示的是基准模型以及加入三类影响因素后的模型的形式设定结果。第二列显示了误差修正模型的具体形式。可以发现，F 统计量均拒

绝原假设，说明可以采用不同的 ARDL 模型进行参数估计。

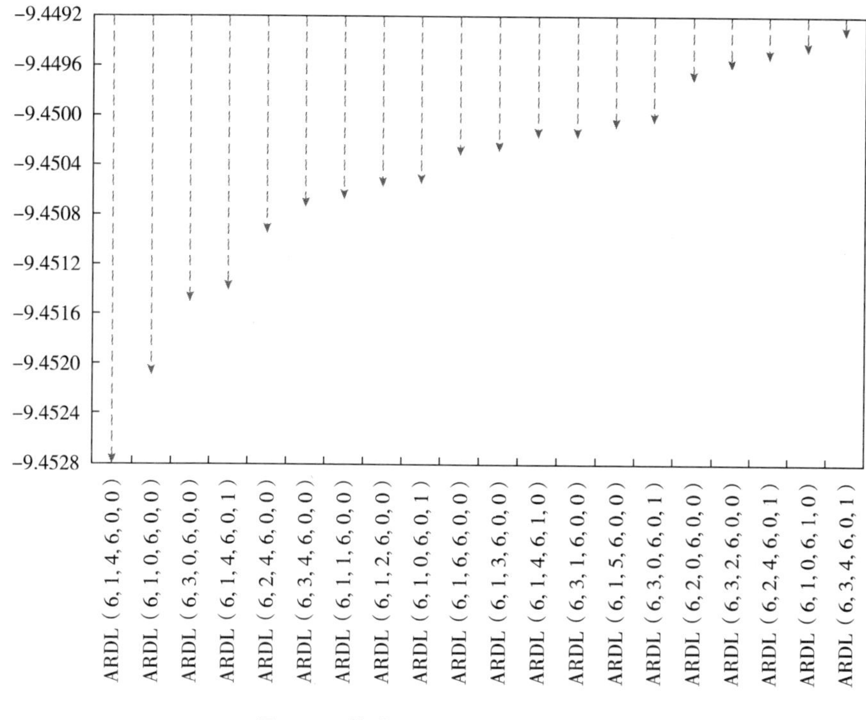

图 5-3　基准 ARDL 模型的 AIC 值

采用同样的方法，在基准模型的基础上：一是加入金融属性影响因素，即美元兑人民币汇率、美国 5 年期国债收益率、WTI 原油持仓量、Brent 原油持仓量、投机这五个变量（见图 5-4），识别金融因素对上海原油期货定价能力的影响。二是加入商品属性影响因素，即 OPEC 原油产量、美国原油储备、国际预期原油产量、欧美国家取暖油价格、国内 92 号汽油经销价这五个变量（见图 5-5），识别商品因素的影响。三是加入宏观属性因素，即地缘格局、欧美经济不确定性这三个变量（见图 5-6），识别宏观因素的影响。四是将金融属性、商品属性、宏观属性因素都加入模型（见图 5-7），识别三类影响因素对定价能力的影响。

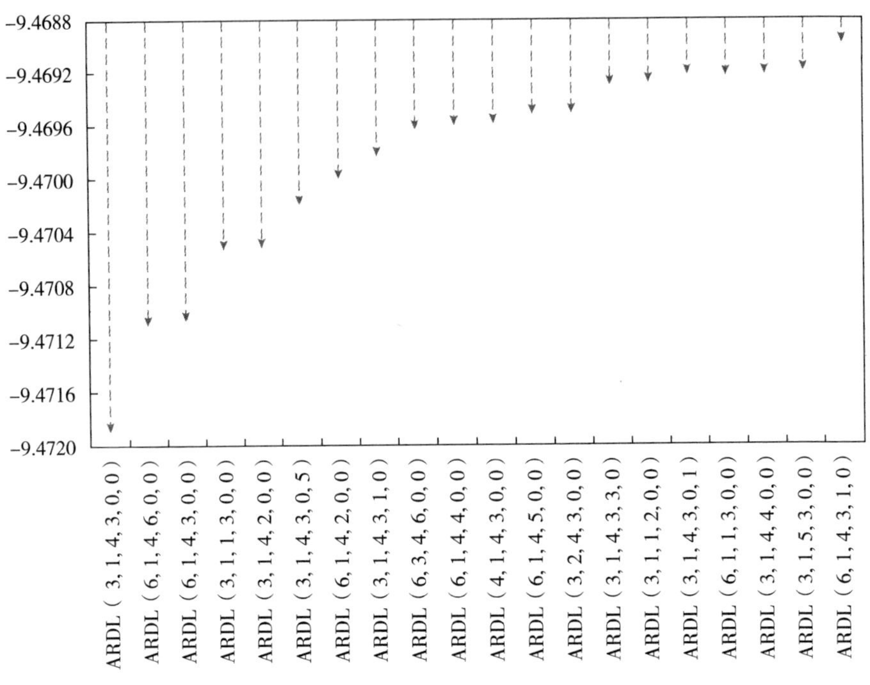

图 5-4　包含金融属性因素 ARDL 模型的 AIC 值

表 5-4 展示了 ARDL 模型的回归结果，模型的因变量为上海原油期货定价能力（price）。就基准模型回归而言，列（1）的结果显示，上海原油期货定价能力（price）受到了其自身滞后 1~6 期的影响。其中，滞后 1 期和 3 期的影响显著为正（1%水平下），滞后 6 期的影响显著为负（1%水平下）。从系数的大小来看，滞后 1 期、3 期的正向冲击水平远远高于滞后 6 期的负向冲击水平，这从一个侧面说明，在 1 周的周期内，上海原油期货定价能力具有自我强化的内在机制，即前期定价能力越高，未来的定价能力越容易提升。这说明，尽管上海原油期货定价能力是一个衰减的过程，但只要持续不断地提升，终归可以获得成功。

同时，上海原油期货成交量（lchengjiaoine）对 price 的影响在 1%水平下显著为正，说明成交量积累有助于定价能力提升，其滞后 1 期对定价能

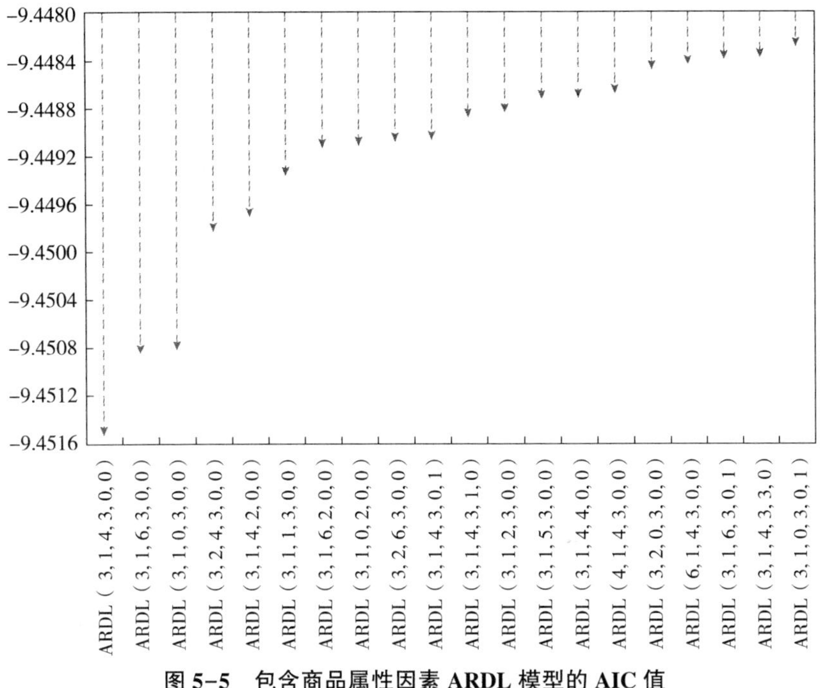

图 5-5　包含商品属性因素 ARDL 模型的 AIC 值

-9.4456
-9.4460
-9.4464
-9.4468
-9.4472
-9.4476
-9.4480
-9.4484
-9.4488

ARDL（6, 1, 4, 6, 0, 0）
ARDL（6, 1, 4, 6, 0, 1）
ARDL（6, 2, 4, 6, 0, 0）
ARDL（6, 2, 4, 6, 0, 1）
ARDL（6, 1, 0, 6, 0, 0）
ARDL（6, 1, 0, 6, 0, 1）
ARDL（6, 3, 4, 6, 0, 0）
ARDL（6, 1, 1, 6, 0, 0）
ARDL（6, 3, 4, 6, 0, 1）
ARDL（6, 1, 6, 6, 0, 0）
ARDL（6, 1, 1, 6, 0, 1）
ARDL（6, 1, 6, 6, 0, 1）
ARDL（6, 2, 0, 6, 0, 0）
ARDL（6, 1, 4, 6, 1, 0）
ARDL（6, 1, 5, 6, 0, 0）
ARDL（6, 3, 0, 6, 0, 0）
ARDL（6, 2, 0, 6, 0, 1）
ARDL（6, 1, 4, 6, 0, 2）
ARDL（6, 1, 4, 6, 1, 1）
ARDL（6, 1, 5, 6, 0, 1）

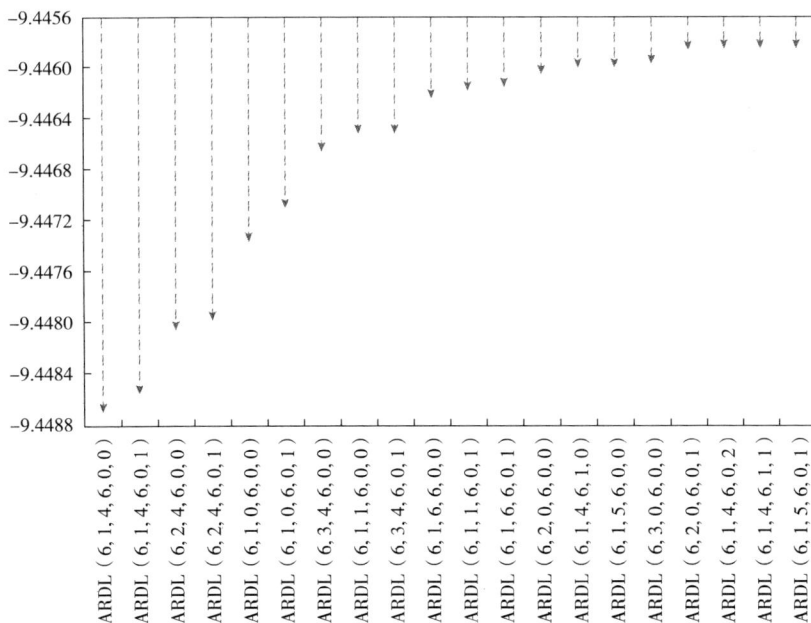

图 5-6　包含宏观属性因素 ARDL 模型的 AIC 值

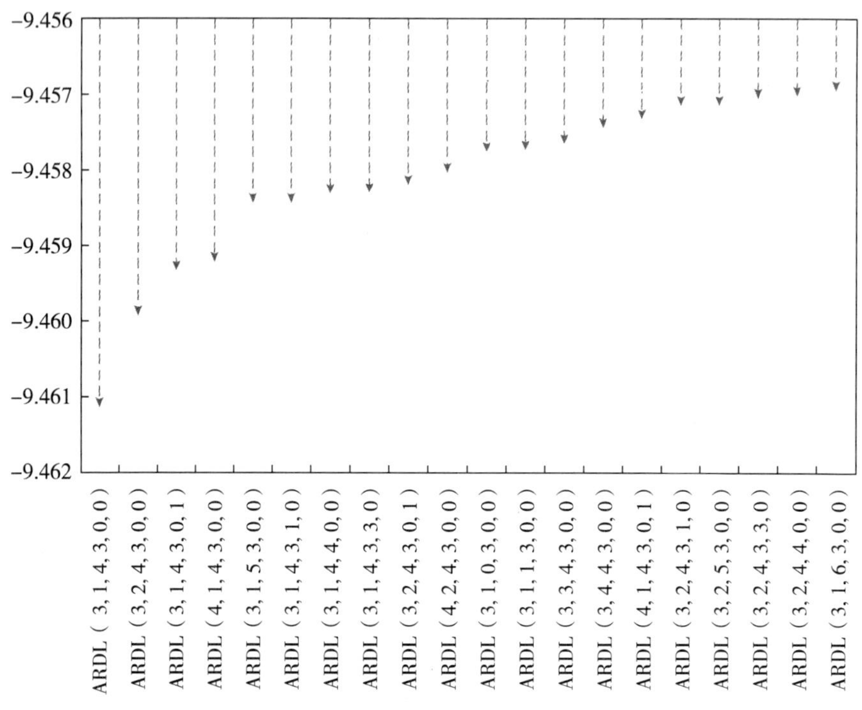

图 5-7　包含全部因素 ARDL 模型的 AIC 值

力具有显著的负向影响，影响程度基本与前 1 期相当（略小），表明这种影响从更长周期看可能会被抵消。持仓量（lchicangine）当期及滞后期对 price 的影响呈现“正负”交错的态势，大多滞后期都具有显著影响，总影响方向模糊。持仓量变动代表市场上合约数量的变动，反映了市场上买卖双方对原油期货交易的认可程度。理论上讲，持仓量增加有助于定价能力提升。收益率（shouyilv）滞后 1~6 期均对 price 产生影响。其中，当期和滞后 1 期、3 期、6 期显著地负向、正向、正向、负向冲击定价能力。收益率是交易者参与原油期货买卖的直接动机，获得稳定的收益客观上将提升交易者数量，从而增强原油期货市场的吸引力和定价能力。交割库（jiaogeku）、国际认可程度（international）对 price 影响为正，但是不显著。

表 5-4　ARDL 模型的回归结果

	基准模型	金融属性因素	商品属性因素	宏观属性因素	全部因素
	(1)	(2)	(3)	(4)	(5)
$price_{(-1)}$	0.895*** (26.283)	0.871*** (25.664)	0.8554*** (24.431)	0.887*** (25.752)	0.821*** (23.016)
$price_{(-2)}$	0.048 (1.192)	0.020 (0.500)	0.034 (0.844)	0.053 (1.302)	0.038 (0.940)
$price_{(-3)}$	0.136*** (3.417)	0.093*** (2.937)	0.107*** (3.318)	0.142*** (3.529)	0.130*** (4.012)
$price_{(-4)}$	0.014 (0.356)			0.012 (0.292)	
$price_{(-5)}$	0.022 (0.556)			0.023 (0.573)	
$price_{(-6)}$	-0.119*** (-3.792)			-0.121*** (-3.903)	
lchengjiaoine	0.003*** (16.161)	0.003*** (14.900)	0.0033*** (16.145)	0.003*** (16.231)	0.003*** (14.843)
$lchengjiaoine_{(-1)}$	-0.003*** (-12.406)	-0.003*** (-12.853)	-0.003*** (-11.291)	-0.003*** (-11.319)	-0.002*** (-10.331)
lchicangine	-0.003* (-1.955)	-0.002 (-1.402)	-0.003** (-2.456)	-0.002* (-1.756)	-0.003** (-2.336)
$lchicangine_{(-1)}$	0.003* (1.771)	0.003* (1.906)	0.003* (1.723)	0.003* (1.723)	0.003 (1.604)
$lchicangine_{(-2)}$	-0.000 (-0.093)	-0.001 (-0.138)	-0.001 (-0.119)	-0.000 (-0.048)	-0.001 (-0.112)
$lchicangine_{(-3)}$	-0.004** (-2.298)	-0.003* (-1.952)	-0.004** (-2.286)	-0.004** (-2.353)	-0.004** (-2.248)
$lchicangine_{(-4)}$	0.003* (1.935)	0.003** (2.106)	0.003** (2.085)	0.003** (2.214)	0.003*** (2.646)

续表

	基准模型	金融属性因素	商品属性因素	宏观属性因素	全部因素
	(1)	(2)	(3)	(4)	(5)
shouyilv	-0.083*** (-23.486)	-0.079*** (-20.102)	-0.075*** (-17.957)	-0.082*** (-23.277)	-0.074*** (-17.298)
$shouyilv_{(-1)}$	0.070*** (12.240)	0.068*** (12.096)	0.065*** (11.277)	0.069*** (12.000)	0.0624*** (10.786)
$shouyilv_{(-2)}$	0.010 (1.642)	0.006 (1.091)	0.009 (1.510)	0.010* (1.769)	0.009 (1.546)
$shouyilv_{(-3)}$	0.012** (2.002)	0.007* (1.665)	0.008* (1.779)	0.013** (2.149)	0.010** (2.317)
$shouyilv_{(-4)}$	0.002 (0.275)			0.002 (0.249)	0.000** (2.007)
$shouyilv_{(-5)}$	-0.000 (-0.043)			-0.000 (-0.077)	0.000 (0.161)
$shouyilv_{(-6)}$	-0.010** (-2.458)			-0.011** (-2.464)	0.001*** (2.634)
jiaogeku	0.000 (0.315)	0.001** (2.000)	0.000 (0.232)	0.000 (0.216)	0.001** (2.007)
international	0.001 (1.031)	0.002*** (4.171)	0.002*** (4.307)	-0.001 (-0.635)	0.000 (0.161)
interest		0.003*** (6.410)			0.001*** (2.634)
exchange		-0.001* (-1.877)			-0.001* (-1.675)
lchicanghuony		-0.000 (-0.082)			0.002 (0.813)
lchicanghuoipe		-0.002 (-0.608)			-0.001 (-0.100)

续表

	基准模型	金融属性因素	商品属性因素	宏观属性因素	全部因素
	(1)	(2)	(3)	(4)	(5)
lspeculator		-0.001* (-1.789)			-0.001 (-1.568)
lchubei			0.002 (0.948)		0.001 (0.646)
lopec			0.007*** (3.032)		0.004 (1.115)
lqunuan			-0.007*** (-2.728)		-0.008*** (-2.909)
lyuqi			-0.007** (-2.445)		-0.002 (-0.543)
lqiyou			-0.002 (-1.069)		-0.003 (-1.272)
lgpr				-0.000 (-1.223)	-0.001 (-1.620)
huaqieu				-0.001 (-0.769)	0.001 (0.518)
huaqiusa				0.001** (2.437)	0.001*** (2.694)

注：***、**、*分别表示在1%、5%、10%的水平下显著。

就金融属性因素的影响来看：列（2）的结果显示，加入金融属性变量后，模型的参数形式有所改变。其中，上海原油期货定价能力（price）和收益率（shouyilv）滞后期的影响有所减弱，滞后期最多为3期。除了成交量（lchengjiaoine）滞后1期、持仓量（lchicangine）滞后1期、4期的影响变大外，其余变量对price的影响均有所变小。另外，持仓量（lchicangine）不同滞后期影响price的显著性水平也发生变化。原油期货交割库数量（jiaogeku）对 price 的影响由不显著变为正，这与况龙和佘建跃（2018）的研究结果一致，说明上海原油期货交割仓库扩容有助于提升交易便利性，进一步发挥交割纽带作用，增强上海原油期货定价能力。上海原油期货成为新加坡认可的市场交易者以及被纳入欧洲证券及市场管理局的相关正面清单后，国际认可程度（international）正向影响其定价能力（price），且在 1%的水平下显著，说明被原油期货被国际交易者认可有助于境外交易者参与，这对上海原油期货定价能力的提升大有裨益。

同时，美国 5 年期国债利率（interest）对 price 的影响在 1%水平下显著为正，这意味着美联储的利率政策会对上海原油期货定价能力产生重要影响，美联储加息或有助于上海原油期货定价能力的提升。美元兑人民币汇率（exchange）对 price 的影响在 10%水平下显著为负，美元汇率对大宗商品定价能力最大的影响路径在于贸易结算，美元升值意味着大宗商品结算需求提升，会对上海原油期货定价能力提升形成压力。同时，汇率波动也意味着更大的不确定性，原油定价能力可能受到较大冲击。如果人民币持续升值，我国原油进口成本将会有所降低，有助于我国原油储备提升，国外原油供应商也会因我国购买力增加而相应地调高销售预期，这有利于保障我国原油稳定供应和可持续性，进而助力上海原油期货定价能力提升。Brent 和 WTI 活跃持仓合约（lchicanghuoipe 和 lchicanghuony）对 price 的影响为负，但并不显著，说明上海原油期货定价能力会受到两大国际定价中心交易情况的负面冲击，表现为“挤出效应”，但该效应暂时不够明显。投机行为（lspeculator）对 price 的影响在 10%水平下显著为负，说明金融市场投机力量对上海原油期货市场定价权的争夺并不有利。投机力量是一柄“双刃剑”，虽然有助于提高市场流动性，但也有可能干预价格形成，造成供求信息扭曲，放大期货价格的波动性。当前，美国对金融市场的监管相对宽松，中国的金融监管相对严格。在防止本国原油期货市场过度投机行为方面，压力并不大，但需要重点关注国际投机力量对本土化市场带来的冲击。

就商品属性因素的影响来看：列（3）的结果显示，加入商品属性变量后，模型的参数形式发生了与列（2）类似的变化，即上海原油期货定价能力（price）和收益率（shouyilv）影响 price 的滞后期减少到 3 期。除成交量（lchengjiaoine）、持仓量（lchicangine）滞后 3 期的影响变大以外，其余变量对 price 的影响均有所变小。并且，持仓量（lchicangine）不同滞后期影响 price 的显著性水平也有所改变。商品属性变量的冲击方面，美国原油储备（lchubei）对 price 的影响为正，说明随着美国原油储备的提升，上海原油期货定价能力将有所提升，但上述影响并不显著。OPEC 原油产量（lopec）对 price 的影响在 1%水平下显著为正，可能的原因在于 OPEC 原油供给与我国原油进口高度吻合，也是上海原油期货的主要交割产品。OPEC 产量提升会在一定程度上削弱全球期货市场的话语权，在这个过程中反而有助于上海原油期货定价能力的建设。欧美国家取暖油价格（lqunuan）对 price 的影响在 1%的水平下显著为负，这表明气候变化会产生不利影响。预期产量（lyuqi）对 price 的影响在 5%水平下显著为负，这意味着预期供给的增加不利于本土化市场定价能力的提升。由于相关数据来自国际能源署《原油市场月度报告》，这也从侧面说明国际认可的信息发布会对期货定价能力产生显著冲击。国内 92 号汽油经销价（lqiyou）对 price 的影响为负，但并不显著。这说明作为原油产业链下游的重要商品，国内汽油市场的景气会对上海原油期货定价能力提高构成拖累。

就宏观属性因素的影响来看：列（4）的结果显示，加入宏观属性变量后，模型的具体参数形式并未发生明显变化。但与基准模型相同变量的回归系数发生了微小的改变，显著性水平基本保持不变。变量冲击方面，地缘格局（lgpr）对 price 的影响为负，但并不显著。这说明，随着地缘格局的日益复杂，上海原油期货的定价能力会有所降低，但上述冲击并不够明显。产生负向冲击的原因可能在于，地缘格局事件会引起原油市场动荡和油价飙涨（赵鲁涛等，2021），此时主要国家往往会干预国际贸易市场，对石油进口国不利，此时上海原油期货的交割也会受到影响，进而拖累定价能力。负向冲击不显著可能的原因在于，地缘风险事件是小概率事件，不会长期持续地冲击期货市场定价能力，但需要格外警惕事件发生“窗口期”带来的短期冲击。欧洲经济不确定性（huaqieu）对 price 的影响为负，但并不显著。值得注意的是，美国经济不确定性（huaqiusa）对 price 的影响在 5%水平下显著为正，说明随着美国经济（政策）不确定性的提升（如特朗普执政时期），上海原油期货定价能力反而会有所提升，因此我国应当密切关注美国的宏观格局，抓住有利时机为话语权提升创造助力。

同时考察所有因素的影响，列（5）的结果显示：除收益率（shouyilv）滞后 5 期和 6 期、WTI 原油期货持仓活跃合约数量（lchicanghuony）对 price 的影响方向发生变化，以及 OPEC 原油产量（lopec）、原油供给预期（lyuqi）、国内 92 号汽油经销价（lqiyou）对 price 的影响变得不再显著外，其余变量的影响基本保持不变。此处，相关变量的影响不再赘述，与前文一致。

二、三类因素与中国原油期货定价能力的长期均衡关系

ARDL 边界协整检验突破了被检验变量必须满足同阶单整的相关要求，基于上述优势模型得到了广泛的应用。表 5-5 进一步披露了三类属性因素对原油定价能力的边界协整检验结果。不难发现，F 值普遍大于 I(1) 边界，这说明原油期货定价能力与三类影响因素之间均存在显著的协整关系。

表 5-5　ARDL 模型边界协整检验结果

		统计量	显著性水平	I(0)	I(1)
基准模型因素	F-Bounds Test	6.020	1%	2.82	4.21
	t-Bounds Test	-3.885	5%	-1.95	-3.83
金融属性因素	F-Bounds Test	9.931	1%	2.82	4.21
	t-Bounds Test	-7.746	1%	-2.58	-4.44
商品属性因素	F-Bounds Test	9.135	1%	2.82	4.21
	t-Bounds Test	-7.431	1%	-2.58	-4.44
宏观属性因素	F-Bounds Test	3.119	5%	2.14	3.34
	t-Bounds Test	-4.341	1%	-2.58	-4.44
全部属性因素	F-Bounds Test	6.020	1%	2.82	4.21
	t-Bounds Test	-6.033	1%	-2.58	-4.44

基于边界协整估计，表 5-6 披露了 VECM 模型的回归结果：三类因素对于 d(price) 的影响与表 5-4 中 ARDL 模型的回归结果基本一致，但模型设定形式略有不同。VECM 模型的被解释变量为 d(price)，是 price 的一阶差分项，因此回归系数反映了主要变量的变动对定价能力变动产生的冲击。上海原油期货定价能力的波动（d(price)）主要受到其滞后 1~5 期的显著影响。其中，滞后 1~2 期的影响为负，回归系数为-0.101 和-0.053，分别在 1%和 10%水平下显著，说明上海原油期货定价能力每变化 1 个百分点，未来 1~2 天原油期货定价能力将下跌 0.101 和 0.053 个百分点；滞后 3~5 期的影响为正，且均在 1%水平下显著，说明在经历 2 天的拖累后，上海原油期货定价能力会逐渐走向同步。从回归系数来看，滞后 3~5 期的正向影响累计值要明显高于滞后 1~2 期负向影响的累计值，说明上海原油期货定价能力具有良性“自反馈”机制。与此同时，上海期货成交量的涨幅变动（d(lchengjiaoine)）对 d(price) 的影响在 1%水平下显著为正，说明本土成交量的活跃是提升定价能力的关键。值得注意的是，上海期货持仓量的涨幅变动（d(lchicangine)）对 d(price) 的影响在 1%水平下显著为

负，说明持仓量的波动不利于定价能力提升，但系数值与成交量相比明显更小，说明市场交易情况依然是打造大宗商品定价中心的关键。此外，收益率（d(shouyilv)）当期和滞后 1 期对 d(price) 的影响显著为负，滞后 3~5 期的影响显著为正，总的来说收益率的波动越大，上海原油期货定价能力越会走强。

表 5-6　VECM 模型的回归结果

	基准模型	金融属性因素	商品属性因素	宏观属性因素	全部因素
	（1）	（2）	（3）	（4）	（5）
$EC_{(-1)}$	−0. 004*** （−4. 048）	−0. 017*** （−7. 746）	−0. 004*** （−7. 431）	−0. 006*** （−4. 341）	−0. 011*** （−6. 033）
d（$price_{(-1)}$）	−0. 101*** （−3. 040）	−0. 112*** （−3. 462）	−0. 141*** （−4. 152）	−0. 107*** （−3. 197）	−0. 168*** （−4. 919）
d（$price_{(-2)}$）	−0. 053* （−1. 663）	−0. 093*** （−2. 962）	−0. 107*** （−3. 353）	−0. 055* （−1. 698）	−0. 130*** （−4. 051）
d（$price_{(-3)}$）	0. 083*** （2. 602）			0. 087*** （2. 769）	
d（$price_{(-4)}$）	0. 097*** （3. 059）			0. 099*** （3. 126）	
d（$price_{(-5)}$）	0. 119*** （3. 827）			0. 121*** （3. 926）	
d（lchengjiaoine）	0. 003*** （17. 440）	0. 003*** （17. 163）	0. 003*** （18. 110）	0. 003*** （17. 391）	0. 003*** （17. 250）
d（lchicangine）	−0. 003** （−1. 999）	−0. 002 （−1. 426）	−0. 003** （−2. 526）	−0. 002* （−1. 775）	−0. 003** （−2. 456）
d（$lchicangine_{(-1)}$）	0. 002 （1. 420）	0. 001 （0. 872）	0. 002 （1. 348）	0. 002 （1. 140）	0. 001 （0. 705）
d（$lchicangine_{(-2)}$）	0. 002 （1. 299）	0. 001 （0. 682）	0. 002 （1. 189）	0. 001 （1. 082）	0. 001 （0. 555）

续表

	基准模型	金融属性因素	商品属性因素	宏观属性因素	全部因素
	（1）	（2）	（3）	（4）	（5）
d（$lchicangine_{(-3)}$）	-0.003** (-1.961)	-0.003** (-2.138)	-0.003** (-2.104)	-0.003** (-2.252)	-0.003*** (-2.672)
d（shouyilv）	-0.083*** (-23.963)	-0.079*** (-22.884)	-0.075*** (-20.897)	-0.0820*** (-23.753)	-0.074*** (-20.187)
d（$shouyilv_{(-1)}$）	-0.012*** (-2.752)	-0.014*** (-3.084)	-0.017*** (-3.663)	-0.014*** (-2.997)	-0.0193*** (-4.208)
d（$shouyilv_{(-2)}$）	-0.003 (-0.590)	-0.007* (-1.677)	-0.008* (-1.788)	-0.003 (-0.704)	-0.010** (-2.330)
d（$shouyilv_{(-3)}$）	0.009** (2.129)			0.010** (2.218)	
d（$shouyilv_{(-4)}$）	0.011** (2.507)			0.011** (2.553)	
d（$shouyilv_{(-5)}$）	0.010** (2.481)			0.011** (2.480)	
interest		0.003*** (7.720)			0.001*** (3.758)
exchange		-0.001*** (-5.570)			-0.001** (-2.016)
lchicanghuony		-0.001 (-0.107)			0.002 (0.886)
lchicanghuoipe		-0.002 (-1.116)			-0.001 (-0.119)
lspeculator		-0.001* (-1.789)			-0.001 (-1.568)
lchubei			0.001 (1.372)		0.001 (0.725)

续表

	基准模型	金融属性因素	商品属性因素	宏观属性因素	全部因素
	(1)	(2)	(3)	(4)	(5)
lopec			0.007*** (4.730)		0.004 (1.377)
lqunuan			-0.007*** (-4.533)		-0.008*** (-3.094)
lyuqi			-0.007*** (-3.143)		-0.002 (-0.636)
lqiyou			-0.002* (-1.892)		-0.003 (-1.462)
lgpr				-0.001*** (-4.276)	-0.001* (-1.858)
huaqieu				-0.000 (-1.019)	0.001 (0.572)
huaqiusa				0.001*** (3.704)	0.001*** (4.395)

注：***、**、*分别表示在1%、5%、10%的水平下显著。

就误差修正项（$EC_{(-1)}$）对上海原油期货定价能力的影响而言：全部5列模型的误差修正项的影响均显著为负，说明由上海原油定价能力和三类影响因素组成的系统均有“长期均衡回复”机制，误差修正力量会使得上海原油定价能力与其他影响因素保持均衡。如果分别将上海原油期货定价能力与基准模型因素、金融属性因素、商品属性因素、宏观属性因素和全部三类属性因素相对应，还可以得到不同形式的误差修正项。

基准模型对应的误差修正项 $EC_{(-1)}$ 为下式所示：

$$EC=price-(0.127\times lchengjiaoine-0.293\times lchicangine-0.387\times shouyilv-0.005\times jiaogeku+0.111\times international)$$

$$[1.981]^{**} \quad [-1.254] \quad [-1.142] \quad [-0.338] \quad [0.961]$$

不难发现，只有成交量的影响显著，说明通过上海原油期货的重要指标来影响其定价能力的波动，主要的传导渠道是通过原油期货交易量的变动影响的。金融属性影响因素对应的误差修正项 $EC_{(-1)}$ 为下式所示：

$$EC = price - (0.015 \times lchengjiaoine + 0.029 \times lchicangine + 0.172 \times shouyilv + 0.011 \times jiaogeku + 0.138 \times international)$$

[1.220]　[1.341]　[1.334]　[1.927]*　[3.754]***

可以发现，交割库和国际认可程度的影响显著，说明通过原油金融属性影响上海原油期货定价能力的变动，主要的传导渠道是交割库和国际认可程度。商品属性影响因素对应的误差修正项 $EC_{(-1)}$ 为下式所示：

$$EC = price - (0.191 \times lchengjiaoine - 0.483 \times lchicangine + 1.800 \times shouyilv - 0.004 \times jiaogeku + 0.598 \times international)$$

[1.318]　[-1.104]　[1.279]　[-0.241]　[1.351]

容易得知，所有因素对上海原油期货定价能力的波动影响均不显著，即主要传导因素是不存在的。宏观属性影响因素对应的误差修正项 $EC_{(-1)}$ 为下式所示：

$$EC = price - (0.120 \times lchengjiaoine - 0.096 \times lchicangine + 0.047 \times shouyilv + 0.003 \times jiaogeku - 0.084 \times international)$$

[3.053]***　[-1.951]*　[0.657]　[0.209]　[-0.594]

不难发现，成交量和持仓量的影响显著，说明通过原油商品属性影响上海原油期货定价能力的波动，主要的传导渠道是成交量和持仓量。三类属性影响因素对应的误差修正项 $EC_{(-1)}$ 为下式所示：

$$EC = price - (0.077 \times lchengjiaoine - 0.113 \times lchicangine + 0.716 \times shouyilv + 0.021 \times jiaogeku + 0.014 \times international)$$

[2.233]**　[-1.435]　[2.039]**　[1.744]　[0.162]

容易得知，成交量和收益率的影响显著，说明通过三大类属性因素影响上海原油期货定价能力的波动主要传导渠道是成交量和收益率。因此，成交量和收益率成为重要的促进其定价能力回归原来状态的重要作用渠道。

三、三类属性因素对中国原油期货定价能力的短期冲击

基于三类属性因素和上海原油期货定价能力构建的向量误差修正模

型，本小节进一步通过脉冲响应函数和方差分解来识别这三类属性因素对上海原油期货定价能力的短期冲击。

（一）脉冲响应函数

图 5-8 展示的是基准模型因素对上海原油期货定价能力的脉冲响应。对于 price 一个标准差的正向冲击，定价能力自身会发生明显的正向波动，第 1 期（天）达到最大值，为 0.003，第 2~30 期出现缓慢下降，由 0.003 逐渐下降到 0.002。也就是说，上海原油期货定价能力冲击影响延续较长的时间，衰退较慢。对于来自上海原油成交量（lchengjiaoine）一个标准差的正向冲击，其定价能力在第 1 期未发生变动，从第 2 期开始下降，在第 5 期出现最小值，为-0.001，之后缓慢上升，基本上 14 期（两周）趋于稳定，达到新的均衡状态，新均衡较冲击前状态低 0.001 个标准差。对于上海

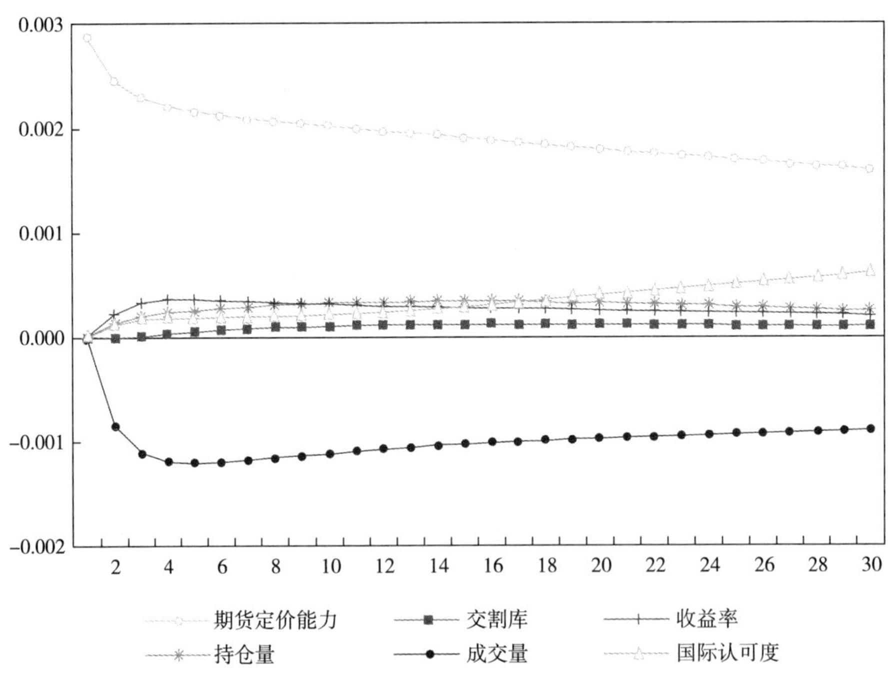

图 5-8 基准因素对上海原油期货定价能力的脉冲响应

原油持仓量（lchicangine）、收益率（shouyilv）、交割仓库数（jiaogeku）、国际认可度（international）一个标准差的正向冲击，上海原油期货定价能力均是第1期未发生变动，之后开始缓慢变动，新的均衡分别在11期、7期、9期和30期达到，但是这些变量对其定价能力冲击都很微小。总体来看，来自其定价能力自身的冲击是最大的，其次是上海原油期货成交量。

就金融属性因素的脉冲响应而言（见图5-9）：对于来自利率（interest）一个标准差的正向冲击，上海原油期货定价能力在第1期（天）未发生变动，第2期开始上升，到第30期偏离未受冲击前的状态高0.001个标准差。对于汇率（exchange）一个标准差的正向冲击，其定价能力在第1期未发生变动，第2期开始缓慢下降，到第30天偏离未受冲击前的状态为-0.0004个标准差。对于WTI期货持仓量（lchicangny）一个标准差的正

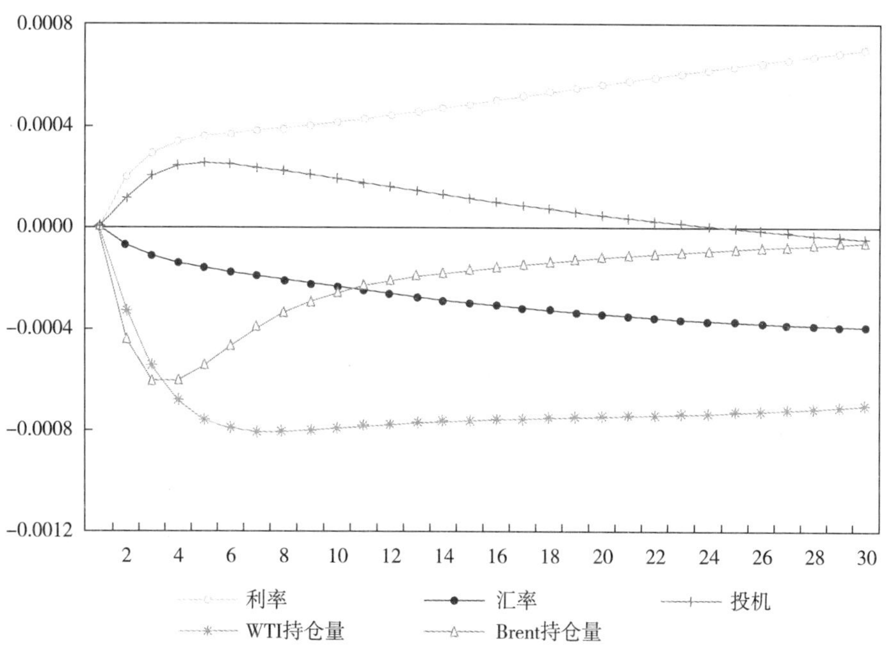

图5-9　金融属性因素对上海原油期货定价能力的脉冲响应

向冲击，上海原油期货定价能力经历了下降又缓慢上升的过程，最低值出现在第7期（1周），为-0.00081，之后开始缓慢上升，在15期（两周）开始趋于稳定，新的均衡状态比未受冲击前的状态低0.0007个标准差。对于来自Brent期货持仓量（lchicangipe）一个标准差的正向冲击，上海原油期货定价能力经历快速下降又快速上升的过程，最低值出现在第4期，为-0.00061的标准差，之后开始快速上升，到第30期比原始状态要低0.00006个标准差。对于来自投机行为（lspeculator）一个标准差的正向冲击，上海原油期货定价能力在第1期未发生变动，之后呈现出上升又下降的过程，到第30期比未受冲击前的状态低0.00005个标准差。

就商品属性因素的脉冲响应而言（见图5-10）：对于来自原油储备（lchubei）一个标准差的正向冲击，上海原油期货定价能力在第1期（天）未发生变动，第2期开始上升，到第30期（1个月）比未受冲击前的状态高0.0007个标准差。对于OPEC产量（lopec）一个标准差的正向冲击，其定价能力在第1期未发生变动，第二天开始逐渐上升，到第30期比未受冲击前的状态高0.00047个标准差。对于气候变化（lqunuan）一个标准差的正向冲击，其定价能力经历了大幅下降的过程，第二期开始到第30期（1个月）持续降低，新的均衡状态比未受冲击前的状态低0.00113个标准差。对于来自国际预期原油产量（lyuqi）一个标准差的正向冲击，其定价能力刚开始出现很小的正向波动，但从第6期出现负向波动开始，经历快速下降过程，到第30期比未受冲击前的状态要低0.00096个标准差。对于来自国内汽油价格（lqiyou）一个标准差的正向冲击，其定价能力在第一期未发生变动，之后呈现出下降又上升的过程，最低点出现在第17期，为-0.00091个标准差，到第30期（1个月）比未受冲击前的状态低0.00083个标准差。总体来看，来自原油商品属性的影响因素对上海原油期货的定价能力的冲击均不太大，即使是最大的气候变化（lqunuan）冲击，也仅仅降低其定价能力0.00113个标准差单位。

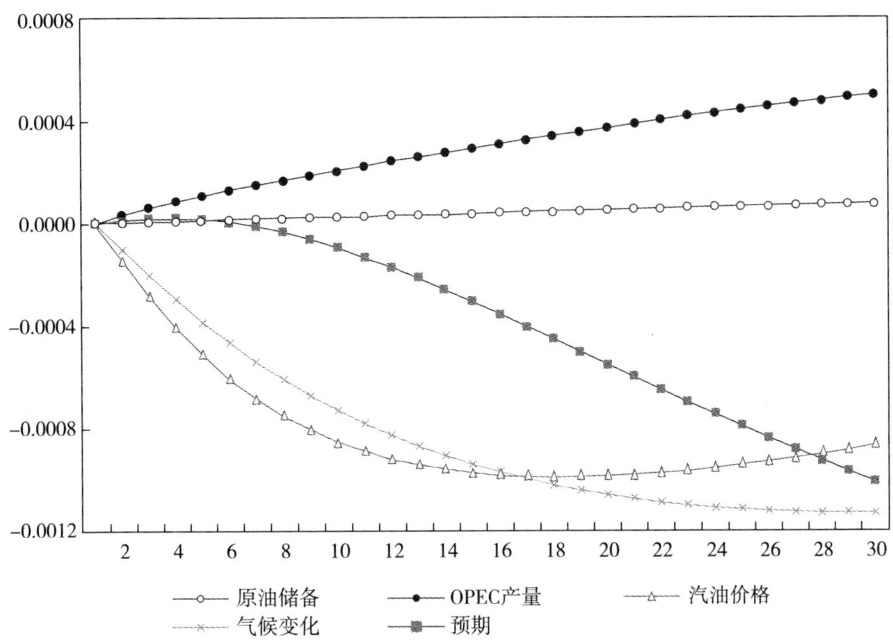

图 5-10　商品属性因素对上海原油期货定价能力的脉冲响应

就宏观属性因素的脉冲响应而言（见图 5-11）：对于地缘格局（lgpr）一个标准差的正向冲击，上海原油期货定价能力在第 1 期（天）未发生变动，第 2 期开始上升，最高点出现在第 14 期（两周），为 0.00043，之后冲击影响开始下降，到 30 期（1 个月）时为 0.00026 个标准差。对于来自美国经济不确定性（huaqiusa）一个标准差的正向冲击，其定价能力在第 1 期未发生变动，在第 2 期出现下降后马上上升，且上升态势延续到第 30 期（1 个月），较冲击前状态高 0.00068 个标准差。对于来自欧盟经济不确定性（huaqieu）一个标准差的正向冲击，其定价能力第一天未变动，之后缓慢下降，在第 17 期基本呈现稳定状态，新均衡状态较冲击前要低 0.0003 个标准差。综合来看，原油宏观属性因素对上海原油期货的定价能力冲击均不大，即使是美国经济不确定性，也仅仅推高上海原油期货定价能力 0.00068 个标准差。

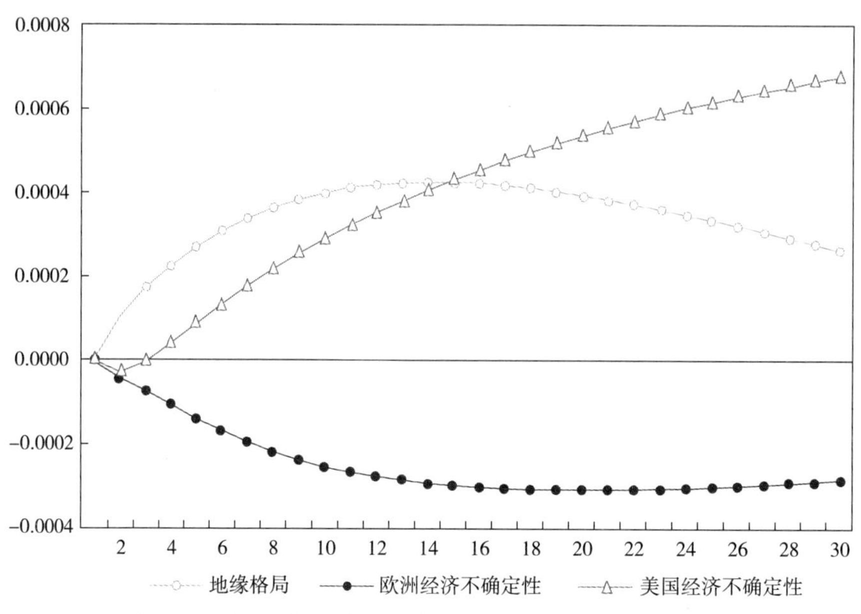

图 5-11 宏观属性因素对上海原油期货定价能力的脉冲响应

综上所述，对上海原油期货定价能力的短期冲击来看，基本上所有因素的冲击都很小，导致其定价能力波动变化较小，最大的是其自身的定价能力的冲击，也仅仅是在 30 期（1 个月）比原来均衡状态高 0.0016，其次是来自成交量和气候的冲击，分别为-0.00113 和-0.0009，其余冲击对其的定价能力的影响较小。从冲击持续的时间来看，最短的是交割库的冲击影响，7 期后对其定价能力的冲击便趋于稳定，但部分变量在 30 期，冲击影响依然未结束。由此可见，各变量对于其定价能力的冲击影响的时间较长，侧面说明上海原油期货交易市场各变量组成的系统对外部冲击具有一定的消化能力。与此同时，由于原油持仓量、原油期货价格、汽油价格均是高频数据，在一期内会发生较大的变化，它们对于上海原油期货定价能力的波动的冲击很可能在当日内便可以抵消。

（二）方差分解

脉冲响应函数反映了变量的标准差冲击对未来定价能力的持续影响。

相较而言，方差分解则识别了历史定价能力的方差变化隶属于各个变量的贡献度（见表5-7）。对于上海原油期货的定价能力而言，其自身的定价能力长期平均贡献度高达60.89%，到第30期，自身冲击对上海原油期货的定价能力的贡献度依然高达44.10%。期货结构的因素对于上海原油期货的定价能力的贡献度除了国际认可度外，基本表现为第1期为0，之后逐渐上升又下降的过程。

就原油金融属性的影响因素而言，利率、汇率和WTI持仓量对于上海原油期货定价能力的贡献度均是一直上升的过程，第30期的贡献度达到最大值，Brent持仓量和投机行为对上海原油期货的定价能力的贡献度呈现上升又下降的过程，最高值分别出现在第5期和第8期。就原油商品属性的影响因素而言，对上海原油期货的定价能力的贡献度均是一直上升的过程，第30期的贡献度达到最大值。就原油宏观属性的影响因素而言，三个变量对上海原油期货的定价能力的贡献度最高值分别出现在第21期、第29期和第30期。

就长期平均贡献度而言，上海原油期货的定价能力自身的贡献度最大，30期为60.890%，即在一个月的影响时长内，其自身便能够解释60.890%的定价能力变动。除了其自身定价能力以外，第二大影响贡献度为上海原油期货成交量，为12.474%，第三是WTI持仓量，长期平均贡献度为6.415%，其余变量对于其定价能力变化的长期平均贡献度均小于5%。按照影响因素划分的话，期货市场结构自身对上海原油期货定价能力的长期平均贡献度为15.088%，金融属性、商品属性、宏观属性影响因素的长期平均贡献度依次为11.817%、9.617%、2.589%。这也从侧面说明，维持好上海原油期货的定价能力，除了要保持定价能力的稳定提升外，还要关注上海原油期货的结构机构和金融属性方面的影响因素，尤其是要对成交量、WTI持仓量的变动加以关注。

表 5-7　方差分解结果

单位：%

滞后期	定价能力	期货结构					金融属性					商品属性					宏观属性		
	price	lchengjiaoine	lchicangine	lshouyilv	jiaogeku	international	interest	exchange	lchicangny	lchicangipe	lspeculator	lchubei	lopec	lqunuan	lyuqi	lqiyou	lgpr	huaqieu	huaqiusa
1	100	0	0	0	0	0	0	0	0	0	0	0	0	0	0	0	0	0	0
2	91.590	4.654	0.113	0.313	0.000	0.098	0.245	0.032	0.661	1.250	0.085	0.000	0.168	0.142	0.477	0.087	0.067	0.012	0.006
3	83.544	8.349	0.233	0.670	0.001	0.189	0.529	0.077	1.732	2.397	0.232	0.001	0.281	0.490	0.867	0.200	0.170	0.032	0.004
4	77.786	10.698	0.340	0.921	0.004	0.251	0.756	0.121	2.792	2.961	0.361	0.002	0.325	0.966	1.041	0.316	0.289	0.061	0.008
5	73.788	12.189	0.435	1.072	0.011	0.294	0.927	0.162	3.693	3.111	0.451	0.003	0.327	1.508	1.056	0.435	0.416	0.097	0.026
6	70.916	13.155	0.521	1.157	0.020	0.324	1.060	0.201	4.410	3.050	0.506	0.003	0.308	2.080	0.983	0.560	0.546	0.140	0.059
7	68.739	13.785	0.600	1.202	0.030	0.348	1.169	0.240	4.965	2.899	0.536	0.005	0.282	2.658	0.877	0.695	0.676	0.189	0.108
8	66.991	14.192	0.673	1.224	0.041	0.369	1.364	0.278	5.387	2.721	0.548	0.006	0.253	3.231	0.771	0.840	0.801	0.240	0.169
9	65.510	14.442	0.740	1.232	0.052	0.390	1.551	0.318	5.707	2.543	0.548	0.007	0.227	3.792	0.690	0.997	0.921	0.292	0.242
10	64.196	14.581	0.801	1.233	0.062	0.412	1.733	0.357	5.946	2.376	0.540	0.009	0.205	4.336	0.646	1.166	1.032	0.344	0.325
11	62.988	14.639	0.855	1.228	0.072	0.436	1.913	0.398	6.125	2.224	0.527	0.010	0.187	4.860	0.649	1.347	1.134	0.394	0.415
12	61.847	14.636	0.903	1.220	0.081	0.462	2.292	0.438	6.258	2.086	0.509	0.012	0.174	5.364	0.701	1.539	1.224	0.442	0.512
13	60.748	14.587	0.945	1.210	0.088	0.492	2.470	0.479	6.355	1.961	0.490	0.014	0.165	5.845	0.805	1.743	1.304	0.486	0.613
14	59.676	14.502	0.981	1.198	0.095	0.524	2.648	0.519	6.425	1.848	0.469	0.016	0.162	6.303	0.959	1.956	1.373	0.528	0.718
15	58.621	14.391	1.011	1.184	0.101	0.561	2.826	0.559	6.872	1.745	0.447	0.017	0.162	6.438	1.162	2.179	1.431	0.565	0.825
20	53.499	13.603	1.084	1.095	0.120	0.802	3.187	0.743	7.003	1.343	0.345	0.028	0.220	6.569	2.801	3.393	1.569	0.702	1.370
25	48.619	12.665	1.060	0.989	0.124	1.137	3.439	0.891	7.335	1.063	0.268	0.038	0.340	6.871	5.146	4.698	1.524	0.765	1.880
30	44.100	11.727	0.982	0.883	0.120	1.544	3.717	1.001	7.559	0.861	0.217	0.047	0.490	7.148	7.784	6.014	1.384	0.775	2.325
平均值	60.890	12.474	0.831	1.017	0.082	0.684	2.786	0.550	6.415	1.705	0.361	0.020	0.259	4.227	2.549	2.562	1.134	0.490	0.965
最大值	100.000	14.639	1.086	1.233	0.124	1.544	3.717	1.001	6.523	3.111	0.548	0.047	0.490	7.148	7.784	6.014	1.572	0.776	2.325
（期）	（1）	（11）	（21）	（10）	（27）	（30）	（30）	（30）	（18）	（5）	（8）	（30）	（30）	（30）	（30）	（30）	（21）	（29）	（30）
合计	60.890	15.088					11.817					9.617					2.589		

（三）Granger 因果关系检验

表 5-8 披露了主要变量之间 Granger 因果关系检验的实证结果。不难发现，上海原油期货成交量、持仓量、收益率、国际认可度、利率、汇率以及金融属性中的 WTI 和 Brent 原油期货合约持仓量、投机行为是上海原油期货定价能力的 Granger 原因。商品属性中的原油储备、OPEC 原油产量、预期产量、期货因素是其定价能力的 Granger 原因，宏观属性中的地缘格局是其定价能力的 Granger 原因。就上海原油期货定价能力对其他因素的 Granger 因果关系检验而言，其仅仅是上海原油期货持仓量、收益率、美国利率、汽油价格、地缘格局的 Granger 原因。由此可见，相关因素与上海原油期货定价能力绝大多数并不是互为因果的，更多体现为单向的影响关系。因此，在分析上海原油期货定价能力变动情况时，需要将精力放在单向影响因素方面。譬如，上海原油期货定价能力突然提升，可以从上海原油期货成交量、国际认可度、利率、汇率等方面进行考虑，分析这些因素近期的波动情况，选择异常波动的因素进行重点分析，从而快速寻找到上海原油期货定价能力的原因。

表 5-8 Granger 因果关系检验结果

原假设	卡方值	p 值	原假设	卡方值	p 值
lchengjiaoine→price	60. 917	0. 000	price→lchengjiaoine	0. 006	0. 939
lchicangine→price	7. 801	0. 005	price→lchicangine	19. 127	0. 000
lshouyilv→price	29. 719	0. 000	price→lshouyilv	25. 834	0. 000
jiaogeku→price	0. 459	0. 498	price→jiaogeku	0. 646	0. 421
international→price	4. 664	0. 031	price→international	0. 206	0. 650
interest→price	12. 595	0. 000	price→interest	7. 183	0. 007
exchange→price	30. 299	0. 000	price→exchange	0. 066	0. 797
lchicangny→price	4. 807	0. 028	price→lchicangny	0. 134	0. 714

续表

原假设	卡方值	p 值	原假设	卡方值	p 值
lchicangipe→price	14. 861	0. 000	price→lchicangipe	0. 231	0. 631
lspeculator→price	17. 507	0. 000	price→lspeculator	0. 377	0. 539
lchubei→price	3. 979	0. 046	price→lchubei	3. 044	0. 081
lopec→price	9. 910	0. 002	price→lopec	3. 517	0. 061
lqunuan→price	11. 181	0. 001	price→lqunuan	0. 620	0. 431
lyuqi→price	15. 098	0. 000	price→lyuqi	0. 315	0. 575
lqiyou→price	2. 915	0. 088	price→lqiyou	28. 248	0. 000
lgpr→price	6. 426	0. 011	price→lgpr	7. 191	0. 007
huaqieu→price	1. 339	0. 247	price→huaqieu	0. 011	0. 915
huaqiusa→price	1. 075	0. 300	price→huaqiusa	3. 875	0. 049

第四节　本章小结

本章采用日度数据，从金融属性、商品属性和宏观属性三个维度定量评估了相关因素对上海原油期货定价能力的影响（冲击），研究发现：

（1）在基准模型回归中，上海原油期货定价能力的滞后 1 期、滞后 3 期显著提升了自身的定价能力，滞后 6 期的作用则显著为负。上海原油期货成交量显著提高了其定价能力，但滞后 1 期为显著的负向作用。该结果从侧面说明，就一周内的影响而言，上海原油期货定价能力上升受到自身的强化作用，前期定价能力越高，越有助于提升定价能力。

（2）上海原油期货持仓量除了滞后 2 期不显著外，其余各期都显著。上海原油期货收益率当期和滞后 1 期、3 期、6 期显著地发挥了负向、正向、正向、负向影响。上海原油期货交割仓库数、国际认可程度对其定价能力的影响不显著。这说明，提升上海原油期货成交量、交易者的活跃度和参与度、获得稳定的收益总体上有助于提升其定价能力，期货持仓量的变动基本上从当天到第5期都在对其定价能力产生影响。

（3）就金融属性的影响因素而言，美国5年期国债收益率（利率）上升，会加大上海原油期货的定价能力的波动，美元兑人民币的汇率作用相反。Brent和WTI原油期货持仓量的增加对上海原油期货定价能力的影响为负，但并不显著。这说明，美国金融市场投机行为越严重，对我国建设原油期货定价中心越不利。尽管该波动并未显著受到两大国际基准油的影响，但总体来说，基准油定价能力的提升是不利于提升我国原油期货定价能力的。投机行为不利于我国原油期货定价能力提升，还意味着不仅要防止本国的原油期货市场出现过度投机行为，同时也要时刻关注美国的投机行为。就商品属性的影响因素而言，美国原油储备正向提升对上海原油期货的定价能力，但并不显著。OPEC原油产量对上海原油期货定价能力提升有利，而气候因素（欧美国家取暖油价格）、国际预期原油产量和我国汽油价格（92号汽油经销价）则不利于上海原油期货定价能力的提升。就宏观属性的影响因素而言，地缘格局对于上海原油期货的定价能力的波动显著为负，美国经济不确定性增加，会显著提升上海原油期货的定价能力。

（4）误差修正模型（VECM）回归结果显示，当期上海原油期货定价能力波动受自身滞后1~5期的显著影响。上海原油期货成交量正向波动有助于提升其定价能力的波动。（上海原油期货）持仓量的波动不利于稳定上海原油期货定价能力。（上海原油期货）收益率差分项当期和滞后1期对其定价能力波动的影响显著为负，滞后3~5期的影响显著为正。协整方程组成的系统对上海原油期货定价能力的波动有显著的影响，会促进上海原油期货定价能力回归到波动前的状态。三类影响因素影响上海原油期货定价能力的主要传导渠道是成交量和收益率。

（5）脉冲响应函数显示，对上海原油期货的定价能力的短期冲击而言，所有因素的冲击基本上都很小，最大的是其自身定价能力的冲击，其次是来自气候和成交量的冲击，分别为-0.00113和-0.0009。其余变量对上海原油期货定价能力的影响均较小。冲击周期最短的是交割库数量，7天后对上海原油期货的定价能力的冲击便趋于稳定，然而部分变量在30期的冲击依然存在。

（6）方差分解显示，就长期平均贡献度而言，对于上海原油期货定价能力的变动而言，其定价能力自身的贡献度最大，30期为60.890%，第二大影响贡献度为上海原油期货成交量，为12.474%，第三是WTI持仓量，长期平均贡献度为6.415%，其余变量对于上海原油期货定价能力变化的长期平均贡献度均小于5%。金融属性、商品属性、宏观属性的影响因素的长期平均贡献度依次为11.817%、9.617%、2.589%。相关因素对上海原油期货的定价能力贡献而言，或者呈现逐渐变大的过程，或者呈现先变大后变小的倒“U”型变化过程。

（7）Granger因果关系检验显示，绝大多数因素是上海原油期货定价能力的Granger原因，但只有上海原油期货持仓量、收益率、美国5年期国债收益率（利率）、我国汽油价格（92号汽油经销价）、地缘格局五个变量与上海原油期货定价能力互为因果。

第六章

中国原油期货定价能力提升的机制分析

第五章较为系统地识别了影响中国原油期货定价能力的核心驱动因素。然而，从方法论层面看，它仅仅是一种数据驱动型的量化分析，所探讨的内容仅仅是诸多因素影响原油期货定价能力的相关性，尚无法真正打开国际原油定价中心形成的黑箱。其根本性原因在于，ARDL 模型仅仅是统计（计量）模型，不具备微观基础，难以将经济学理论应用于模型的深度分析当中。本章基于新新古典综合学派的研究范式，构建包含多部门在内的 DSGE 模型，为阐释国际期货定价中心的长期价格形成提供微观基础。具体而言，DSGE 模型包含原油出口者（OPEC）、原油进口者（中国）、小型边缘原油出口者三大部门，利用月度数据对模型进行贝叶斯估计，对三大原油期货市场的长期价格趋势进行拟合。特别地，本章还模拟了分别以 WTI、Brent、上海原油期货价格作为国际石油贸易“基准价”时，三大期货市场定价能力的演进轨迹，并进一步测算了在不同情景下，技术进步、生产者数量、需求者偏好、货币政策等宏观变量对上海原油期货定价能力发展轨迹的冲击，这将为中国建设原油国际定价中心提供重要的路径指导。

当前，WTI 和 Brent 是全球原油期货市场的定价中心，主导了国际原油贸易的定价。相应地，期货市场所在国家——美国和英国，可以充分利用交易所的规则制定（修订）在一定的弹性空间内影响国际原油价格走势，更好地服务国家战略目标，确保本区域的能源安全。正因如此，亚太地区的诸多国家，如日本、新加坡、阿联酋、阿曼等，也曾经试图建立区域性的定价中心。但较为遗憾的是，这些国家都没有实现最初的目标。本章将研究对象对标在 WTI 和 Brent 两大国际原油期货定价中心，根本目的在于探索上海原油期货市场成为全球原油定价“第三极”的可能性。当然，原油期货价格的长期趋势取决于供求基本面，这也是 DSGE 模型试图拟合的内容。但宏观因素、金融因素同样会对原油价格走势产生围绕基本面的“扰动”。从这个意义上讲，原油期货定价中心并不能随心所欲地“干预”价格，这本身并不符合市场经济的底层逻辑。诸多国家积极建立本土化期货市场、不断提高期货定价能力、试图建立全球性的定价中心，最终目的在于掌握除长期趋势以外价格扰动的“剩余控制权”，这种权力的获取是金融市场、营商环境、规则制度等国家软实力竞争的结果，也以规则“监督权、控制权、修订权”的获取为具体标志。因此，在建立 DSGE 模型的基础上，本章还进一步总结了 WTI 和 Brent 两大国际原油期货市场提高定价能力的经验，为上海期货交易所在不同路径下与国际定价中心形成差异化竞争提供操作指南。

第一节　纳入原油期货价格的多部门 DSGE 模型构建

已有关于期货市场的研究通常基于 VAR、VECM、GARCH 等统计（计量）模型，这类模型在预测期货价格或分析期货价格跨市场或跨区域传导及溢出效应时具有一定的优势，然而上述问题属于结构性宏观问题，难以深入分析期货定价中心辐射其他市场的作用机制，也难以充分将影响经济、金融、贸易的指标纳入分析体系当中。DSGE 模型成功地将宏观模型赋予微观基础，能够将理论和现象更加紧密地结合在一起。21 世纪以来，一些学者通过构建 DSGE 模型，探讨了石油价格对经济增长、环境污染等宏观变量的冲击（李霜等，2012；Heutel，2012；Annicchiarico & Dio，2015）。随着建模技术的改进，石油价格、石油产量逐渐“内生化”，这也使得探讨石油价格的形成机制成为了可能。Rubaszek（2021）研究指出，相比于向量自回归模型（如 VAR），将石油价格内生化的 DSGE 模型能够更好地预测现货价格。

本章充分借鉴 Rubaszek（2021）的研究思路，将内生化石油价格的 DSGE 模型进一步推广到期货市场，试图解释国际原油期货定价中心长期价格趋势的形成机理，即构建纳入原油期货价格的多部门 DSGE 模型。利用 Nakov 和 Pescatori（2010）提出的递归算法，结合第四章构建的指标体系，本章还进一步预测了三大原油期货市场定价能力的发展轨迹。在本章所构建的 DSGE 模型中，主要包括了三大部分，即一个可以决定世界原油市场出口量的主要原油出口者（OPEC）、原油进口者（中国）、小型边缘的原油出口者，这些主体分别满足以下假设：

第一，原油出口者（OPEC）决定全球原油市场的出口量，其产量调整政策（限产政策、保产政策）会决定国际原油贸易“基准价格”的走势，这也是原油期货价格形成的核心基本面因素。建立上述假设的原因在于，OPEC 已探明的原油储量全球占比最高，并且控制着全球剩余原油的大部分产能。同时，本章还假设 OPEC 主体追求石油生产利润最大化，以实现居民跨期消费效用最大化。

第二，原油进口者（中国）使用石油作为中间产品投入，进行最终产品的生产。国内代表性的家庭根据消费习惯（偏好）最大化其自身的效用。中央银行在制定货币政策时根据泰勒类型规则进行，并具有平滑性。央行决策机制的假定与现实情况略有出入，但鉴于算法便利性，暂时保留该设定。

第三，小型边缘的原油出口者是国际石油市场的价格接受者，无法决定全球市场的贸易价格走势，其自身的原油生产完全建立在国际贸易定价基础之上。当国际油价高于其生产成本时，边缘出口者从事生产活动，并带来出口“增量”，通过调节石油供求格局，促使原油价格实现全球均衡。

一、原油进口者（中国）

原油进口者（中国）的模型为典型的新凯恩斯模型，生产要素投入除了包括劳动力和资本外，还包括原油。代表性家庭效用函数目标为：

$$\max \underset{0}{E} \sum_{t=0}^{\infty} \beta^t U(C_t, L_t, H_t) \tag{6-1}$$

效用函数具体表示为：

$$U(C_t, L_t, H_t) = H\left(\log(C_t) - \frac{L^{(1+\psi)}}{1+\psi}\right) \tag{6-2}$$

其中，H_t代表偏好的冲击，$\log(H_t)$ 是随机的 AR(1) 过程。L_t表示家庭在 t 时期的劳动力供给，C_t表示家庭在 t 时期的消费。

家庭的预算约束表示为：

$$P_tC_t + B_tR_t^{-1} = B_{t-1} + w_tP_tL_t + r_tP_t\overline{K} + D_t \tag{6-3}$$

其中，P_t和w_t分别代表了在 t 时期的价格指数和实际工资。B_t是无风险债券的名义价值，R_t和r_t代表了无风险债券的名义利率和实际租用资本 K 的费用。这里我们假设资本 K 在每个时期处于平稳的状态。D_t是在 t 时期从最后产品的生产厂商那里获得的红利。

总的消费品是迪克西特—斯蒂格利茨加总差异化的最后产品C_i：

$$C_t = \left[\int_0^1 (C_{it})^{\frac{\epsilon-1}{\epsilon}}\right]^{\frac{\epsilon-1}{\epsilon}} \tag{6-4}$$

每一个厂商使用劳动力L_t，资本存量K_t和石油需求量O_t生产最后的产品：

$$Y_{it} = A_t L_{it}^{\alpha_L} K_{it}^{\alpha_K} O_{it}^{1-\alpha_L-\alpha_K} \tag{6-5}$$

其中，生产率A_t的对数$\log(A_t)$是随机的AR(1)过程。同时假设在每个时期，一部分工厂并不能改变要素的价格，假设该比例为θ，意味着这部分工厂是价格接受者，这将带来价格黏性。

中央银行根据泰勒规则决定名义利率：

$$\hat{R}_t = \phi_R \hat{R}_{t-1} + (1-\phi_R)(\phi_\pi \hat{\pi}_t + \phi_C \hat{C}_t) + \eta_t^R \tag{6-6}$$

其中，$\hat{X} = \log\left(\frac{X}{\overline{X}}\right)$，$\hat{\pi}_t = \frac{P_t}{P_{t-1}}$代表了通货膨胀率，$\eta_t^R$代表了货币政策冲击，假设其服从独立同分布。

二、主要的原油出口者（OPEC）

假设原油生产者拥有无限产能的油田，其生产原油O_t^*使用产出函数：

$$O_t^* = Z_t I_t^* \tag{6-7}$$

Z_t是全球原油行业的生产力，$\log(Z_t)$是随机的AR(1)过程。I_t^*是中间生产要素，来源于原油进口的国家，并且用到原油的生产过程中。

原油生产者的政策决策者通过调整原油生产的规模，使本国代表性家庭的效应函数的预期期望值最大：

$$\max \underset{0}{E} \sum_{t=0}^{\infty} \beta^t U(C_t^*) \quad (6-8)$$

其中家庭的效应函数为：

$$U(C_t^*) = \log(C_t^*) \quad (6-9)$$

家庭的预算约束由原油生产的盈余决定：

$$C_t^* = p_{ot} O_t^* - I_t^* \quad (6-10)$$

全球的石油生产由石油进口国家的需求决定。实际的原油贸易价格p_o由“基准价+升贴水”确认，“基准价”选取国际原油期货价格为p_{ft}，不同期货市场产生相应的升贴水为D，则存在以下关系式：

$$p_{ot} = p_{ft} + D \quad (6-11)$$

三、小型边缘的原油出口者

除了原油进口国家和主要的原油出口者，假设剩下的世界由一个代表性的小型边缘的原油出口者表示，并且拥有连续性的原油生产者，$i \in [0, \Omega_t]$，$\log(\Omega_t)$ 是 AR(1) 的随机过程。

每一个生产者的生产公式为：

$$\tilde{X}_{jt} = \xi_t Z_t \tilde{I}_{jt} \quad (6-12)$$

$\tilde{I}_{jt}$是中间生产要素用于生产的过程中，ξ_t是异质性的生产效率，而且假设$1/\xi_t$属于均匀分布 U(0, 1)。与此同时，原油生产也受到原油的存储量限制，即$\tilde{X}_{jt} \in [0, \bar{\bar{X}}]$。假设企业只有在价格高于边际成本的情况下才会生产原油，因此企业生产石油需要满足条件$p_{ot} Z_t \geqslant 1/\xi_t$。小型边缘的原油出口者的原油生产量可以表达为：

$$\tilde{O}_t = \int_0^{\Omega_t} \tilde{X}_{jt} dj = \Omega_t \bar{\bar{X}} \Psi_U(p_{ot} Z_t) = p_{ot} Z_t \Omega_t \bar{\bar{X}} \quad (6-13)$$

原油进口者（中国）满足加工生产平衡，即：

$$Y_t - C_t = p_{ot} O_t \qquad (6-14)$$

同样道理，在均衡条件下，全球原油需求等于原油供应为：

$$O_t = O_t^* + \tilde{O}_t \qquad (6-15)$$

四、三种情景的设定说明

本章将国际石油贸易的定价模式创新性地引入 DSGE 模型，从而将全球期货定价中心的原油价格形成内生化。需要注意的是，本章是以中国这个全球最大的石油进口国作为进口者设定的，相较 Rubaszek（2021）等国外经典文献以美国作为原油进口国的设定，更具有合理性。这是因为，前文早已指出，随着页岩油革命的成功，美国已逐渐从原油进口国向出口国转变。当然，上述设定也将国际原油期货价格与中国需求这一重要消费端“增量”紧密地联系在一起，有助于探索国际定价中心价格反映“中国需求”的公允性。与农产品单一定价中心 CBOT 不同，国际原油期货市场存在两大定价中心 WTI 和 Brent。当中国从不同区域进口石油时，将分别以不同期货价格作为定价基准。例如，进口欧洲和西非原油采用 Brent 期货价格，进口北美原油采用 WTI 价格，进口中东原油采用阿曼原油期货价格，但该价格又是 WTI 和 Brent 期货市场的“影子价格”。2018 年，上海期货交易所推出原油期货合约后，部分中东进口的原油也采用上海原油期货价格作为“基准价”。尽管中东地区是中国原油进口的主要源头，但本章并不会具体区分进口来源地。从这个意义上说，中国进口原油的实际价格可以视为 WTI、Brent 乃至上海原油期货价格的加权平均。在不同时期，从哪个地区的原油进口量更大，则现货价格更接近于相应的定价中心期货价格。

为了客观考察国际定价中心期货价格反映“中国需求”的公允性，为了模拟中国在不同区域进口原油时，非本土化期货中心对本土化期货市场定价能力的干扰，以及重要宏观变量带来的差异化“冲击”，本章特别定义了三种不同的情景：一是基准情景，用上海原油期货价格作为“基准价”拟合国际贸易现货价格，这种情景高度符合中国推出上海原油期货市场的建设初衷；二是 Brent 原油期货定价情景，即以 Brent 原油期货作为“基准价”拟合国际贸易现货价格，此时 Brent 期货市场拥有“定价权”，这比较接近上海原油期货合约推出之前中国开展原油贸易的情况；三是 WTI 原油期货定价情景，即以 WTI 原油期货作为“基准价”拟合国际贸易现货价格，此时 WTI 期货市场拥有“定价权”，这种情景大致会与中国的原油贸易格局直接匹配，但由于 WTI 期货价格对阿曼和上海原油价格具有强大的“溢出”影响，因此这种情景也描述了 WTI 期货价格对“中国需求”的间接反映。

特别需要说明的是，本章不仅计算了三种情景下，WTI、Brent 和上海原油期货价格的历史拟合与未来预测，还通过第四章构建的指标体系，同步计算了三个市场定价能力的历史拟合与未来演进趋势。同时，在 WTI 和 Brent 情景下，通过对 WTI、Brent 期货价格的预测，本章假定上海原油期货价格与 WTI、Brent 期货价格保持协整关系（长期均衡关系），即 WTI、Brent 期货引导上海原油期货价格走势，还可以进一步计算出上海原油期货价格的趋势，并计算出上海原油期货定价能力的发展轨迹。因此，本章的工作既可以观察到三大市场反映“中国需求”的公允性，也可以挖掘在不同定价模式下，上海原油期货定价能力受其他定价中心的影响以及受主要宏观变量的冲击，全面考察了中国原油期货市场定价能力提升的可行路径与作用机制。

第二节 数据来源与参数校准

一、数据来源

由于上海期货交易所原油期货合约在 2018 年 3 月上市，为了精准地描绘上市后的市场变化，所有期货市场的数据收集周期均保持在 2018 年 3 月至 2021 年 5 月，数据来源于 Wind 数据库。上海原油期货价格通过当月的平均汇率水平折算为美元价格。与国内外相关文献普遍采用季度数据的做法不同，本章的计算全部采用月度数据。除三大市场的原油期货价格以外，文章用到的其他宏观变量，包括原油出口国的产量数据，原油进口国的需求数据、劳动力和资本市场数据、利率市场数据，小型边缘出口者的产量数据等，数据来源于 Wind 数据库和各国能源统计年鉴或研究报告。其余有关定价能力测算的数据与第四章保持一致。

二、参数校准和估计

部分参数的校正来源于国内外关于 DSGE 模型的经典文献。参数模型的校正针对月度数据进行了调整，其余部分的模型参数校正由贝叶斯方法完成。具体参数见表 6-1。

模型需要估计 18 个参数，根据经济学原理、国内外文献的通用研究结果设定先验分布。参考马文涛和魏福成（2011）的方法来测算期货价格观测变量的实际值，并通过季节调整、HP 滤波法等对序列的时间趋势加以剔除。具体的贝叶斯估计结果如表 6-2 所示。

表 6-1 DSGE 模型相关参数取值

参数	经济含义	值	来源	参数	经济含义	值	来源
A	生产力稳态值	1.000	Nakov 和 Pescatori（2010）	ρ_{zb}	偏好冲击持久性	0.000	Nakov 和 Pescatori（2010）
Z	石油技术稳态值	1.000	Nakov 和 Pescatori（2010）	ρ_x	原油生产者数量持久性	0.800	Nakov 和 Pescatori（2010）
Aa	石油企业边际成本分布系数	0.000	Nakov 和 Pescatori（2010）	ρ_r	货币政策冲击持久性	0.000	Michał（2021）
Bb	边缘石油企业边际成本分布系数	1.000	Nakov 和 Pescatori（2010）	σ_a	技术冲击标准误差	0.700	Nakov 和 Pescatori（2010）
A	生产力方程石油弹性	0.630	Nakov 和 Pescatori（2010）	σ_{zb}	偏好冲击标准误差	0.700	Nakov 和 Pescatori（2010）
Γ	生产力方程资本弹性	0.320	Nakov 和 Pescatori（2010）	σ_z	原油生产力冲击标准误差	10.000	Nakov 和 Pescatori（2010）
B	贴现率	0.985	刘斌（2014）	σ_x	原油生产者数量冲击标准误差	10.000	Nakov 和 Pescatori（2010）
Θ	Calvo 价格	0.600	Zhang（2009）	σ_r	货币政策冲击标准误	0.100	Leduc 和 Sill（2007）
ϵ	厂家产品差异化	10.000	Nakov 和 Pescatori（2010）	po_{ss}	石油价格稳态	1.356	Canova 和 Gambetti（2007）
M	成本加成	1.111	Nakov 和 Pescatori（2010）	$pomu_{ss}$	实际油价加价稳态	1.356	Canova 和 Gambetti（2007）
Ψ	费雪弹性	1.000	Nakov 和 Pescatori（2010）	C_{ss}	原油价格比率稳态	0.984	Canova 和 Gambetti（2007）
ϕ_{LR}^{p}	通货膨胀权重	1.500	Canova 和 Gambetti（2007）	SO_{ss}	OPEC 产量比例稳态	0.427	Nakov 和 Pescatori（2010）
ϕ_{LR}^{o}	产出缺口变化权重	0.000	Nakov 和 Pescatori（2010）	X_O	边缘石油生产商的最大产量	1.500	Nakov 和 Pescatori（2010）
ϕ_{LR}^{y}	产出差距变化	0.000	Canova 和 Gambetti（2007）	K_{ss}	资本供给稳态	1.000	Nakov 和 Pescatori（2010）
ϕ_i	利率目标	1.000	Canova 和 Gambetti（2007）	Lf_{ss}	劳动力供给稳态	0.771	Nakov 和 Pescatori（2010）
ϕ_r	利率平滑系数	0.750	Nakov 和 Pescatori（2010）	Of_{ss}	原油供给稳态	0.009	Nakov 和 Pescatori（2010）
$\bar{R}$	名义利率稳态值	1.015	中国人民银行基准利率	pof_{ss}	原油实际价格的稳态	1.319	Michał（2021）
$\bar{\pi}$	通货膨胀稳态值	1.000	Canova 和 Gambetti（2007）	Ω_{ss}	原油生产的稳态	0.010	Nakov 和 Pescatori（2010）
ρ_a	技术冲击持久性	0.900	Nakov 和 Pescatori（2010）	ϕ_{LR}^{yg}	短期产出缺口系数	0.000	Nakov 和 Pescatori（2010）
ρ_z	石油生产力冲击持久性	0.700	Nakov 和 Pescatori（2010）	ϕ_{LR}^{oc}	短期油价变动系数	0.000	Nakov 和 Pescatori（2010）

表 6-2　DSGE 模型主要参数贝叶斯估计情况

参数	参数说明	先验			后验	
		分布类型	均值	众数	标准差	90%后验置信区间
μ_Y	实际产出变化平均值	Uniform	5.000	5.614	2.887	[0.500, 9.500]
μ_P	实际通货膨胀变化平均值	Uniform	5.000	5.763	2.887	[0.500, 9.500]
μ_R	名义利率值变化平均值	Uniform	10.000	10.403	5.774	[1.000, 19.000]
μ_{oil}	上海期货原油价格变化平均值	Uniform	0.000	0.041	5.774	[-9.000, 9.000]
Θ	贴现率	Beta	0.600	0.610	0.100	[0.430, 0.760]
Ψ	Calvo 价格	Gamma	1.000	0.938	0.250	[0.627, 1.444]
ϕ_R	利率的反应系数	Gaussian	0.600	0.600	0.100	[0.436, 0.765]
ϕ_{LR}^{P}	通货膨胀权重的反应系数	Gaussian	1.500	1.500	0.500	[0.678, 2.322]
ϕ_{LR}^{Yg}	短期产出缺口系数的反应系数	Gaussian	0.500	0.500	0.125	[0.294, 0.706]
ρ_A	技术冲击持久性平滑系数	Beta	0.900	0.924	0.050	[0.807, 0.967]
ρ_Z	原油生产力冲击持久性平滑系数	Beta	0.900	0.924	0.050	[0.807, 0.967]
ρ_X	原油生产者数量持久性平滑系数	Beta	0.900	0.924	0.050	[0.807, 0.967]
ρ_{Zb}	偏好冲击持久性平滑系数	Beta	0.900	0.924	0.050	[0.807, 0.967]
σ_a	技术冲击标准差	Inv. Gamma	0.700	0.323	Inf	[0.228, 1.744]
σ_z	石油生产力冲击标准差	Inv. Gamma	10.000	4.607	Inf	[3.260, 24.911]
σ_x	原油生产者数量冲击标准差	Inv. Gamma	10.000	4.607	Inf	[3.260, 24.911]
σ_{zb}	偏好冲击标准差	Inv. Gamma	0.700	0.323	Inf	[0.228, 1.744]
σ_r	货币政策冲击标准差	Inv. Gamma	0.100	0.046	Inf	[0.033, 0.249]

第三节　模拟结果及分析

一、样本内期货价格预测与样本外定价能力推演

采用贝叶斯估计，可以分别对三种模式下 WTI、Brent 和上海原油期货

价格进行预测。图 6-1 给出了将上海原油期货价格作为进口“基准价”时（基准情景）DSGE 模型得到的价格预测值。根据 Funke 等（2011）做法，宏观经济分析需要预先判断模型样本内的拟合程度，本章主要依靠预测值与真实值的偏离情况进行判断。不难发现，本书所构建的 DSGE 模型对上海原油期货价格的样本内预测较为准确。在样本内期间（2018 年 3 月至 2021 年 5 月），预测偏离度维持在 1.11%~13.59%。误差最大的时间发生在 2019 年 8 月，最小的时间发生在 2018 年 6 月。平均预测误差为 6.41%。

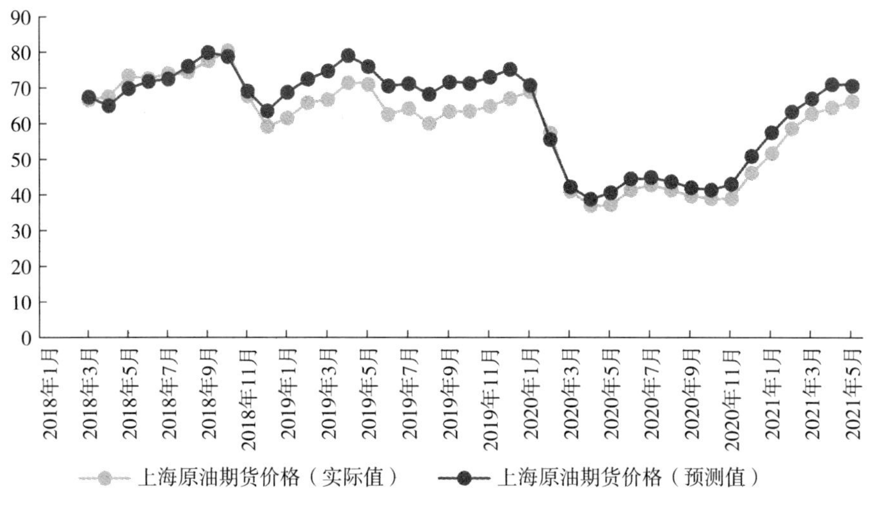

图 6-1　基准情景下上海原油期货价格预测值与实际值的比较

图 6-2 给出了将 Brent 原油期货价格作为进口“基准价”时（Brent 主导定价情景）DSGE 模型得到的价格预测值。在样本内期间，预测偏离度维持在 0.18%~6.29%。误差最大的时间发生在 2020 年 4 月，最小的时间发生在 2018 年 4 月，平均预测误差为-1.42%。上述结果说明，Brent 原油期货作为全球定价中心，对中国需求的拟合情况较高，总体偏差度不超过 1.50%，明显低于本土化期货市场的预测偏差度（6.41%）。然而，如果将 Brent 原油期货的拟合值视为理应反映中国需求的长期趋势值，不难发现，

在样本区间内，真实值相对于预测值普遍偏高，这也间接印证了用 Brent 定价或将令亚太地区长期承受“亚洲溢价”。

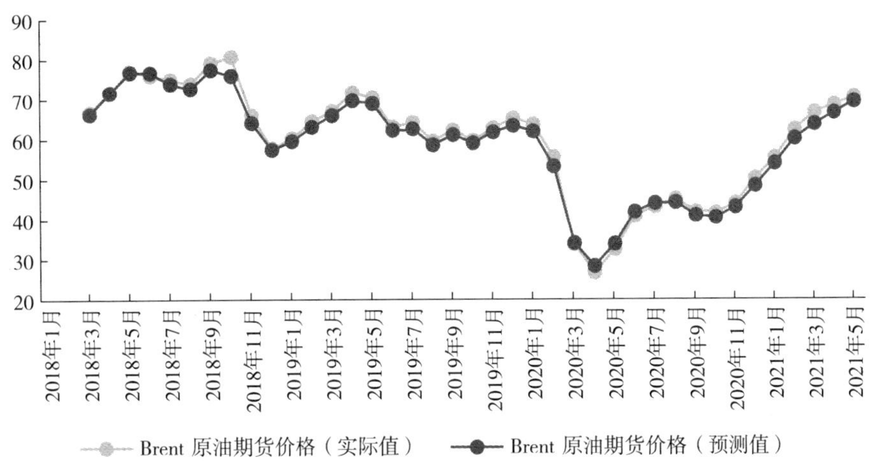

图 6-2　Brent 情景下 Brent 原油期货价格预测值与实际值的比较

图 6-3 给出了将 WTI 原油期货价格作为进口“基准价”时（WTI 主导定价情景）DSGE 模型得到的价格预测值。在样本内期间，预测偏离度维持在 0.00%~5.98%。误差最大的时间发生在 2020 年 2 月，最小的时间发生在 2018 年 3 月。平均预测误差为-1.63%。与 Brent 类似，WTI 原油期货价格在对中国需求进行拟合时，偏离度比上海原油期货更小，但平均而言略高于 Brent 的偏离度（-1.42%）。该结果具有一定的合理性，从中国石油的主要进口地来看（中东地区、西非地区），无疑 Brent 的参考价值更大，并未直接参考 WTI 原油期货价格。然而，由于 WTI 原油期货价格具有较强的“价格溢出”影响，对普氏价格和阿曼、迪拜价格具有明显的引导功能，也会侧面参与亚太地区原油贸易定价。同样地，参考 WTI 定价依然会让亚太地区承受“亚洲溢价”，且溢价程度高于参考 Brent 定价。以上三组期货价格的预测结果综合表明，现阶段上海原油期货价格对中国需求展现出较好的“价格发现”，但 Brent 仍然是对中国乃至亚洲地区定价影响最

大的市场，Brent 定价在一定程度上高估了基本面价格，令亚太地区平均承担大约 1.5%的“溢价”。

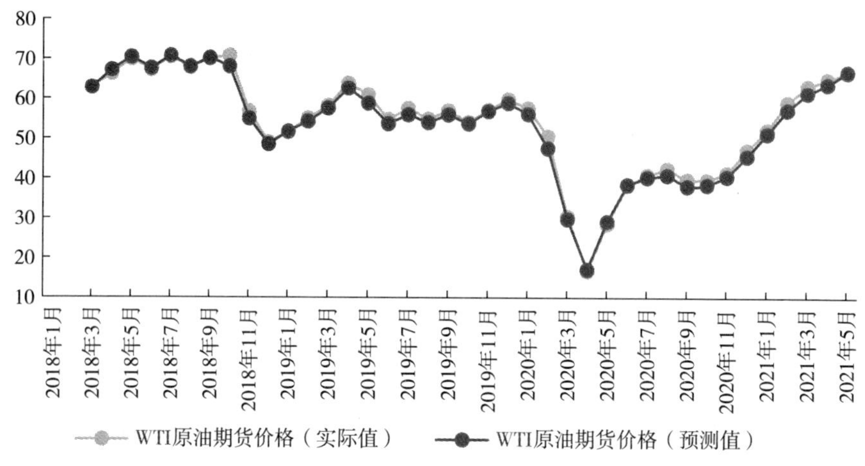

图 6-3　WTI 情景下 WTI 原油期货价格预测值与实际值的比较

利用 Nakov 和 Pescatori（2010）提出的递归算法，本章进一步计算了三种模式下 WTI、Brent 和上海原油期货价格的样本外预测值。同时，假定其余变量（如成交量、持仓量）维持现状不变（保持在 2021 年 5 月状态），利用第四章原油期货定价能力的主成分分析计算公式，推演了三大原油期货市场定价能力的未来发展轨迹（见图 6-4）。不难发现，2021 年 6 月以后，上海原油期货定价能力呈现平稳上涨趋势，预测期平均值为 0.232；Brent 原油期货定价能力波动较大，呈现相对较大的下滑态势，预测期平均值为 0.598；WTI 原油期货定价能力波动较小，呈现稳定下滑态势，预测期平均值为 0.666。上述结果说明，尽管 Brent 对中国需求的反映比 WTI 更佳，但 WTI 对全球其他地区现货价格的综合定价能力要高于 Brent，且两者远远高于上海。有利的消息是上海的定价能力获得稳健提升，但其建设全球性期货定价中心依然“任重而道远”。

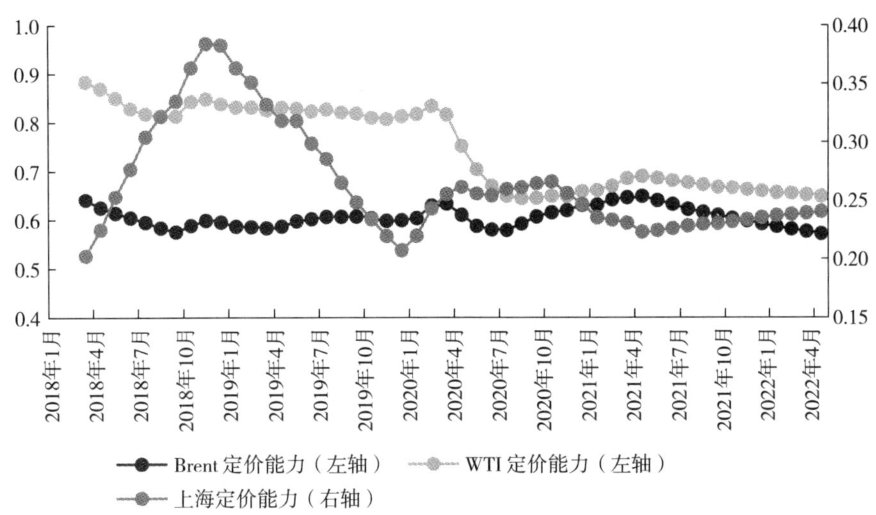

图 6-4　三种情景下 Brent、WTI、上海原油期货定价能力的发展轨迹

二、上海原油期货定价能力的无条件方差分解

借助 DSGE 模型的拟合结果，本章进一步通过无条件方差分解考察模型中外生性宏观变量对上海原油期货定价能力波动的贡献程度（见表 6-3）。

表 6-3　上海原油期货定价能力的方差分解结果　　　单位：%

滞后期	技术	原油产业生产力	原油生产者数量	货币政策	家庭偏好
1	0	88.08	11.61	0.03	0.27
2	0.01	88.33	11.01	0.04	0.61
3	0.01	88.50	10.86	0.04	0.59
4	0.01	88.54	10.83	0.04	0.58
5	0.01	88.54	10.84	0.04	0.58
6	0.01	88.52	10.86	0.04	0.57

续表

滞后期	技术	原油产业生产力	原油生产者数量	货币政策	家庭偏好
7	0.01	88.50	10.88	0.04	0.57
8	0.01	88.48	10.90	0.04	0.57
9	0.01	88.47	10.91	0.04	0.57
10	0.01	88.46	10.92	0.04	0.57
12	0.01	88.46	10.93	0.04	0.57
14	0.01	88.45	10.93	0.04	0.57
16	0.01	88.45	10.93	0.04	0.57
18	0.01	88.45	10.93	0.04	0.57
20	0.01	88.45	10.93	0.04	0.57
22	0.01	88.45	10.93	0.04	0.57
24	0.01	88.45	10.93	0.04	0.57
平均值	0.01	88.46	10.95	0.04	0.56

由实证结果可知：原油产业生产力将成为影响上海原油期货定价能力波动的主要来源，24个月的平均贡献率为88.46%。这说明，在上海原油期货市场提升定价能力的过程中，要密切关注OPEC产能的变化情况。它对上海原油期货价格的冲击最大。一旦出现OPEC产能的巨大波动，监管机构应当注意打击投机行为，尽可能让上海原油期货价格更加准确地反映供给层面的全新变化，与全球各地现货市场实现更合理的价格联动，避免在投机力量的推动下，“短期”价格出现重大偏差。同时，非OPEC联盟原油生产者数量也对上海原油期货定价能力的波动产生了平均10.95%的影响，这一因素本身与全球原油生产力密切关联，又会对OPEC联盟的市场势力带来重要冲击。尽管小型边缘原油生产者还远远不能与OPEC联盟的影响力抗衡，但依然值得引起监管机构的重视。相对而言，家庭偏好、货币政策和技术冲击并不会明显影响上海原油期货定价能力的波动，三者平均贡献率大约0.6%，可以忽略不计。总的来说，上海原油期货市场的

定价能力的波动性主要取决于供给方的原油生产效率和生产者数量，宏观政策、居民偏好和技术变迁不会对其产生明显的干扰。

三、三种情景下上海原油期货期货定价能力的脉冲响应分析

方差分解主要解释了过去上海原油期货定价能力的波动受到各类因素影响的贡献情况，但在三大市场定价能力演进发展的情况下，过去的经验能否发生的未来尚存不确定性。通过脉冲响应函数的构建，本章进一步模拟了三种情景下，五大外生变量未来对上海原油期货定价能力带来的冲击。需要说明的是，所有冲击都服从残差为标准正态分布的一阶自回归过程。

图 6-5 给出了技术进步对上海原油定价能力冲击的脉冲响应函数。当给予技术 1 个标准差的正向变动（冲击）时，基准情景下上海原油期货定价能力会立即上升超过 0.01 个标准差单位，随后正向冲击会持续衰退，在 24 期（两年）左右基本消失。在 Brent 情景下，上海原油期货定价能力会立即面临负向冲击，在 7 期左右达到最大值，随后负向冲击会持续衰退，在 24 期（两年）左右基本消失。在 WTI 情景下，上海原油期货定价能力同样会面临负向冲击，但冲击程度相对较小，且很快会衰退为 0。上述结果综合说明，当期货市场掌握定价权时，技术进步会与定价能力形成“协同效果”。相反，当定价主导权掌握在其他国家时，技术进步反而不利于本土化期货市场定价能力的提升。因此，在上海尚不能够掌握石油定价主动权的现实情况下，当经济社会处于技术加速进步周期时，上海原油期货价格宜盯紧 Brent 原油期货的价格走势，可适度放开两地的套利监管，使两地期货价格更紧密联动，尽可能地规避技术进步对上海原油定价能力提升带来的拖累。

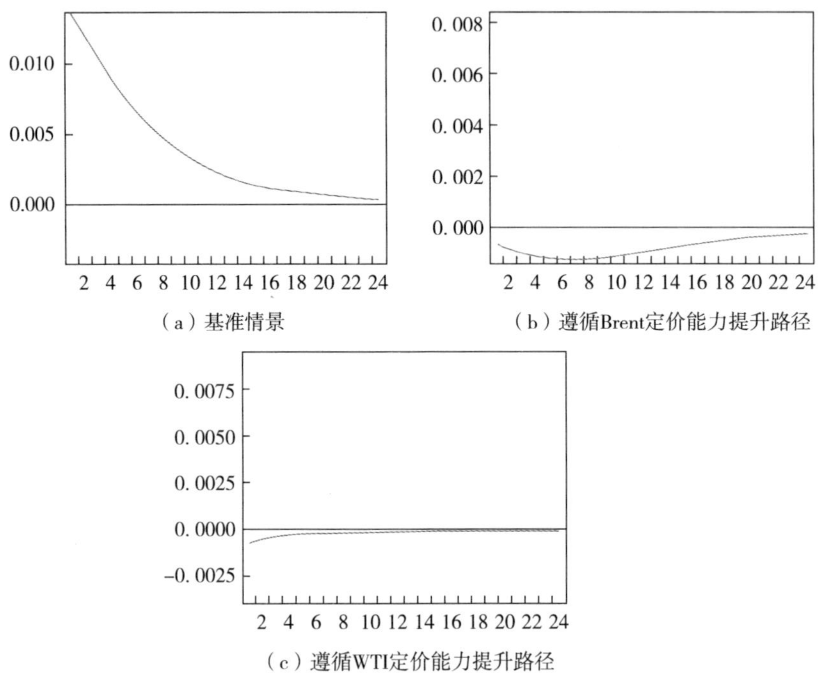

（a）基准情景

（b）遵循Brent定价能力提升路径

（c）遵循WTI定价能力提升路径

图 6-5　三种情景下技术进步对上海原油期货定价能力的脉冲响应

图 6-6 给出了原油生产力（OPEC 国家生产力）对上海原油定价能力冲击的脉冲响应函数。当给予原油生产力 1 个标准差的正向变动（冲击）时，基准情景下上海原油期货定价能力会立即上升超过 0.06 个标准差单位，随后正向冲击会持续衰退，在 7 期衰减为 0，随后产生持续提升的负向冲击，在 11 期达到最大负面冲击后再次反转，并在 24 期（两年）左右基本消失。在 Brent 情景下，原油生产力对上海原油期货定价能力的冲击呈现倒“U”型轨迹，在 6 期达到最大值（超过 0.06 个标准差单位），并在 22 期左右基本消失。在 WTI 情景下，原油生产力对上海原油期货定价能力的冲击呈现正“U”型轨迹，冲击始终为负向，并在 8 期达到最大负面冲击，随后逐渐减弱，在 24 期左右基本消失。上述结果表明，当中国进口“基准价”与上海或 Brent 期货市场挂钩时，尽管原油生产力的提

升会造成定价能力的巨大波动，这一点从方差分解中可以看出，但这种波动在“短期”内实际上是有助于上海市场定价能力提升的。此时，应紧紧抓住有利时机。然而，当 WTI 掌握中国原油贸易定价权时，OPEC 联盟生产力的提升反而不利于本土化期货市场建设。较为有利的是，目前中国原油贸易“基准价”并不直接与 WTI 挂钩，但需要警惕 WTI 期货价格对亚太、西非市场的“传导”和“溢出”影响。这种“溢出”影响越大，越不利于在 OPEC 联盟生产力快速提升时中国加快原油期货市场建设。

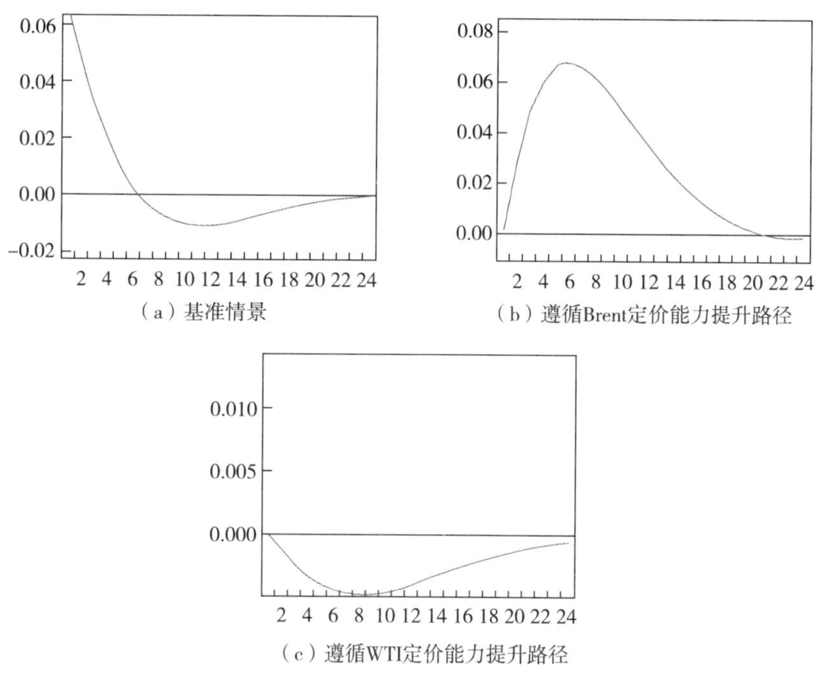

（a）基准情景

（b）遵循Brent定价能力提升路径

（c）遵循WTI定价能力提升路径

图 6-6　三种情景下原油生产力对上海原油期货定价能力的脉冲响应

图 6-7 给出了原油生产者数量（少部分非原油生产大国的原油生产者数量）对上海原油定价能力冲击的脉冲响应函数。当给予原油生产者数量 1 个标准差的正向变动（冲击）时，三种情景下均呈现出“先衰退、后上

升，快速趋近于0”的规律。上海情景和WTI情景极为相似，仅最大负向冲击的水平和收敛周期存在略微差异。Brent情景会在短期（2期）内让上海原油期货定价能力获得较大提升（超过0.5个标准差单位），但同样很快衰减为0。需要注意的是，尽管原油生产者数量对上海原油期货定价能力冲击的作用周期较短，但绝对冲击水平是最大的（坐标轴以0.1为单位），因此无论正向还是负向冲击，市场反应都是最激烈的。未来，随着边缘国家原油供给方的市场势力逐渐提升，生产者联盟数量逐渐增多，开始与OPEC抗衡时，上海原油期货价格与Brent保持更紧密的联动关系或有助于获取“短期”红利。

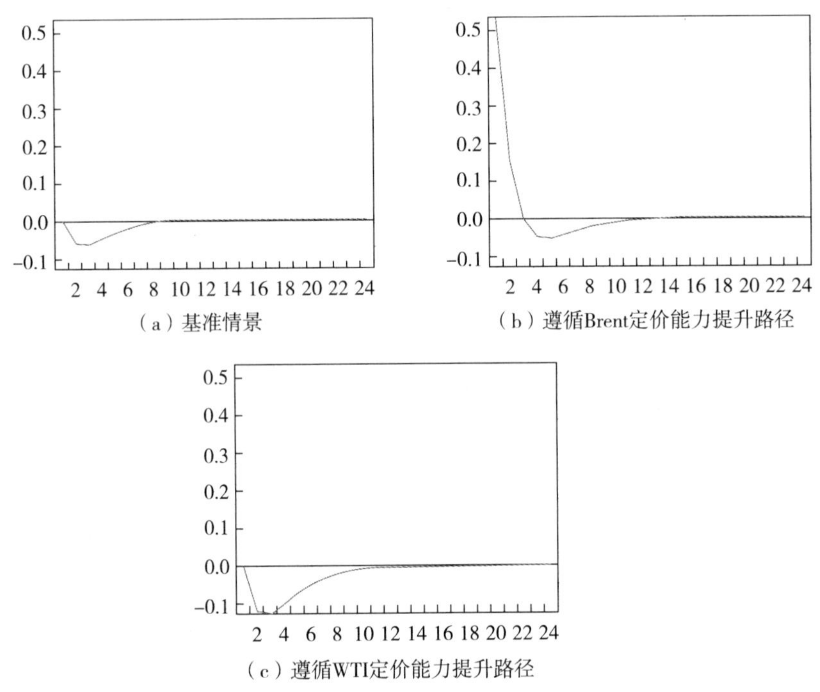

图6-7　三种情景下生产者数量对上海原油期货定价能力的脉冲响应

图6-8给出了货币政策对上海原油定价能力冲击的脉冲响应函数。当给予基准利率1个标准差的正向变动（冲击）时，基准情景下上海原油定

价能力几乎不会受到影响（最大冲击幅度不超过0.001），冲击呈现出微弱的“正玄波”形态。WTI情景与基准情景较为接近，全程几乎未发生明显变化。唯有Brent情景有所不同，上海原油定价能力会面临负面冲击，且冲击程度不断增大，6期达到最大负面冲击（但不超过-0.002），随后负面冲击逐渐衰退，并在22期左右基本消失。上述结果说明，尽管央行加息的影响路径是复杂的，但最终冲击结果却是所有宏观变量里最微弱的。因此，在我国货币政策紧缩周期，尽管需要警惕Brent主导贸易定价权对上海期货市场定价能力提升带来的负面影响，但也不必太过在意。在货币宽松周期，可以充分利用Brent定价对上海原油期货市场定价能力提升带来的“正向溢出”，与其他提升措施形成“合力”。

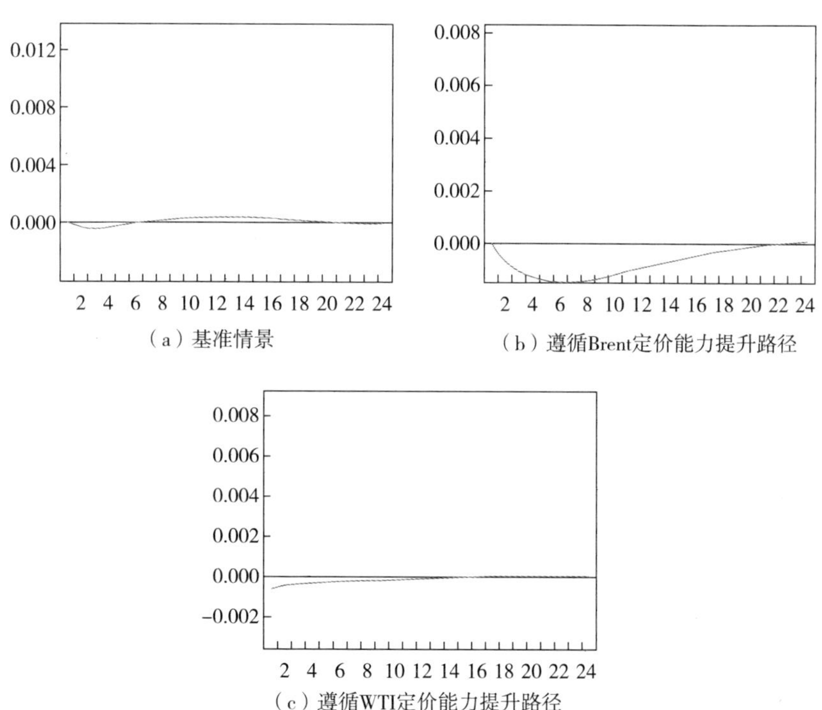

图6-8　三种情景下货币政策对上海原油期货定价能力的脉冲响应

图 6-9 给出了家庭偏好对上海原油定价能力冲击的脉冲响应函数。当给予家庭偏好 1 个标准差的正向变动（冲击）时，基准情景下上海原油期货定价能力会立即上升超过 0.012 个标准差单位，随后正向冲击会持续衰退，在 24 期（两年）左右基本消失。在 Brent 情景下，虽然初始正向冲击幅度没有基准情景那么大（大约提升 0.004 个标准差单位），但正向冲击衰退的速度较慢，6 期以后收敛到高于 0 的水平。在 WTI 情景下，初始冲击水平要高于 Brent 情景，低于基准情景，但衰退速度很快，且在 4 期之后成为负向冲击，在 10 期达到最大负向冲击后发生反转，并在 24 期（两年）左右基本消失。综上所述，当家庭偏好发生外生性变化时，无论何种情景，上海原油期货在短期内都会获得定价能力的提升，但这种“正向”效果会随着时间的推移逐渐弱化，甚至在 WTI 情景出现“反转”，但总的

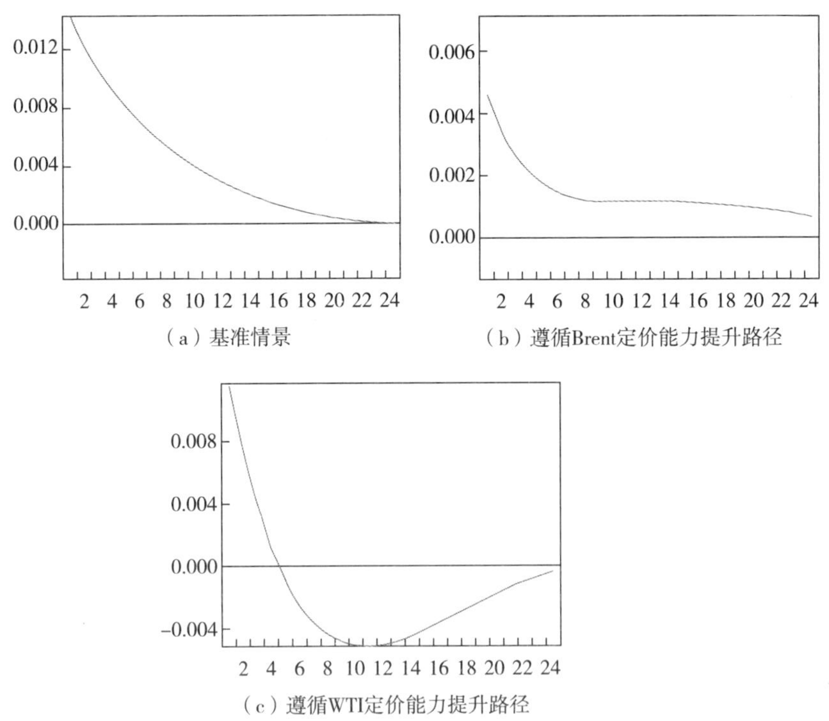

图 6-9　三种情景下家庭偏好对上海原油期货定价能力的脉冲响应

来说，家庭偏好的提升还是有利于上海原油期货市场建设的，尤其在 Brent 情景还会获得持续的正向加持。但需要注意的是，家庭偏好冲击的绝对水平有限（坐标轴以 0.001 为单位），且不容易在短期被干预，因此不宜作为路径建设的发力重点。更为重要的是，“双碳”背景下，各国政府都在积极推进“低碳排”模式，中国政府也不例外。在“碳达峰”实现之后“碳中和”实现之前，家庭偏好会长期呈现衰退趋势，这或将对上海原油期货市场建立国际定价中心构成拖累。

从脉冲响应函数的绝对水平来看，五个外生变量的冲击呈现“非原油生产国原油生产者数量>OPEC 国家原油生产力>技术进步≈家庭偏好>货币政策（基准利率）”的规律，这说明全球供给格局对上海原油期货定价能力的冲击最大，但与方差分解不同，非原油生产国的供给能力会带来更大的扰动。从脉冲响应函数的衰减周期来看，五个外生变量的冲击呈现“OPEC 国家原油生产力≈技术进步≈家庭偏好>非原油生产国原油生产者数量≈货币政策（基准利率）”的规律，这说明原油主导国生产能力、技术和偏好对定价能力的影响是长期的，非主导国生产者数量和货币政策的影响是短暂的。综上所述，监管部门应当重视对原油供应方市场势力变化的监测，结合三大市场定价能力的相对变化，给出有针对性的应对方案。具体的路径选择将在本章第四节详细讨论。

第四节　上海原油期货定价能力提升的路径选择

一、WTI 原油期货定价能力提升的成功经验

WTI 原油期货最初在纽约商业交易所交易，NYMEX 最早可以追溯到

1882年。1994年8月3日，当时的NYMEX和COMEX[①]最终合并为目前的NYMEX。考虑到表达的一致性，本书不再特别改变交易所名称，统一用NYMEX表示WTI原油期货的交易中心。NYMEX最初推出原油期货合约后，首先吸引的是来自美国和英国的大型石油公司，然后吸引了中东的大型原油生产商的参与。然而，一开始交易并不顺畅，对OPEC组织的影响有限。1978年，NYMEX推出了一份新的取暖油期货合约，尽管交易规模有限，但开始对大型石油公司和OPEC组织造成威胁。此后，原油期货交易规模稳步提升。21世纪以后，洲际交易所（ICE）则利用电子交易推出了与NYMEX极其相似的原油合约，并很快抢占了NYMEX的市场份额。NYMEX的高层意识到电子交易是保持交易所竞争力的唯一途径。2006年，NYMEX与CME合作，开始使用Globex电子交易系统。此后，NYMEX的业务在全球范围内迅速扩张，还在阿联酋创立了迪拜商品交易所。当然，迪拜商品交易所也受到NYMEX的广泛影响，阿曼原油期货市场成为WTI的“影子市场”。从WTI原油期货定价能力提升的路径来看，主要包括以下几方面成功经验：

（一）发达的金融市场是原油期货定价能力提升的有力支撑

一方面，美国发达的金融市场为原油期货品种体系的拓展提供了便利。从早期的燃料油、粗柴油、含铅汽油、无铅汽油期货合约，到WTI期货合约推出，美国陆续推出了系列原油期货产品，还配套了其他远期、期权衍生产品。高效的金融体系使得各个衍生产品价格联动紧密，为价格发现功能的充分发挥提供了重要助力。另一方面，美国交易所股东结构多元，方便进行频繁的兼并重组活动，这也对美国商品交易所拓展全球市场布局提供了重要助力，进一步丰富了全球期货品种体系。NYMEX在产品交割、资金全球流转、供应链服务上面具备了更快的响应速度。21世纪以

① COMEX是纽约商品交易所（New York Commodity Exchange Inc.）的简称。

来，交易所推出的每一个新合约几乎都迅速成为国际化产品，无不彰显了美国独特的金融市场优势。

（二）各地建立的分支机构协同提高了 NYMEX 全球影响力

NYMEX 一直秉承全球扩张路线，试图获得全球其他区域交易者的普遍支持。在欧洲市场，NYMEX 于 2001 年开设都柏林分所，开展 Brent 原油期货交易，成为 NYMEX 的第一家海外交易厅，实行“喊价+电子”模式。在亚洲市场，NYMEX 与本地企业 1∶1 比例出资组建中东能源交易所，旨在夺回高硫重质原油的全球定价能力。此外，NYMEX 通过参股迪拜交易所，极大地延伸了 NYMEX 的职能，提升了原油期货价格印象影响力；上述机制也保障了 WTI 与迪拜、阿曼原油期货价格高度联动，NYMEX 虽然身处美洲大陆，依然能够广泛影响中东原油期货价格，这也是本章分析 WTI 模式的必要性所在。

（三）多样化参与者追随和信任提升了交易所品牌

NYMEX 原油期货最早的参与者主要是小型独立市场参与者，随着原油期货实物交割量持续增加，一些原油现货投资商、经济商、炼油商、交易商、金融市场投资商以及其他商品市场投机者也开始大量进入期货市场。1987 年，一些投资银行还成立了原油交易部门，积极参与原油衍生品交易，并成为诸多石油公司的代理商。随着参与者数量和种类的增加，WTI 原油期货价格发现功能显著提升。全球各地的交易商、炼油商、投机者经过长时间的观察，发现 WTI 价格能够较好地反映全球原油市场的供求状况，进一步增强了对其的信任度，NYMEX 的品牌效应得以充分发挥，成为全球贸易的“基准价”。如今，全球绝大多数地区都通过挂钩 WTI 期货价格来决定原油现货价格。

（四）美元的国际地位有效维持了原油期货定价能力

国际原油交易绝大多数以美元为计价单位，并且以美元作为结算货币，因此美元天然与原油价格波动挂钩。不仅如此，美元的强势与美国经济的前景高度相关，还可以通过汇率市场对油价走势带来影响。2008 年金融危机以后，美联储超常规货币政策引发了全球流动性泛滥，美元贬值引发了原油价格上升。可以说，如果美元主导国际金融体系的格局不变，美国交易所对于原油期货定价的货币优势就不会发生改变。很多本土化或区域性交易所都试图推出本币结算交易，如日本曾推出过日元石油期货交易所，但结算货币的不便利直接导致交易量过少，从这个意义上讲，本币在国际金融市场的地位将为本土化原油期货交易市场提供便利，也是提升定价能力的重要抓手。

（五）实时公开的各类统计数据提升了国际社会认可度

美国能源信息署定期发布能源数据，成为全球最权威的信息中心，对全球能源的开采、生产、运输和消费产生了深远影响。EIA 报告类别多样，包括周、月、年等维度；报告内容丰富，涉及原油生产、储备、需求、进出口和价格等，对全球相关的热点问题及时给出回应，这给了市场参与者一个长期、持续的基本面信息参考媒介。其中，EIA 原油库存周报最具全球影响力，月报则会对原油供需变化进行及时披露。由于信息方面的权威性，报告发布通常会带来国际油价的波动，被能源生产商、运输者、商贸协会和政府部门等广泛使用，成为原油期货市场价格的重要参考，甚至是唯一参考。信息公开赢得了国际社会的普遍认可，也为美国交易所价格的权威性提供了重要制度保障。

二、Brent 原油期货定价能力提升的成功经验

1981 年和 1988 年，IPE 先后推出重柴油期货合约和 Brent 原油期货合约。其拥有的原油来自设得兰群岛和挪威之间北海的油田，大量原油可以通过水下管道快速安全地运输，通常用于精炼柴油和汽油。由于 Brent 原油通过陆上或浮式储存可以在全球范围内运输和储存，被大多数原油现货价格作为基准定价，是中东、欧洲和非洲石油的主要基准之一。相应地，Brent 期货市场也迅速成为全球的定价中心之一。从 Brent 原油期货定价能力提升的路径来看，主要包括以下几方面成功经验：

（一）现货油存储形式灵活为期货市场奠定交割基础

根据 IEA 估计，世界上包括陆上存储（商业、政府战略）和浮动存储共计 67 亿桶原油存储容量。出于运营原因，只有 75%~85%的原油存储被认为具备运营或工作能力，相当于 50 亿~57 亿桶。Brent 海上储存原油为 1.2 亿~1.25 亿桶，另有 1.3 亿~1.55 亿桶如果经济条件允许，可用于浮式储存。正是这种灵活性使 Brent 原油能够更轻松应对存储极端短缺情况，意味着其比 WTI 出现负值的概率低很多。当存储接近运营能力时，陆上存储首先被填满，因为它更便宜，浮动存储由于昂贵而被最后填充。灵活的存储形式极大地提升了 Brent 原油的全球影响力，提高了原油的交割需求，直接为期货市场的推广提供了便利条件。

（二）全球布局不断提升 Brent 的影响力

2001 年 6 月，IPE 被 ICE 收购，ICE 是财富 500 强公司，拥有全球领先的交易清算能力和技术服务实力，为全球信贷、货币、排放、能源、农业和股票指数市场提供服务。并且在九个不同的资产类别中经营多个市场

和服务。ICE 经营着 13 个受监管的交易所，包括美国（ICE Futures US）、加拿大（ICE Futures Canada）、欧洲（ICE Futures Europe，总部位于伦敦，Brent 原油为其产品）、新加坡（ICE Futures Singapore）、荷兰（ICE Endex）等期货和场外交易所，是世界上最大的交易所集团之一，通过并购等手段，交易所覆盖范围还在不断增大，在不断的并购过程中还积累了丰富的经验。例如，在收购新加坡商品交易所时，比较了绿地投资和并购的优势，发现并购模式成本低、速度快，能够免去建立交易所需要的基础设施建设、交易席位申请等工作，可以节约大量时间。另外，ICE 领导者的自信、洞察力、激情以及规划统筹能力也是 ICE 快速拓展业务的重要原因。ICE 的全球布局，为 Brent 原油期货影响力的提升奠定了重要基础，这与 NYMEX 全球布局的效果如出一辙。截至目前，ICE 每天交易全球半数原油以及成品油期货合约。

（三）交易制度创新不断强化 Brent 定价优势

在运作方式上，Brent 期货合约是一种基于实物交割的可交割合约，可选择现金与 Brent 指数结算，这意味着市场参与者可以使用期货转现货（Exchange for Physicals，EFP）机制进行实物交割，允许参与者将期货头寸换成实物头寸。在合约到期时，Brent 期货价格通过 Brent 指数与实物 Brent 市场交汇。Brent 指数代表了 BFOE 现货或远期市场在相关交割月份的平均交易价格。EFP 机制与 Brent 指数协同确保了 Brent 期货市场与实物市场保持联系，并确保 Brent 期货市场与原油现货市场长期挂钩。此外，ICE 在收购 IPE 后，加强 OTC 清算服务和电子化改革，并与远期交易市场提供对接服务，很快便吸引了市场参与者的目光。2006 年，ICE 实现了 WTI 期货合约与 Brent 期货合约的切换机制，极大地满足了不同地区交易者对交易品种的跨时间要求。2008 年，ICE 欧洲清算所正式建立，这使得伦敦地区拥有了第一个极具规模的衍生品清算机构。ICE Futures Singapore

专门为亚洲市场量身定制，在其平台上可以连接亚洲区域和国际参与者，为这些参与者提供进入全球市场的机会，从而争取到较小规模合约需求的亚洲客户。

三、上海原油期货定价能力提升的重要优势

（一）强大的消费能力为期货市场定价能力提供基本面支撑

与英国和美国不同，中国并不具有强大的石油开采、生产、储备能力，天然不具备供给市场的议价能力，但中国拥有后工业化时期原油“大量进口”的“窗口期”。作为全球最大的贸易“增量”，消费端的强劲实力有助于上海原油期货市场建立本土乃至亚太地区的定价中心。2018 年 3 月，原油期货在上海期货交易所上市以来，凭借“需求端”的强劲力量，其与迪拜商品交易所上市的阿曼原油期货价格联动密切，这也使得沙特阿美石油公司改变了延续 40 多年的以 Brent 或普氏指数为基准的长约定价机制，改善了原油市场的“亚洲溢价”。根据第四章的测算，在上市 4 年以后，上海原油期货定价能力甚至超越了阿曼。这意味着，中国应该充分抓住后工业化的关键“窗口期”，利用消费端的优势尽量在全球推广上海原油期货，以便贸易定价更好地反映“中国需求”和“亚太需求”。

（二）吸引主要产油国参与交易、交割是定价能力提升的关键

当前，石油基本面主要由产油国（OPEC）控制。即便在期货定价时期，“基准价”的选定依然具有一定的自主性。OPEC 国家尽管建立了迪拜原油期货市场，但长期面临四个问题：一是交易量少；二是交易品种与 Brent、WTI 存在差异；三是摆脱美元交易、结算的窘境；四是美国纽约商品交易所持有迪拜交易所 50%的股份。因此，OPEC 国家本质上并未拥有

真正独立的本土化期货交易所。在这样的情况下，WTI 和 Brent 都曾广泛吸纳 OPEC 成员国参与交易，强迫这些国家用美元结算，将国际油价与美元深度捆绑，甚至运用非经济手段全方位干预 OPEC 国家决策，对上述国家的政治、经济格局和民众的生活环境带来了负面影响。上述产油国试图弱化 Brent、WTI 定价能力的意愿客观存在。在中国已经占据需求端关键一极的背景下，广泛吸引供给端的参与，有助于推广本土化的期货市场，这也与 OPEC 国家建立亚太地区定价中心的诉求具有一致性，这也是上海建立区域性原油定价中心的第二个有利因素。

（三）加速金融市场对外开放，夯实定价能力提升的金融基础

无论是 NYMEX 还是 IPE，都成长在金融市场非常发达的国家。英国是现代中央银行的发源地，美国更是当今全球金融创新的引导者。英国和美国的金融市场庞大、外汇交易成熟、离岸市场发达、金融衍生产品体系丰富、跨境结算效率突出，先进的金融基础设施为期货交易所的建设提供了得天独厚的优势。相对而言，中国的金融市场长期发展滞后，在一定时期内尽管“金融抑制”较好地服务于我国“要素驱动型”经济，发挥了“斯蒂格利茨”效应，但也造成了诸多金融扭曲现象。当前，诸多因素倒逼中国金融市场加速对外开放，规则制度充分与国际接轨。这便为境外交易者的引入、人民币国际化奠定了坚实的基础，也是上海建立亚太乃至全球定价中心的第三个有利因素。

具体就期货交易所而言，NYMEX 拥有 130 多年的历史，IPE 也拥有 40 年以上的历史，这说明发达国家期货市场是在“自由资本主义”环境下自发形成的。这些交易所借助发达的金融基础环境，不断扩展期货品种体系，创新交易交割制度，强化供应链服务，加大国际化进程，在全球期货市场享有盛誉。与上述交易所不同，中国的期货市场是在政府推动下成立的。特别是上海原油期货市场，在经历长达 17 年的酝酿期才伺机推出，并

不具备“先发优势”，也不具备“制度优势”。此时，唯有通过加快金融对外开放进程，带动期货市场对外开放，脚踏实地从制度做起，才能争取到全球投资者的青睐。不难预期，上海原油期货市场距离建成全球定价中心尚有较长的道路，甚至建成亚太地区定价中心还尚需时日，但只要充分抓住上述有利因素，按照市场规律发展，不断优化交易机制，提升服务能力，上述目标也绝不是梦想。

（四）建立高水平信息发布中心，助力期货市场信息汇聚

借鉴美国能源信息署定期发布能源数据的经验，我国也亟待建设在国内、亚太地区乃至全球具有影响力的信息发布中心。帮助预测全球石油的开采、生产、运输和价格，提供各类能源相关的信息服务。事实上，郑州商品交易所、大连商品交易所早在2010年左右便关注到信息发布对期货交易所品牌建设的促进作用，开展了有针对性的研究，对USDA等机构的信息发布机制和影响开展了深度论证。但遗憾的是，经历10余年的时间，有关信息发布的相关工作依然未有明确进展，原油市场的信息公开更是严重滞后。数字经济的发展有望打破上述“瓶颈”。当前，人类社会正处于工业4.0时期，信息技术的进步、数字经济的发展显著降低了信息搜集、存储、分析、发布的成本，更有助于打通不同部门之间的“数据孤岛”。上海期货交易所应当充分利用“数字经济”发展的红利，打造具有政府背景的、权威的信息发布平台，吸引全球投资者的关注，进而提升境外投资者对上期所的信任度。

四、上海原油期货定价能力提升的路径选择

前文系统论证了上海原油期货市场可以从WTI 、Brent期货市场借鉴的经验以及当前有利的四大机遇——后工业化时期中国原油需求量大、

OPEC 国家有弱化英国和美国定价中心的诉求、金融市场对外开放倒逼规则与国际接轨、数字经济发展有助于打造信息平台。但上海路径毕竟与 WTI 、Brent 不同，它是在 WTI 、Brent 早已占据全球定价中心的背景下打造定价权争夺的“第三极”。因此，上海原油期货提升定价能力的路径一定要基于当前全球定价现状开展“渐进式”推进。本部分将 DSGE 的模拟结果和前文的分析结合起来，给出更加明确的路径选择，再次回顾 DSGE 模型的主要结论（见表 6-4）：

表 6-4 上海原油期货定价能力的脉冲响应汇总

定价权	技术进步	OPEC 原油生产力提升	非 OPEC 国生产者数量提升	货币政策加息	家庭偏好
上海主导	正向冲击（0.015）	正向冲击（0.08）	负向冲击（-0.05）	无冲击	正向冲击（0.015）
Brent 主导	负向冲击（-0.002）	正向冲击（0.07）	正向冲击（0.6）	负向冲击（-0.002）	正向冲击（0.005）
WTI 主导	负向冲击（-0.0005）	负向冲击（-0.005）	负向冲击（-0.12）	无冲击	正向冲击（0.012）

结合表 6-4 和前文的主要结论，我们可以给出上海原油期货提升定价能力的关键路径。

技术路径：在不掌握定价权的情况下，全球石油产业技术进步越快，越不利于上海原油期货市场定价能力的提升。这是因为，WTI、Brent 会利用定价中心优势，充分分享技术进步带来的红利，夯实自身的定价优势。较为有利的信息是，当上海掌握 1/8 以上全球定价权的时候，“短期”内便可以获得定价能力的提升，主要源自上海主导定价会吸收技术进步更大的效力（0.015）。从本章的测算情况看，上海的定价能力大致是 WTI、Brent 的 1/3，因此在“三足鼎立”格局下，已经掌握了超过 1/7 的话语权。这说明，上海未来将持续享有技术进步红利。上海原油期货市场的定价能力越强，技术进步产生的“正向溢出”越大，两者之间可以互相强化。然而，中国的技术创新能力本身并不强，一些关键的“冶炼、开采、勘探”技术还不过硬，这也为国家制度创新提出了更高的要求。

供给路径：这条路径的两个核心变量——OPEC 国家原油生产力、非 OPEC 国生产者数量由全球石油生产国家控制，因此这条路径并不是中国可以主导的，但却是中国应当充分顺应的。主要原因在于，这两大核心变量对上海原油期货市场定价权的绝对冲击水平是最大的。当 OPEC 国家处于增产周期时，上海原油期货市场建设国际定价中心的步伐可适度加快，并加强与 Brent 市场的协同；当非 OPEC 国家市场势力有所增强时，上海原油期货市场提升定价能力将面临压力，此时加强与 Brent 市场的协同依然是最优发展路径，可以充分分享 Brent 市场的“正向溢出”。当然，无论主产国还是非主产国，当他们提高供给能力时，上海原油期货市场定价能力都将面临 WTI 市场的负面干扰，此时唯有自身发力，才能更好地突破“困局”。吸引 OPEC 国家参与市场，加强制度建设、国际化建设，建立信息发布中心便成为重要支持。当然，长期看全球石油生产格局基本稳定，较大的变数来自局部战争的影响和美国页岩油革命的冲击。

需求路径：无论以哪个市场为主导，中国居民对石油最终产品偏好的提升都将有助于上海原油定价中心的建设，这说明中国需求的力量是巨大的，只要中国连续保持全球石油贸易最大“增量”国潜能，上海原油期货定价能力就将获得稳步提升，这是一条相对稳健的路径。但正如前文所言，中国目前处于后工业化时期，原油相关商品的需求很难再维持“高位”，并且在碳达峰、碳中和压力下，家庭偏好势必将长期受到抑制。因此，从长期看“中国需求”的助力或由盛转衰，这对于上海建设全球原油定价中心将起到短期促进、长期制约的作用。利用“中国需求”的短期红利较为紧迫。

政策路径：相对而言，宏观政策对上海原油期货定价能力的影响是最微弱的，即便在 Brent 主导的格局下，最大的负面冲击还不到 0.2%，与其他因素相比基本可以忽略不计。“三足鼎立”格局下，货币周期带来的综合影响会更低。我们需要辩证地看待上述结果：一方面，中央银行货币政策的制定无须兼顾更多的目标，这对我们保持货币政策的独立性是有利的；另一方面，在货币宽松周期，上海原油期货提升定价能力将处于更加“有利”时机，此时可以进一步加快制度建设，吸引更多的国际投资者，优化交割仓库的空间布局，以强化路径优势。

无论基于何种路径，上海原油期货市场建立亚太乃至全球定价中心都将面临不同的阻力，练好“内功”才是根本，这就需要加强技术创新、金融国际化建设，提升交易所服务能力，引进先进的交易规则，配套有影响力信息发布中心，充分吸引国际投资者的注意，引导原油生产国广泛参与交易、交割。唯有多策并举，才能突破 WTI 和 Brent 的制约和束缚，真正成为全球原油定价的“第三极”。

第五节　本章小结

本章借鉴 Rubaszek（2021）的研究思路，创新性地构建原油期货价格、石油产量内生化的三部门 DSGE 模型，并基于 WTI、Brent、上海原油期货市场分别主导原油贸易“基准价”的不同场景，量化分析了“中国需求”在反映不同定价中心价格时的公允性，模拟了三大期货市场定价能力演进的发展轨迹，探索了五个关键“外生”宏观变量对上海原油定价能力的冲击。在此基础上，总结并借鉴 WTI、Brent 提升定价能力的先进经验，利用中国经济社会的有利机遇，给出上海原油期货建立区域性乃至全球性定价中心的可行路径。主要得到以下结论：

首先，DSGE样本内预测结果显示，当考虑“全球供给”和“中国需求”时，Brent原油期货的定价偏差最小，WTI次之，两大市场的定价偏差明显低于上海期货市场（6.41%）。尽管Brent、WTI的定价效率较高，但实际价格均高于预测价格，说明中国原油贸易以Brent、WTI定价存在高估情况，将被动承担“亚洲溢价”。

其次，利用Nakov和Pescatori（2010）提出的递归算法，DSGE样本外预测显示，在未来1年时间里，上海原油期货定价能力将获得稳步提升，Brent、WTI的定价能力将有所下滑，其中Brent下滑程度相对更大，这预示着上海原油期货在争夺定价权方面总体处于有利“周期”。但从绝对量级上看，上海原油期货定价能力的平均值（0.232）与WTI（0.666）和Brent（0.598）相比还有明显差距，上海建设全球原油期货定价中心依然“任重而道远”。

再次，方差分解结果展示，上海原油期货定价能力的历史波动主要来自OPEC国家石油产业生产力（大约90%）和非OPEC国家石油生产者数量（大约10%）的影响，家庭偏好、货币政策、技术冲击的联合影响水平不足0.6%，说明供给格局对提升定价能力的稳定性影响最大，占据绝对主导。

复次，脉冲响应函数结果表明，五个外生变量的冲击呈现“非原油生产国原油生产者数量>OPEC国家原油生产力>技术进步≈家庭偏好>货币政策（基准利率）”的规律，这说明全球供给格局对上海原油期货定价能力的冲击最大，但与方差分解不同，非原油生产国的供给能力会带来更大的扰动。从脉冲响应函数的衰减周期来看，五个外生变量的冲击呈现“OPEC国家原油生产力≈技术进步≈家庭偏好>非原油生产国原油生产者数量≈货币政策（基准利率）”的规律，这说明原油主导国生产能力、技术和偏好对定价能力的影响是长期的，非主导国生产者数量和货币政策的影响是短暂的。

最后，WTI 期货的成功经验说明发达的金融市场、各地建立的分支机构、吸引多样化的参与者、实时公开的各类统计数据、国家霸权地位有助于全球定价中心建设；Brent 期货的成功经验表明，现货油存储形式灵活、全球布局优化、交易机制创新同样有助于全球定价中心建设；而上海应当充分利用后工业化时期中国原油需求量大、OPEC 国家有弱化英国和美国定价中心的诉求、金融市场对外开放倒逼规则与国际接轨、数字经济发展有助于打造信息平台的机会，充分借鉴 WTI、Brent 的市场经验。技术路径上，上海已可以充分吸收技术进步对定价能力带来的“正向溢出”，应进一步加大关键生产技术的研发力度。供给路径下，加强与 Brent 市场的协同，吸引 OPEC 国家参与交易、交割是扭转供给不利局面的关键。需求路径下，无论以哪个市场为主导，中国居民对石油最终产品偏好的提升都将有助于上海原油定价中心的建设，这说明“中国需求”的力量是巨大的。然而，在碳达峰、碳中和压力下，家庭偏好势必将长期受到抑制，这将对上海建立全球定价中心构成制约。政策路径下，原油定价能力对货币政策的敏感度极低，这有助于央行保持货币政策的独立性。相对而言，在货币宽松周期，上海原油期货市场将获得额外助力，此时可以进一步加快制度建设，借助“宏观政策”大势。

第七章
研究结论与政策建议

第一节 研究结论

21 世纪以来，对外依存度较高以及国际油价波动剧烈严重威胁着我国石油安全，也给经济社会的稳定发展带来了重大冲击。需求端的巨大增量并未真正转化为市场优势，一个重要的原因便是我国原油定价能力（权）的缺失。在期货定价时期，又表现为本土化（区域性）原油期货定价中心的缺失。2018 年 3 月，上海原油期货合约的推出标志着我国开启对全球原油定价权的影响历程，引起了国际社会的普遍关注。在 WTI 和 Brent 原油期货市场占据国际原油定价绝对主导地位的背景下，上海原油期货合约上市 4 年多以来，发挥了怎样的功能？是否在全球贸易“基准价”形成中初步掌握了一定的话语权？定价能力背后的核心驱动因素是什么？应当选择何种“突围”策略？一系列重大问题亟待科学的回答。本书系统地梳理了与原油期货定价能力相关的文献，准确界定了期货定价能力的内涵和外延，深度论证了原油期货定价能力的提升与石油贸易议价能力提高的辩证关系。在此基础上，创新性地构建了原油期货定价能力评价指标体系，利用主成分分析方法，在识别结构断点的情况下，科学测算了国际四大原油期货市场定价能力的演进轨迹，并利用 VECM-GJR-GARCH-BEKK 模型探索了不同市场原油期货定价能力之间的溢出效应。利用 ARDL 模型实证分析了 18 个具体因素对上海原油期货定价能力的影响。同时，构建三部门 DSGE 模型，将原油期货价格形成机制内生化，利用贝叶斯估计对三大市场的期货价格以及期货定价能力进行推演，并讨论了 5 个“外生性”宏观变量对上海原油期货定价能力的冲击。上述工作对于保障我国石油相关产业原材料供应安全、定价合理具有重要的意义。本书主要得到以下研究结论：

第一，国际原油贸易定价体系先后经历了一般商品定价、石油公司寡头垄断定价、OPEC 主导定价、期货定价四个阶段。集合竞价、套利修正、交割联动、便于风险对冲等制度优势确保了期货定价模式的公允性、服务便利性。因此，不同大宗商品在经历了“一口价”“协议定价”“指数定价”“远期定价”“官方定价”“垄断组织定价”等多样化的定价模式后，最终普遍走向“期货定价”，该模式几乎成为全球大宗商品定价的终极模式。同时，中国石油产业需求庞大，主要依靠进口，近年来外贸依存度维持在 70%左右。建立本土化的期货市场至关重要，它不仅能够通过反映本国（本区域）供求、修正不公平的“亚洲溢价”，而且价格信号中融入更多本国（本区域）的经济、金融信息，会更方便国内企业进行套期保值。全球定价中心的建设有助于我国真正获取贸易定价的规则制定权、调整权和监督主导权，这是国家“软实力”提升的重要体现。当前，与 WTI 和 Brent 相比，上海原油期货市场还存在投资者结构不合理、结算机制不完善、交割品种和配套工具不足等缺陷。关键性瓶颈还在于中国现货产业的市场化程度不高，导致国内期现货价格联动不够紧密，这也从侧面说明上海原油期货定价能力的提升是复杂而漫长的过程。

第二，期货定价能力的测算结果显示，在全球四大原油期货市场中，定价能力呈现出“WTI>Brent>上海>阿曼”的规律，即上海原油期货定价能力在四大原油期货市场中位居第三，但与全球两大原油定价中心WTI和Brent相比，绝对水平存在显著差距。由于处于初创阶段，上海原油期货定价能力的波动程度在四大市场中相对较小。上述实证结果符合直觉，也说明原油期货定价中心的建设不可能“一蹴而就”，需要从市场体系、交易规则等诸多环节扎实做好建设工作。当然，原油期货定价能力并不是“单调变化”的惯性轨迹，即便WTI和Brent市场，也在21世纪以来经历过定价能力的“大起大落”，大型现货商的参与对于定价权争夺至关重要。因此，在定价能力“下行”周期，需要客观看待、冷静对待该现象，始终保持期货市场对投资者的吸引力，做好对产业客户的各项服务。形成公允的价格，是长期中提升期货定价能力的唯一选择。同时，原油期货定价能力与期货价格波动具有密切关联，但前者更为稳定，这说明原油期货定价能力与价格发现具有相关性。此外，基于区分结构断点的主成分分析法获得四大原油期货定价能力的均值要高于未区分结构断点时的均值，说明未区分结构断点测算的定价能力存在低估的可能。

第三，VECM-GJR-GARCH-BEKK模型结果表明，以上海原油期货市场上市为时间节点，国际市场之间定价能力的溢出效应和非对称效应有所改变，这体现出上海原油期货市场建立对改变国际原油定价格局带来的影响。无论在哪个市场，原油定价能力受自身历史轨迹的影响均最为显著，说明原油期货定价能力存在一种回归正常水平的“自我恢复机制”。同时，当前期定价能力的波动幅度增大时，未来定价能力将有所折损，这也是期货投资者“用脚投票”的必然结果。除上海以外，其他三大期货市场定价能力两两之间均存在双向均值溢出效应，这表明与价格联动类似，原油期货定价能力同样存在联动关系，任何重要市场定价能力的变动都会向其他市场“溢出”传导。Brent、阿曼等境外原油期货定价能力对上海的影响要大于上海对境外期货市场定价能力的影响，这体现出国内外期货市场定价能力的相互影响是非对称的。也从侧面说明，在当前的定价系统中，上海原油期货的定价能力处于相对弱势的地位。主要原因在于，境外期货市场吸引了更多的产业客户，包括大型石油开采公司、加工公司，深度参与套期保值和交割活动，而上海原油期货市场中投机者比例较高，价格的公允性与 WTI 和 Brent 市场尚存差距，使其定价能力的信息外溢影响有限。因此，完善投资者结构、增加套保持仓成为上海原油期货市场亟待解决的重大问题。总的来说，当前的定价系统整体上不利于上海原油期货定价能力的持续提升。当然，上述均衡状态本身也较难打破，不能过度依赖境外期货市场的带动，提高定价能力更需要从自身进行突破。

第四，条件方差方程结果显示，上海原油期货定价能力受自身的信息冲击有限，即通过“自我强化”提升定价能力的自主性还未显现，而其他三大原油市场的信息冲击对上海的影响较大，这说明在上海期货交易所建设进程中需要密切关注其他重要交易所的信息变化。其中，Brent 的信息冲击最大，这与我国原油产业大客户普遍参与 Brent 原油期货市场交易具有重大关联。因此，短期内 Brent 市场更值得上海关注，吸引 Brent 原油期货市场中的大型原油企业更多地参与上海期货交易所交易，有助于提升上海原油期货定价能力。此外，相比于好消息，面对坏消息时，主要原油期货市场定价能力的波动溢出程度更大，即信息溢出效果具有非对称性。这一点在阿曼期货对上海原油期货的影响中体现得尤为明显，这进一步提醒我们，当市场坏消息出现时，要格外警惕相关原油期货市场之间发生“负面”溢出，这种影响往往具有放大效果。

第五，ARDL 模型结果说明，提升上海原油期货成交量、交易者活跃度和市场参与度，获得稳定的收益，增加上海原油期货交割仓库数量和库容规模，提高原油期货市场国际认可度，能够显著提升上海原油期货定价能力。这说明，交易所自身的制度建设、交易状况、行业口碑是提升定价能力的关键。金融因素方面，美联储基准利率提升、美元汇率下降、美国期货投资者投机行为下降有助于上海原油期货定价能力提升，体现出美国金融市场的强大影响力，应重点关注 WTI 投机者行为，避免投机气氛上升对上海原油期货市场带来的不利影响。商品因素方面，OPEC 原油产量提升有助于上海原油期货定价能力提高，而原油预期产量减少、我国汽油价格提升却会产生不利的影响。在我国原油进口定价高度依赖 Brent 市场的背景下，通过关键技术研发提高自身的原油产能、原油储备有助于规避供给方产生的负面冲击。宏观因素方面，美国经济不确定性增强有助于上海原油期货定价能力提升，而地缘冲突加剧则会产生不利的影响，这启示我们，要时刻关注国际形势变化，尤其是中东地区发生的地缘事件，提前做好应对方案。

第六，VECM 模型回归结果显示，上期所原油期货成交量、持仓量的波动与定价能力波动正相关。期货成交量、持仓量、交割仓库数量、国际认可度与上海原油期货定价能力构成长期均衡关系，是促进定价能力回归均衡状态的主要动力。无论是商品因素、金融因素，还是宏观因素，影响上海原油期货定价能力的主要传导渠道在于——成交量和收益率。这也从侧面说明，做好自身的制度建设，获取稳定的市场交易，让价格保持在合理波动区间，有助于上海原油期货市场稳定提升国际影响力。脉冲响应函数进一步表明，所有因素的短期冲击水平都不高，气候、成交量的冲击相对较大，自身信息的影响最大。因此，若上海原油期货定价能力出现异常波动，可以先从自身寻找原因。方差分解同时表明，上海原油期货定价能力的历史波动受自身的影响最大，受上海原油期货成交量、WTI 持仓量影响也比较大，其余因素的平均贡献率均小于 5%。金融属性、商品属性和宏观属性因素的综合贡献度依次为 11.88%、9.62%和 2.59%。这说明，在上海期货交易所尚未成为全球性定价中心的当下，应主要做好制度建设。但随着国际化水平的不断提升，预计金融属性、商品属性、宏观属性在未来的贡献度将稳步提升。

第七，DSGE 模型样本内预测结果显示，当考虑“中国需求”时，

Brent 原油期货定价偏差最小（-1.42%），WTI 次之（-1.63%），上海最高（6.41%），但 Brent 和 WTI 实际定价偏高会使中国承受“亚洲溢价”。样本外预测表明，在未来 1 年时间里，上海原油期货定价能力将获得稳步提升，Brent、WTI 的定价能力将持续下滑。然而，与 WTI(0.666）和 Brent（0.598）相比，上海原油期货定价能力的平均水平（0.232）尚存明显差距。方差分解显示，上海原油期货定价能力的历史波动主要来自 OPEC 国家石油产业生产力（大约 90%）和非 OPEC 国家石油生产者数量（大约 10%）的冲击，家庭偏好、货币政策、技术冲击的联合影响水平不足 0.6%。这再次说明，上海原油期货定价能力的提升与原油生产国的供给情况高度关联，唯有不断提升本国原油生产能力、大力发展本国的石油工业，才能够获得应对供给冲击的主动权。脉冲响应函数表明，当本土化期货市场掌握定价权时，技术进步会与定价能力形成“协同效果”。相反，当定价主导权掌握在其他国家时，技术进步反而不利于本土化期货市场定价能力的提升。随着定价能力的逐渐提升，这种技术溢出的正向影响会越来越大。同时，当面临 OPEC 原油生产力、非 OPEC 国家原油生产者数量的冲击时，Brent 会与上海市场产生协同作用，WTI 市场则会产生反向冲击。这说明，在原油生产者（供给方）格局变化时，应加强上海与 Brent 期货价格的联动。可以适当降低两市的交易成本，充分利用套利机制促进价格协整。此外，货币政策对上海原油期货定价能力的冲击最小，几乎可以忽略不计。在货币宽松周期，上海原油期货市场建设将获取微弱的“政策助力”，此时可考虑加快制度建设，强化“政策红利”。当家庭偏好发生外生性变化时，无论何种情景，上海原油期货在短期内都会获得定价能力的提升，体现出“中国需求”的重要性。然而，在“双碳”背景下，家庭偏好的下滑是长期必然的趋势，这或将对上海原油期货市场建立国际定价中心形成拖累，需要引起监管机构重视，提前布局、做好应对。

第二节　政策建议

根据上述研究发现和启示，本书有针对性地提出以下政策建议：

第一，应当科学绘制上海原油期货市场建立全球定价中心的路线图。本书的实证结果表明，与 WTI、Brent 相比，上海原油期货定价能力还存在明显差距，在提升定价能力这个“螺旋式上行”进程中，要做好打持久战的准备。具体而言，可以采取三步走策略：第一步，助力我国原油期货建设成为亚洲原油基准油市场；第二步，谋求在“一带一路”沿线国和非洲国家提升期货定价能力；第三步，成为国际定价中心。在这个过程中，要理性看待主要原油期货市场定价能力的“惯性”与“反转”，以我为主，以提高交易制度的科学性、做好产业客户服务为目标，深度对接 WTI、Brent 交易规则。在不同的情景中，尽可能把握有利时机，借助全球定价中心的局部助力。在影响力已经超越亚太地区过去最有影响力的定价中心阿曼原油期货市场的情况下，应注重吸收 OPEC 国家的产业客户来上海参与交易、交割，强化市场韧性，稳步提升上海原油期货定价能力。

第二，持续完善原油期货市场的相关法律法规、交易规则等，多角度、多层次提升我国原油期货定价能力。本书的实证结果表明，提升上海原油期货成交量、交易者活跃度和市场参与度、获得稳定的收益、增加上海原油期货交割仓库数量和库容规模、获得国际交易者认可等，能够显著提升上海原油期货定价能力。因此，以下工作值得重视：一是强化创新引领，全面推进交易所上市交易合约、交易机制、市场服务、交易配套机制的创新，提升实体企业参与便利度，帮助国内实体企业利用原油期货有效管理价格波动风险。二是丰富上海原油期货的使用场景，深化期现联动，从而吸引更多原油产业链条企业参与上海期货交易所交易。其中，大型机构投资者、经纪公司、特殊客户的参与至关重要。三是以保税交割仓库为枢纽，辐射日本、韩国，促进东北亚区域内国际短途贸易发展。参考国际交易所经验，设立境外保税交割仓库。四是充分利用好新媒体优势，在国际市场传播“正能量”，塑造出上海原油期货市场与境外主流市场制度接轨、机制创新的姿态。强化包容性发展，持续推进交易所法规与国际接轨，稳步扩大原油期货领域的“朋友圈”，加快信息系统境内外对接，争取被更多的交易所纳入正面清单，以全面提高上海原油期货市场的国际认可度。五是鼓励境内外原油现货、期货参与者积极参与上海原油期货市场。采用大数据分析不同国家、不同类型参与者的交易行为；采用人民币结算，通过数字画像来提升这些参与者的积极性。六是持续跟踪 Brent 和 WTI 原油期货合约的交易变动，进一步优化上海原油期货规则体系，引入境外做市商，完善信息发布机制，方便国外投资者参与，助力我国原油期货建设成为亚洲原油基准价市场。加强对投机行为的监管，进一步完善监管手段和措施，强化对一些基金，如养老基金、大型公司、基金会等主体的监管，及时发现和跟踪上述主体的过度投机行为，尤其要着重加强在全球经济形势不确定性高、投机活动较活跃时期的监督。七是以境内企业、政府机构为出发点，逐步推广至境外贸易商和产油国。将上海原油期货价格纳入国内成品油零售定价参考；通过推动国家战略储备收储和轮库、境内企业贸易计价和财务核算率先使用上海原油期货计价，鼓励境内企业与境外贸易商开展原油国际贸易时以上海原油期货作为计价基准。

第三，强化我国供求两端的国际影响力。需求方面，改革开放 40 多年以来，中国经济建设的成绩有目共睹。作为全球第二大经济体、商品贸易第一大国，后工业化进程、城市化进程还将持续带来石油产品的旺盛需求，强劲的消费市场是中国的重要资本。相对而言，中国目前在供给方面的优势并不明显，未来可以从三个方面着重发力：一是加强原油战略储备体系建设，合理安排原油储备规模。加强中石油、中石化和国家石油储备中心之间原油储备的调配。同时，借助“国企改革”政策导向鼓励更多的民营资本进入石油勘探开发行业，提升勘探开发效率。此外，降低原油流通的资质门槛，建立全国统一大市场。通过市场化机制选择优质的民间存储力量，着力弥补国家储备仓储的空间不足，降低存储成本。激发多方生产要素活力，让市场成为决定原油流通的核心力量，这本身也是提高中国原油现货产业市场化建设的核心内容，上述工作将为期货市场定价能力的提升奠定坚实的产业基础。二是强化与国际组织（如OPEC、IEA）之间的联系。稳定与沙特阿拉伯、伊朗、伊拉克等产油国的友好关系，通过“一带一路”倡议与这些国家建立更加紧密的供给关系，提升彼此互信程度，探索与产油国合作的新机制，防止能源问题政治化。三是加强原油替代品的研发与使用，积极发展新能源和可再生能源，提高石油资源的使用效率，降低我国行业发展对原油的高度依赖。

第四，建立原油期货定价能力提升动态跟踪预警系统，创新原油基础信息发布机制。根据第六章国际经验分析，信息建设对一国争夺大宗商品定价权至关重要。一方面，加快构建我国原油期货定价能力的预警体系。建立覆盖高频和低频数据的相关影响因素数据库，充分考虑不同阶段诸多影响因素对原油期货定价能力的冲击，做好相关驱动因素对原油期货定价能力长短期影响以及冲击幅度、时长的测算，做好混频数据的分析和预测，制定提升定价能力、稳定定价能力、防止定价能力下滑的差异性策略。提前做好信息预警和风险研判，积极开展集中化、单因素、多因素的情景模拟，针对国内外因素的冲击，协同强化期货交易所、各级政府、期货公司等主体，为打造安全可靠的能源体系提供支撑。另一方面，充分利用数字经济的红利期，创新原油基础信息发布机制，做好对全球原油产量的跟踪统计，并为上海原油期货定价能力提升的路径优化提供参考。

第五，科学评判，抓住机遇、借“势”而行。首先，在当前的全球原油期货定价格局中，技术进步已经可以为上海原油期货定价能力提升带来助力。因此，应利用体制优势，尽快突破“冶炼、开采、勘探”等环节的关键技术，逐渐提高生产能力、储备实力，更好地分享技术红利。具体而言，可对国外原油勘探、生产、运输以及替代品方面的前沿技术、关键技术进行持续跟踪。通过并购、合作等方式及时引进国外先进技术，同时做到科技自立自强，立足石油工业，加强原油工业场景与工具软件应用的良性互动，不断扩大原油工业知识资源库，构建国产原油工业软件研发生态，通过行业发展来促进开发与应用的深度融合。创新原油产业链的产业联盟发展模式，支持政府、大型企业、科研院所设立联合攻关专项。强化基础条件与配套建设，鼓励中央企业和科技龙头企业发挥主导作用，以点带面推动原油产业链相关软件快速发展。其次，充分监测全球主要产油国的生产状况。当 OPEC 国家处于增产周期、非 OPEC 国家市场势力相对较弱时，上海原油期货市场建设国际定价中心的步伐可适度加快，并注意加强与 Brent 市场的协同。在这个过程中，应尽量避免 WTI 市场的负面干扰。此时，唯有自身发力，才能更好地突破“困局”。吸引 OPEC 国家参与市场，加强制度建设、国际化建设，建立信息发布中心便成为重要支持。当然，还要密切关注地缘冲突对全球供给市场的“外生性”冲击以及以美国页岩油革命为代表的“内生性”技术冲击。再次，中国居民原油产品偏好是提升原油期货定价能力的持续“正向”助力，更要积极利用后工业化时期“中国需求”的尾部红利，加快原油期货市场制度建设。同时，从长期视角科学看待“碳达峰、碳中和”压力对原油产品偏好带来的“负面”冲击，积极做好应对。最后，在货币政策宽松周期，充分利用宏观政策“机遇期”，进一步加快制度建设，适度加快金融市场的对外开放步伐，加速人民币国际化进程。加速提升交易所服务能力，引进先进的交易规则，配套有影响力的信息发布中心，充分吸引国际投资者的注意，引导原油生产国广泛参与交易、交割，将更有助于强化“宏观政策”红利。总而言之，练好“内功”，借好“中国需求”之势、“宏观政策”之势，多策并举，才能突破 WTI 和 Brent 期货市场的制约和束缚，真正成为全球原油贸易定价的“第三极”。

第三节　研究不足与展望

尽管本书创新性地运用了多种技术（包括 VECM－GJR－GARCH－BEKK、VECM、ARDL、主成分分析、结构断点识别、脉冲响应、波动溢出等实证模型和 DSGE 等理论建模），对中国原油期货定价能力展开了相对科学、细致、全面的分析，但上述技术依然存在不足，具体表现为：

其一，未基于更长时间序列反映结构突变对于原油期货定价能力的影响。本书测算上海原油期货定价能力，并探索上海与其他原油期货市场的互动关系时，是以 WTI 基准油的结构性变化作为划分依据的，结构性突变的时间相隔通常为 3～5 年。然而，我国原油期货推出时间较短，自 2018 年 3 月上市以来，仅有 4 年多的时间。在这一阶段，WTI 和 Brent 市场尚未发生显著的结构性变动。其间，还经历了中美贸易摩擦和新冠疫情的暴发，上述事件发生后，势必产生新的结构性突变，这将对原油期货定价能力的精确衡量产生干扰。因此，未来需要利用更长的时间序列测算原油期货定价能力，更加全面地考虑结构突变、风险事件的冲击。

其二，未能将较为热门的大数据分析技术引入上海原油期货定价能力的评估。本书在分析上海原油期货定价能力的驱动因素时，采用了 ARDL 模型，测算了 18 个具体变量对上海原油期货定价能力的影响。尽管解决了以往文献在分析驱动因素时变量选取不足的问题，但仍然有很多关键因素未能包括进来，如其他商品（黄金、煤炭等）期货的价格、各地舆情、各国产业政策、原油替代产品、海上油轮数量、关税，等等。当然，这也是由数据可得性受限、传统时间序列分析方法应用范围不足等原因所致。随着机器学习方法日益应用于经济、金融领域，尤其是海量数据的生成，可选取的变量会越来越多。在未来的研究中，宜采用机器学习等大数据分析方法，纳入更多的因素全面分析上海原油期货定价能力，更加精准地识别影响机制。

其三，未能全面分析全球其他非定价中心原油期货市场对我国原油期货市场定价能力的影响。在本书的第四至第六章当中，相关实证分析主要选择了 WTI 和 Brent 两大基准油期货市场进行对标。一方面，上述期货定价中心数据权威、容易获得；另一方面，上海原油期货市场的建设目标正是全球性的期货定价中心，绝非区域性期货市场，与 WTI 和 Brent 进行对照分析恰恰抓住了问题的主要矛盾。然而，也应该意识到，日本、新加坡、俄罗斯等试图通过发展石油期货市场进一步提升原油定价能力的国家也在持续努力，这些国家也都在力争打破当前的基准油定价格局。这些国家的原油期货市场尽管发展不如上海原油期货市场交易稳健，但依然会对国际原油期货市场产生不小的冲击，尤其是会分流一部分交易商。上述非定价中心期货市场对我国原油期货市场定价能力的潜在影响值得高度关注，在获得相关数据后应尽快纳入模型予以分析。同时，还要深度探索上述原油期货市场没有成为全球性定价中心的原因。

其四，未将中国的货币决策机制引入 DSGE 模型。本书第六章得到“货币政策几乎不会冲击原油期货定价能力”的结论，一个可能的原因是，利用泰勒规则来拟合中国人民银行的货币决策，会面临“水土不服”的问题。同时，DSGE 模型对具体政策目标函数的分析也并未涉及。未来，可行的方向在于，针对具体的货币政策目标展开更为细致的分析，深入挖掘中国人民银行创新性货币政策工具的使用对定价能力的影响。

其五，未能引入前沿微观范式进行机制分析。尽管尝试构建了具有微观基础的 DSGE 模型，但本书针对影响石油期货定价能力的一些关键因素缺乏机制考察。例如，投机者非理性金融行为如何对原油期货定价能力形成干扰，交易所制度设计如何针对不同受众群体的利益统筹考虑，发达经济体建立期货交易所背后体现了怎样的国家博弈，等等。这使得本书对影响机制的分析不够深入。未来可通过引入行为金融模型、博弈论等前沿技术手段，对定价机制展开更加系统的分析。

附　录

附表 1　未区分结构断点的原油评价指标 KMO 和 SMC 检验

变量	KMO 值	SMC 值
期货结算价	0. 4637	0. 6888
收益率	0. 4630	0. 5546
成交量趋势	0. 7113	0. 6524
持仓量趋势	0. 5902	0. 5537
期货结算价与 Brent 现货价差	0. 9254	0. 9131
期货结算价与 WTI 现货价差	0. 5182	0. 4587
期货结算价与阿曼现货价差	0. 8555	0. 9909
期货结算价与胜利油现货价差	0. 8146	0. 9925
期货结算价与大庆油现货价差	0. 7869	0. 9814
期货结算价与迪拜油现货价差	0. 8562	0. 9902
期货结算价与塔皮斯现货价差	0. 8783	0. 9259
期货结算价与米纳斯现货价差	0. 8420	0. 9521
期货结算价与辛塔现货价差	0. 8976	0. 9671
期货结算价与杜里现货价差	0. 7983	0. 9907
合计	0. 8260	

附表 2 未区分结构断点的相关系数矩阵特征值与方差贡献率

成分	特征值	方差贡献率	贡献率	累计贡献率
成分 1	7.6955	5.8297	0.5497	0.5497
成分 2	1.8657	0.4288	0.1333	0.6829
成分 3	1.4369	0.4315	0.1026	0.7856
成分 4	1.0054	0.0848	0.0718	0.8574
成分 5	0.9206	0.5420	0.0658	0.9232
成分 6	0.3786	0.1434	0.0270	0.9502
成分 7	0.2352	0.0234	0.0168	0.9670
成分 8	0.2118	0.0897	0.0151	0.9821
成分 9	0.1221	0.0628	0.0087	0.9908
成分 10	0.0593	0.0120	0.0042	0.9951
成分 11	0.0473	0.0343	0.0034	0.9984
成分 12	0.0129	0.0081	0.0009	0.9994
成分 13	0.0048	0.0008	0.0003	0.9997
成分 14	0.0040	—	0.0003	1.0000

附表 3　未区分结构断点的因子载荷矩阵表

变量	成分 1	成分 2	成分 3	成分 4
price	−0. 0897	−0. 2610	0. 6659	0. 1642
rate	0. 0581	0. 0351	0. 0450	0. 8899
trade	−0. 1167	0. 6208	0. 1623	0. 0391
hold	−0. 072	0. 6064	0. 2320	0. 0364
c_brent	0. 3379	−0. 0309	−0. 0026	−0. 1411
c_wti	0. 0499	−0. 0772	0. 6599	−0. 2980
c_amn	0. 3371	−0. 1391	0. 0625	0. 0244
c_shengli	0. 3171	−0. 0222	0. 0654	0. 1458
c_daqing	0. 3264	0. 2217	0. 0567	−0. 0624
c_dubai	0. 3350	−0. 1488	0. 0517	0. 0307
c_tapis	0. 3304	0. 0793	−0. 1293	−0. 0716
c_minas	0. 3246	0. 2093	−0. 0323	−0. 0893
c_cinta	0. 3381	0. 1654	0. 0433	−0. 0302
c_duri	0. 3023	−0. 0454	0. 0716	0. 1697

参考文献

[1] Akdoğan K. Fundamentals versus speculation in oil market: The role of asymmetries in price adjustment? [J]. Resources Policy, 2020, 67 (8): 101-153.

[2] Akram Q F. Oil price drivers, geopolitical uncertainty and oil exporters' currencies [J]. Energy Economics, 2020, 89 (7) : 48-61.

[3] AlKathiri N, Al-Rashed Y, Doshi T K, et al. "Asian premium" or "North Atlantic discount": Does geographical diversification in oil trade always impose costs? [J]. Energy Economics, 2017, 66 (8): 411-420.

[4] Al Rahahleh N, Bhatti M I. Co-movement measure of information transmission on international equity markets [J]. Physical A: Statistical Mechanics and Its Applications, 2017, 470 (5): 119-131.

[5] Alvarez-Ramirez J, Cisneros M, Ibarra-Valdez C, et al. Multifractal hurst analysis of crude oil prices [J]. Physica A: Statistical Mechanics and Its Applications, 2002, 313 (10): 651-670.

[6] Alvarez-Ramirez J, Rodriguez, et al. AR (p)-based detrended fluctuation analysis [J]. Physica A: Statistical Mechanics and Its Applications, 2018, 26 (7): 23-52.

[7] An H, Gao X, Fang W, et al. Research on patterns in the fluctuation of the co-movement between crude oil futures and spot prices: A complex

network approach [J]. Applied Energy, 2014, 136 (12): 67-75.

[8] Annicchiarico B, Dio F. Environmental policy and macroeconomic dynamics in a new Keynesian model [J]. Journal of Environmental Economics and Management, 2015, 69 (1): 1-21.

[9] Archak N, Ghose A, Ipeirotis P G. Deriving the pricing power of product features by mining consumer reviews [J]. Management Science, 2011, 57 (8): 1485-1509.

[10] Avdulaj K, Jozef B. Are benefits from oil-stocks diversification gone? New evidence from a dynamic copula and high frequency data [J]. Energy Economics, 2015, 51 (9): 31-44.

[11] Azzam A. Measuring market power and cost-efficiency effects of industrial concentration [J]. Journal of Industrial Economics, 1997, 45 (12): 377-386.

[12] Azzam A, Parkm T. Testing for switching market conduct [J]. Applied Economics, 1993, 25 (6): 795-800.

[13] Azzimonti M. Partisan conflict and private investment [J]. Journal of Monetary Economics, 2018, 93 (1): 114-131.

[14] Azzimonti M, Talbert M. Polarized business cycles [J]. Journal of Monetary Economics, 2014, 67 (12): 47-61.

[15] Balabanoff S. The composite barrel of retail prices and its relationship to crude oil prices [J]. OPEC Review, 1993, 17 (4): 421-449.

[16] Barkoulas T H, Santos M R. The link between commodity prices and commodity-linked-equity values during a geopolitical event [J]. Academy of Accounting and Financial Studies Journal, 2008, 12 (2): 1-5.

[17] Baruník J, Kocenda E, Vάcha L. Volatility spillovers across petroleum markets [J]. The Energy Journal, 2015, 3 (1): 309-329.

[18] Baumeister C, Kilian L. Forty years of oil price fluctuations: Why the price of oil may still surprise us [J]. Journal of Economic Perspectives, 2016, 30 (1): 60-139.

[19] Bijmolt T H, Heerde H J, Pieters R J. New empirical generalizations on the determinants of price elasticity [J]. Journal of Marketing Research, 2005, 42 (2): 141-156.

[20] Bodenstein M, Guerrieri L. Oil efficiency, demand, and prices: A tale of ups and downs international finance discussion papers [J]. Board of Governors of the Federal Reserve System, 2011, 1031 (10): 1-49.

[21] Bonaccolto M, Caporin M, Gupta R. The dynamic impact of uncertainty in causing and forecasting the distribution of oil returns and risk? [J]. Physica A: Statistical Mechanics and Its Applications, 2018, 507 (10): 446-469.

[22] Bunn D W, Chevallier J, Le Pen Y, et al. Fundamental and financial influences on the comovement of oil and gas prices [J]. Energy Journal, 2017, 38 (2): 28-201.

[23] Büyükşahin B, Robe M A. Speculators, commodities and cross-market linkages [J]. Journal of International Money and Finance, 2014, 42 (4): 38-70.

[24] Caldara D, Iacoviello M. Measuring geopolitical risk [J]. American Economic Review, 2022, 112 (4): 1194-1225.

[25] Canova F L, Gambetti E P. The structural dynamics of output growth and inflation: Some international evidence [J]. The Economic Journal, 2007, 117 (4): 167-191.

[26] Carricano M, Kanetkar V. Linking pricing power to financial performance [R]. Leuven: European Marketing Conference, 2015.

[27] Chai J, Xing L M, Zhou X Y, et al. Forecasting the WTI crude oil price by a hybrid-refined method [J]. Energy Economics, 2018, 71 (3): 114-127.

[28] Chang C L, McAleer M, Tansuchat R. Crude oil hedging strategies using dynamic multivariate GARCH [J]. Energy Economics, 2011, 33 (5): 912-923.

[29] Chang C P, Lee C C. Do oil spot and futures prices move together? [J]. Energy Economics, 2015, 50 (6): 379-390.

[30] Chang K L. The time-varying and asymmetric dependence between crude oil spot and futures markets: Evidence from the Mixture copula-based ARJI-GARCH model [J]. Economic Modelling, 2012, 29 (6): 2298-2309.

[31] Chiarucci R, Loffredo M I, Ruzzenenti F. Evidences for a structural change in the oil market before a financial crisis: The flat horizon effect [J]. Research in International Business and Finance, 2017, 42 (12): 912-921.

[32] Cologni A, Manera M. Oil prices, inflation and interest rates in a structural cointegrated VAR model for the G-7 countries [J]. Energy Economics, 2008, 30 (3): 856-888.

[33] Correlje A, Van-der Linde C. Energy supply security and geopolitics: A European perspective [J]. Energy Policy, 2006, 34 (5): 532-543.

[34] Cunado J, Gupta R, Sheng X, et al. Time-varying impact of geopolitical risks on oil prices [J]. Defence and Peace Economics, 2019, 28 (1): 692-706.

[35] Diebold F X, Yilmaz K. Better to give than to receive: Predictive directional measurement of volatility spillovers [J]. International Journal of Forecasting, 2012, 28 (1): 57-66.

[36] Du L, He Y. Extreme risk spillovers between crude oil and stock

markets [J]. Energy Economics, 2015, 51 (9): 455-465.

[37] Eilts H F. The persian gulf crisis: Perspectives and prospects [J]. Middle East Journal, 1991, 45 (1): 7-22.

[38] Elder J, Serletis A. Oil price uncertainty [J]. Money Credit Bank, 2010, 42 (6): 1137-1159.

[39] Fan Y, Xu J H. What has driven oil prices since 2000? A structural change perspective [J]. Energy Economics, 2011, 33 (6): 1082-1094.

[40] Fearon J. Bargaining over objects that influence future bargaining power [R]. Washington D. C.: Annual Meeting of the APSA, 1996.

[41] Fong W M, See K H. A markov switching model of the conditional volatility of crude oil futures prices [J]. Energy Economics, 2002, 24 (1): 71-95.

[42] Forbes K J, Rigobon R. No contagion, only interdependence: Measrung stock market comovements [J]. Journal of Finance, 2002, 57 (2): 2223-2261.

[43] Fung H G, Wilson L Q, Tse Y. The information flow and market efficiency between the US and Chinese aluminum and copper futures markets [J]. Journal of Futures Markets, 2010, 30 (6): 1192-1209.

[44] Funke M, Paetz M, Pytlarczyk E. Stock market wealth effects in an estimated DSGE model for Hong Kong [J]. Economic Modelling, 2011, 28 (1): 316-334.

[45] Gülen S G. Efficiency in the crude oil futures market [J]. Journal of Energy Finance and Development, 1998, 3 (1): 13-21.

[46] Glosten L R, Jagannathan R, Runkle D E. On the relation between the expected value and the volatility of the nominal excess return on stocks [J]. The Journal of Finance, 1993, 48 (5): 1779-1801.

[47] Gong X, Wex H, van Pinxteren M, et al. Characterization of aerosol particles at Cabo Verde close to sea level and at the cloud level [J]. Energy, 2020, 198 (1): 1451-1468.

[48] Guesmi K, Abid I, Creti A, et al. Oil price risk and financial contagion [J]. The Energy Journal, 2018, 39 (10): 97-112.

[49] Guo Y F. How is China's coke price related with the world oil price? The role of extreme movements [J]. Economic Modelling, 2016, 58 (12): 22-33.

[50] Hacker R S, Hatemi J A. A test for multivariate ARCH effects [J]. Applied Economics Letters, 2005, 44 (12): 411-417.

[51] Hamilton J D. A new approach to the economic analysis of nonstationary time series and the business cycle [J]. Econometrica: Journal of the Econometric Society, 1989, 57 (2): 357-384.

[52] Hamilton J D. Causes and consequences of the oil shock of 2007-2008 [J]. National Bureau of Economic Research, 2009, 40 (1): 215-283.

[53] Hamilton J D. Oil and the macroeconomy since World War Ⅱ [J]. Journal of Political Economy, 1983, 91 (2): 228-248.

[54] Hammoudeh S, Bhar R, Thompson M A. Re-examining the dynamic causal oil-macroeconomy relationship [J]. International Review of Financial Analysis, 2015, 19 (4): 298-305.

[55] Haugom E, Langeland H, Molnár P, et al. Forecasting volatility of the US oil market [J]. Journal of Banking & Finance, 2014, 47 (10): 1-14.

[56] Heutel G. How should environmental policy respond to business cycles? Optimal policy under persistent productivity shocks [J]. Review of Economic Dynamics, 2012, 15 (2): 244-264.

[57] Hinterhuber A, Liozu S. Is it time to rethink your pricing strategy?

[J]. MIT Sloan Management Review, 2012, 53 (6): 69-77.

[58] Hinterhuber A. Value quantification capabilities in industrial markets [J]. Journal of Business Research, 2017, 76 (7): 163-178.

[59] Hooker M. Are oil shocks inflationary? Asymmetric and nonlinear specifications versus changes in regime [J]. Money Credit Bank, 2002, 34 (2): 540-561.

[60] Huber J. The importance of pricing power: Base hit investing [EB/OL]. (2014-03-20). [2020-09-20]. http://basehitinvesting.com/the-importance-of-pricing-power/.

[61] Ingenbleek P M, Van-der Lans I A. Relating price strategies and price-setting practices [J]. European Journal of Marketing, 2013, 47 (2): 27-48.

[62] Iyke B N. Real output and oil price uncertainty in an oil-producing country [J]. Monetary Economy Bank, 2019, 22 (2): 1-14.

[63] Ji Q, Fan Y. Dynamic integration of world oil prices: A reinvestigation of globalisation vs. regionalisation [J]. Applied Energy, 2015, 155 (10): 171-180.

[64] Ji Q, Fan Y. How does oil price volatility affect non-energy commodity markets? [J]. Applied Energy, 2012, 89 (1): 273-280.

[65] Ji Q, Zhang D. China's crude oil futures: Introduction and some stylized facts [J]. Finance Research Letters, 2019, 28 (3): 376-380.

[66] Kadiyali V, Chintagunta P, Vilcassim N. Manufacturer-retailer channel interactions and implications for channel power: An empirical investigation of pricing in a local market [J]. Marketing Science, 2000, 19 (2): 127-148.

[67] Kang S H, Ron M. Dynamic spillover effects among crude oil, precious metal, and agricultural commodity futures markets [J]. Energy Economics, 2017,

62 (2): 19-32.

[68] Kilian L, Murphy D P. The role of inventories and speculative trading in the global market for crude oil [J]. Journal of Applied Econometrics, 2014, 29 (4): 454-478.

[69] Kilian L. Not all oil price shocks are alike: Disentangling demand and supply shocks in the crude oil market [J]. The American Economic Review, 2009, 99 (3): 1053-1069.

[70] Kilian L, Park C. The impact of oil price shocks on the US stock market [J]. International Economic Review, 2009, 50 (10): 1267-1287.

[71] Kilian L, Vigfusson R J. The role of oil price shocks in causing U. S. recessions [J]. Journal of Money Credit and Banking, 2017, 49 (8): 1747-1776.

[72] Kim J M, Jung H. Dependence structure between oil prices, exchange rates, and interest rates [J]. The Energy Journal, 2018, 39 (2): 259-280.

[73] Kim W J, Hammoudeh S, Hyun J S, et al. Oil price shocks and China's economy: Reactions of the monetary policy to oil price shocks [J]. Energy Economics, 2017, 62 (2): 61-69.

[74] Klein T. Trends and contagion in WTI and Brent crude oil spot and futures markets-the role of OPEC in the last decade [J]. Energy Economics, 2018, 75 (9): 636-646.

[75] Kramer A, Jung M, Burgartz T. A small step from price competition to price war: Understanding causes, effects, and possible countermeasures [J]. International Business Review, 2016, 9 (3): 1-13.

[76] Krishna A, Feinberg F M, Zhang Z J. Should price increases be targeted? Pricing power and selective vs. across the-board price increases [J]. Management Science, 2007, 53 (9): 1407-1422.

[77] Kumar S, Choudhary S, Singh G, et al. Crude oil, gold, natural

gas, exchange rate and indian stock market: Evidence from the asymmetric non-linear ARDL model [J]. Resources Policy, 2021, 73 (10): 102-194.

[78] Lanza A, Matteo M. Modeling dynamic conditional correlations in WTI oil forward and futures returns [J]. Finance Research Letters, 2006, 3 (2): 114-132.

[79] Leduc S, Sill K. Monetary policy, oil shocks, and TFP: Accounting for the decline in US volatility [J]. Review of Economic Dynamics, 2007, 10 (4): 595-614.

[80] Liao H, Suen Y. Dating breaks for global crude oil prices and their volatility: A possible price band for global crude prices [J]. Energy Studies Review, 2006, 14 (2): 189-206.

[81] Lin B, Li J. The spillover effects across natural gas and oil markets: Based on the VEC-MGARCH framework [J]. Applied Energy, 2015, 155 (10): 229-241.

[82] Lin S, Xiao W, Michael N T. Effects of NYMEX trading on IPE Brent crude futures markets: A duration analysis [J]. Energy Policy, 2004, 32 (1): 77-82.

[83] Lin Y, Xiao Y, Li F. Forecasting crude oil price volatility via a HM-EGARCH model [J]. Energy Economics, 2020, 87 (3): 104-193.

[84] Liozu S M, Hinterhuber A. Pricing orientation, pricing capabilities, and firm performance [J]. Management Decision, 2013, 51 (3): 594-614.

[85] Liozu S M. Make pricing power a strategic priority for your business [J]. Business Horizons, 2019, 62 (1): 117-128.

[86] Liozu S M. State of value-based-pricing survey: Perceptions, challenges, and impact [J]. Journal of Revenue & Pricing Management, 2017, 16 (1): 18-29.

[87] Liu X D, Pan F, Yuan L, et al. The dependence structure between crude oil futures prices and Chinese agricultural commodity futures prices: Measurement based on Markov-switching GRG copula [J]. Energy, 2019, 182 (9): 999-1012.

[88] Liu Y, Long C. The price correlation between crude oil spot and futures-evidence from rank test [J]. Energy Procedia, 2011, 5 (1): 998-1002.

[89] Li X, Ma J, Wang S, et al. How does Google search affect trader positions and crude oil prices? [J]. Economic Modelling, 2015, 49 (9): 162-171.

[90] Li Y, Gao Z, Yao W, et al. Research on Shanghai crude oil futures price fluctuation based on principal component analysis [J]. Statistics and Applications, 2020, 9 (3): 377-385.

[91] Lizardo R A, Mollick A V. Oil price fluctuations and U. S. dollar exchange rates [J]. Energy Economics, 2010, 32 (2): 399-408.

[92] Lu F. Information spillovers among international crude oil markets-an empirical analysis based on CCF method and ECM [J]. Systems Engineering-Theory & Practice, 2008, 28 (3): 25-34.

[93] Lu Q, Y Li, Chai J, et al. Crude oil price analysis and forecasting: A perspective of "new triangle" [J]. Energy Economics, 2020, 87 (3): 104-121.

[94] Maghyereh A I, Awartani B, Abdoh H. The co-movement between oil and clean energy stocks: A wavelet-based analysis of horizon associations [J]. Energy, 2019, 169 (2): 895-913.

[95] Maisonnier G，王艳. 天然气价格与原油价格的关系及其发展趋势 [J]. 国际石油经济，2006 (6): 15-17.

[96] Mandelbrot B. Nouveaux modèles de la variation des prix (cycles lents et changements instantanés) [J]. Cahiers du séminaire d'économétrie, 1966, 38 (9): 53-66.

[97] Martina E, Rodrigues R, Escarela-Pérez R, et al. Multiscale entropy analysis of crude oil price dynamics [J]. Energy Economics, 2011, 33 (5): 936-947.

[98] Maude-Griffin R, Feldman R, Wholey D. Nash bargaining model of HMO premiums [J]. Applied Economics, 2004, 36 (12): 1329-1336.

[99] Michaely M. Regionalism in trade: An overview of the last half-century [J]. Global Economy Journal, 2014, 14 (3-4): 425-434.

[100] Michał R. Forecasting crude oil prices with DSGE models [J]. International Journal of Forecasting, 2021, 37 (2) : 531-546.

[101] Mohammadi H, Su L. International evidence on crude oil price dynamics: Applications of ARIMA-GARCH model [J]. Energy Economics, 2010, 32 (5): 1001-1008.

[102] Moosa I A, Al-Loughani N E. Unbiasedness and time varying risk premia in the crude oil futures market [J]. Energy Economics, 1994, 16 (2): 99-105.

[103] Morana C. Oil price dynamics, macro-finance interactions and the role of financial speculation [J]. Journal of Banking & Finance, 2013, 37 (1): 206-226.

[104] Morse E L, Richard J. The battle for energy dominance [J]. Foreign Affairs, 2002, 81 (2): 16-31.

[105] Nagle T, Holden R. The strategy and tactics of pricing: A guide to profitable decision making [M]. New Jersey: Prentice-Hall, 1987.

[106] Nakov A, Pescatori A. Oil and the great moderation [J]. The Economic Journal, 2010, 120 (3): 131-156.

[107] Narayan P K, Phan D H B, Thuraisamy K, et al. Price discovery and asset pricing [J]. Pacific-Basin Finance Journal, 2016, 40 (12): 224-235.

[108] Narayan P K, Ranjeeni K, Bannigidadmath D. New evidence of psychological barrier from the oil market [J]. Journal of Behavioral Finance, 2016, 18 (4): 457-469.

[109] Nusair S A. The effects of oil price shocks on the economies of the gulf cooperation council countries: Nonlinear analysis [J]. Energy Policy, 2016, 91 (4): 256-267.

[110] Ortiz-Cruz A, Rodriguez E, Ibarra-Valdez C, et al. Efficiency of crude oil markets: Evidences from informational entropy analysis [J]. Energy Policy, 2012, 41 (2): 365-373.

[111] Palao F, Pardo N, Roig M. Is the leadership of the Brent-WTI threatened by China's new crude oil futures market? [J]. Journal of Asian Economics, 2020, 70 (10): 101-157.

[112] Pan Z, Wang Y, Wu C, et al. Oil price volatility and macroeconomic fundamentals: A regime switching GARCH-MIDAS model [J]. Journal of Empirical Finance, 2017, 43 (9): 130-142.

[113] Parker P M. Price elasticity dynamics over the adoption life cycle [J]. Journal of Marketing Research, 1992, 29 (8): 358-367.

[114] Park J, Ratti R A. Oil price shocks and stock markets in the U. S. and 13 European countries [J]. Energy Economics, 2008, 30 (5): 2587-2608.

[115] Polbin A, Skrobotov A, Zubarev A. How the oil price and other factors of real exchange rate dynamics affect real GDP in Russia [J]. Emerging Markets Finance & Trade, 2019, 56 (2): 3732-3745.

[116] Quan J. Two step testing procedure for price discovery role of futures prices [J]. Journal of Futures Markets, 1992, 32 (12): 139-149.

[117] Rafiq S, Salim R, Bloch H. Impact of crude oil price volatility on economic activities: An empirical investigation in the Thai economy [J]. Re-

sources Policy, 2009, 34 (3): 121-132.

[118] Reboredo J C. Is there dependence and systemic risk between oil and renewable energy stock prices? [J]. Energy Economics, 2015, 48 (3): 32-45.

[119] Ringen S. How lego became the apple of toys fast company [EB/OL]. [2021-11-05]. https://www.fastcompany.com/3040223/when-it-clicks-it-clicks.

[120] Ripple R D, Moosa I A. Hedging effectiveness and futures contract maturity: The case of NYMEX crude oil futures [J]. Applied Financial Economics, 2007, 17 (6): 683-689.

[121] Sadorsky P. Modeling and forecasting petroleum futures volatility [J]. Energy Economics, 2006, 28 (4): 467-488.

[122] Salman S G. Oil demand in North America: 1980-2020 [J]. OPEC Review, 2001, 25 (12): 339-355.

[123] Sang H K, Kang S M, Yoon S M. Forecasting volatility of crude oil markets [J]. Energy Economics, 2009, 31 (1): 119-125.

[124] Scholtens B, Yurtsever C. Oil price shocks and European industries [J]. Energy Economics, 2012, 34 (4): 1187-1195.

[125] Schroeter J R, Azzam A. Measuring market power in multi-product oligopolies: The U. S. meat industry [J]. Applied Economics, 1990, 22 (6): 1365-1376.

[126] Schwartz T V, Szakmary A C. Price discovery in petroleum markets: Arbitrage, cointegration and the time interval of analysis [J]. Journal of Futures Markets, 1994, 14 (2): 147-167.

[127] Sensoy A, Erk H. Time-varying long range dependence in energy futures markets [J]. Energy Economics, 2014, 46 (11): 318-327.

[128] Serletis A, Andreadis I. Random fractal structures in North Ameri-

can energy markets [J]. Energy Economics, 2004, 26 (3): 389-399.

[129] Silvapulle P, Moosa I A. The relationship between spot and futures prices: Evidence from the crude oil market [J]. Journal of Futures Markets, 1999, 19 (3): 175-193.

[130] Smith T. What really is pricing power? [EB/OL]. [2021-06-02]. https: //www. linkedin. 6com/pulse/what-really-pricing-power-tim-j-smith.

[131] Smyth R, Narayan P K. What do we know about oil prices and stock returns? [J]. International Review of Financial Analysis, 2018, 57 (3): 148-156.

[132] Souček M. Crude oil, equity and gold futures open interest co-movements [J]. Energy Economics, 2013, 40 (11): 306-315.

[133] Souček M, Todorova N. Realized volatility transmission between crude oil and equity futures markets: A multivariate HAR approach [J]. Energy Economics, 2013, 35 (3): 586-597.

[134] Stevenson A. Cramer: Apple pricing power stronger than ever [EB/OL]. (2016-03-23). [2020-09-20]. http: //www. CNBC. com.

[135] Tellis M. The price elasticity of selective demand: A meta-analysis of econometric models of sales [J]. Journal of Marketing Research, 1988, 25 (12): 331-341.

[136] Urom C, Guesmi K, Abid I, et al. Dynamic integration and transmission channels among interest rates and oil price shocks [J]. The Quarterly Review of Economics and Finance, 2021, 18 (4): 123-135.

[137] Van Eyden R, Difeto M, Gupta R, et al. Oil price volatility and economic growth: Evidence from advanced OECD countries using over one century of data [J]. Applied Energy, 2019, 233 (1): 612-621.

[138] Wang H, Ke B. Efficiency tests of agricultural commodity futures markets in China [J]. The Australian Journal of Agricultural and Resource Eco-

nomics, 2005, 49 (6): 125-141.

[139] Wang H, Yuan Y, Wang T. The dynamics of cross-boundary fire-financial contagion between the oil and stock markets [J]. Journal of Futures Markets, 2021, 41 (6): 1-19.

[140] Wang X. Frequency dynamics of volatility spillovers among crude oil and international stock markets: The role of the interest rate [J]. Energy Economics, 2020, 91 (9): 104-110.

[141] Wang Y D, Li L. Crude oil and world stock markets: Volatility spillovers, dynamic correlations, and hedging [J]. Empirical Economics, 2016, 50 (6): 1481-1509.

[142] Wang Y, Geng Q, Meng F. Futures hedging in crude oil markets: A comparison between minimum-variance and minimum-risk frameworks [J]. Energy, 2019, 181 (8): 815-826.

[143] Wang Y, Liu L. Is WTI crude oil market becoming weakly efficient over time? New evidence from multiscale analysis based on detrended fluctuation analysis [J]. Energy Economics, 2010, 32 (5): 987-992.

[144] Wang Y, Liu L, Wu C. Forecasting the real prices of crude oil using forecast combinations over time-varying parameter models [J]. Energy Economics, 2017, 66 (8): 337-348.

[145] Wang Y, Pan Z, Liu L, et al. Oil price increases and the predictability of equity premium [J]. Journal of Banking & Finance, 2019, 102 (5): 43-58.

[146] Wang Y, Wu C. Forecasting energy market volatility using GARCH models: Can multivariate models beat univariate models? [J]. Energy Economics, 2012, 34 (6): 2167-2181.

[147] Wang Y, Wu C, Yang L. Oil price shocks and stock market activi-

ties: Evidence from oil-importing and oil-exporting countries [J]. Journal of Comparative Economics, 2013, 41 (4): 1220-1239.

[148] Wen X, Wei Y, Huang D. Measuring contagion between energy market and stock market during financial crisis: A copula approach [J]. Energy Economics, 2012, 34 (5): 1435-1446.

[149] Wilkes F M, Harrison R. Classical pricing rules, costplus pricing, and the capacity constrained firm [J]. Journal of Business Finance and Accounting, 1975, 2 (1): 19-37.

[150] Wong J B, Zhang Q. Impact of international energy prices on China's industries [J]. Journal of Futures Markets, 2020, 40 (1): 722-748.

[151] Wu F, Guan Z, Myers R J. Volatility spillover effects and cross hedging in corn and crude oil futures [J]. Journal of Futures Markets, 2011, 31 (11): 1052-1075.

[152] Xiao J, Zhou M, Wen F, et al. Asymmetric impacts of oil price uncertainty on Chinese stock returns under different market conditions: Evidence from oil volatility index [J]. Energy Economics, 2018, 74 (8): 777-786.

[153] Xu G, Chen L, Lin B Q. Analyzing dynamic impacts of different oil shocks on oil price [J]. Energy, 2020, 11 (3): 1-6.

[154] Yang J, Zhou Y. Return and volatility transmission between China's and international crude oil futures markets: A first look [J]. Journal of Futures Markets, 2020, 40 (2): 860-884.

[155] Yildirim D C, Erdoğǎn S, Çevik E I. Regime-dependent effect of crude oil price on BRICS stock markets [J]. Finance Trade, 2018, 54 (1): 1706-1719.

[156] Yoon K H, Ratti R A. Energy price uncertainty, energy intensity and firm investment [J]. Energy Economics, 2011, 33 (1): 67-78.

[157] Yu L, Wang Z, Tang L. A decomposition-ensemble model with data-characteristic driven reconstruction for crude oil price forecasting [J]. Applied Energy, 2015, 156 (10): 251-267.

[158] Zhang D, Ji Q, Kutan A M. Dynamic transmission mechanisms in global crude oil prices: Estimation and implications [J]. Energy, 2019, 175 (1): 1181-1193.

[159] Zhang D, Shi M, Shi X. Oil indexation, market fundamentals, and natural gas prices: An investigation of the Asian premium in natural gas trade [J]. Energy Economics, 2018, 69 (1): 33-41.

[160] Zhang J, Umehara B. How far is Shanghai INE crude oil futures from an international benchmark in oil pricing? [J]. Institute for International Monetary Affairs, 2019, 4 (3): 1-15.

[161] Zhang Q, Di P, Farnoosh A. Study on the impacts of Shanghai crude oil futures on global oil market and oil industry based on VECM and DAG models [J]. Energy, 2021, 223 (3): 120-150.

[162] Zhang W. China's monetary policy: Quantity versus price rules [J]. Journal of Macroeconomics, 2009, 31 (3): 473-484.

[163] Zhang Y J. Speculative trading and WTI crude oil futures price movement: An empirical analysis [J]. Applied Energy, 2013, 107 (6): 394-402.

[164] Zhang Y J, Sun Y F. The dynamic volatility spillover between European carbon trading market and fossil energy market [J]. Journal of Cleaner Production, 2016, 112 (5): 2654-2663.

[165] Zhou J, Sun M, Han D, et al. Analysis of oil price fluctuation under the influence of crude oil stocks and US dollar index—based on time series network model [J]. Physica A: Statistical Mechanics and Its Applications, 2021, 582 (12): 126-218.

[166] Zhuang Y, Lan H, Li Y, et al. Pdr/ins/wifi integration based on handheld devices for indoor pedestrian navigation [J]. Micromachines, 2015, 6 (6): 793-812.

[167] Zhu H M, Li R, Li S F. Modelling dynamic dependence between crude oil prices and Asia-Pacific stock market returns [J]. International Review of Economics & Finance, 2014, 29 (1): 208-223.

[168] 卜林，李晓艳，朱明皓. 上海原油期货的价格发现功能及其国际比较研究 [J]. 国际贸易问题，2020 (9): 160-174.

[169] 部慧，何亚男. 考虑投机活动和库存信息冲击的国际原油期货价格短期波动 [J]. 系统工程理论与实践，2011 (4): 691-701.

[170] 部慧，陆凤彬，魏云捷. "原油宝"穿仓谁之过？我国商业银行产品创新的教训与反思 [J]. 管理评论，2020 (9): 308-322.

[171] 蔡俊煌. 全球定价能力博弈下的中国经济安全风险与对策研究 [J]. 亚太经济，2015 (6): 58-65.

[172] 曹剑涛. 上海原油期货价格变动传导效应研究 [J]. 价格理论与实践，2019 (6): 5.

[173] 曹伟，冯颖姣，陈煌杰. 人民币汇率传递、行业进口价格与进口定价能力 [J]. 国际金融研究，2021 (12): 74-83.

[174] 常清. 期货市场的认识误区 [J]. 中国金融，2017 (4): 2.

[175] 常清，喻猛国，颜林蔚，等. 我国建设铁矿石国际定价中心问题研究 [J]. 中国证券期货，2018 (2): 4-10.

[176] 陈君，常清. 我国期货市场国际定价能力研究 [J]. 技术经济，2010 (3): 106-113.

[177] 程安. 我国应尽快建立多层次的石油市场体系 [J]. 北京石油管理干部学院学报，2013 (5): 3.

[178] 丁剑平，胡昊，叶伟. 在岸与离岸人民币汇率动态研究——基

于美元因素和套利因素的视角［J］. 金融研究，2020（6）：78-95.

［179］董秀良，曹凤岐. 国内外股市波动溢出效应——基于多元GARCH 模型的实证研究［J］. 数理统计与管理，2009（6）：9.

［180］段龙龙. 中国成品油定价机制：基于计量模型的一个解释［J］. 科学决策，2011（4）：59-70.

［181］范英，焦建玲. 石油价格：理论与实证［M］. 北京：中国科学院科技政策与管理科学研究所，2008.

［182］冯保国. 中国原油期货价格基准建设研究［J］. 国际石油经济，2019（4）：43-54.

［183］冯钰瑶，刘畅，孙晓蕾. 不确定性与原油市场的交互影响测度：基于综合集成的多尺度方法论［J］. 管理评论，2020（7）：29-40.

［184］葛子远. 需求主导油价 后市蓄积待发——上半年原油市场回顾［J］. 中国石油和化工，2020（7）：4.

［185］龚旭，林伯强. 跳跃风险、结构突变与原油期货价格波动预测［J］. 中国管理科学，2018（11）：11-21.

［186］龚玉婷. "次贷"危机在黄金、原油和外汇市场的风险传染和波动溢出［J］. 经济经纬，2013（2）：156-160.

［187］郭利宁，黄运成. 库存对石油期货市场联动关系有影响吗？——基于随机 Copula 模型的分析［J］. 中央财经大学学报，2021（1）：86-95.

［188］韩立岩，尹力博. 投机行为还是实际需求？——国际大宗商品价格影响因素的广义视角分析［J］. 经济研究，2012（12）：83-96.

［189］韩胜飞. 市场整合研究方法与传达的信息［J］. 经济学（季刊），2007（4）：1359-1372.

［190］何启志，张晶，范从来. 国内外石油价格波动性溢出效应研究［J］. 金融研究，2015（8）：79-94.

[191] 何小明，成思危，董纪昌，等. 国际原油价格的长周期波动性 [J]. 系统工程理论与实践，2011（10）：1825-1836.

[192] 胡淑兰，熊仁霞，佘星云. 世界原油期货价格的波动分析 [J]. 统计与决策，2015（8）：4.

[193] 胡税根，结宇龙. 行政审批局模式：何以有效，何以无效？——基于市场主体视角的政策效果实证 [J]. 上海行政学院学报，2022（1）：16-27.

[194] 胡俞越等. “一带一路”战略与大宗商品定价权——兼议期货市场国际化路径选择 [J]. 商业经济研究，2017（12）：138-141.

[195] 胡俞越. 中国期货市场的发展回顾与展望 [J]. 北京工商大学学报（社会科学版），2020（4）：11-20.

[196] 胡喆笑. 考虑投资者情绪的原油期货波动率预测研究——基于杠杆效应与结构突变的 HAR-RRV 族模型 [D]. 杭州：浙江财经大学，2022.

[197] 郇志坚，徐晓莉，王玉. 国内外原油价格的波动溢出效应与动态相关性研究——基于四元非对称 VAR-MGARCH-BEKK 和 DCC 模型 [J]. 金融发展评论，2017（1）：87-104.

[198] 黄勇. 大宗商品金融化及国际贸易定价权研究 [J]. 统计与决策，2015（18）：3.

[199] 黄运成，陈志斌. 高油价时代的国际原油地缘政治与中国原油贸易格局 [J]. 资源科学，2007（1）：172-177.

[200] 姜春海. 基于 VAR 模型的原油价格与汽、柴油零售价格传导机制实证研究：2003—2011 年 [J]. 宏观经济研究，2013（4）：28-38.

[201] 姜荣杰，王黎明. 基于中国不同期货市场的统计套利实证分析 [J]. 统计与决策，2020（3）：131-135.

[202] 姜岩. 原油期货服务实体功能明显发挥 [J]. 中国金融，2020

(8)：17-19.

［203］姜洋，李正强，胡政，等. 大力推进商品期货市场　服务“一带一路”建设［J］. 新金融评论，2019（3）：45-67.

［204］姜洋. 商品期货市场助力“一带一路”建设［J］. 中国金融，2019（6）：17-18.

［205］蒋瑛，罗明志. 中国原油进口对国际油价波动的影响及其战略转型研究［J］. 四川大学学报（哲学社会科学版），2012（6）：133-140.

［206］况龙，佘建跃. 上海原油期货合约定价逻辑和初步实证分析［J］. 国际石油经济，2018（9）：1-11.

［207］赖安宁. 我国商品期货国际定价影响力分类比较研究［J］. 经贸实践，2017（6）：2.

［208］李博阳，杜强，沈悦，等. 中国金融市场风险溢出效应及其非对称性研究——基于 GJR-BEKK-GARCH 模型与溢出指数方法［J］. 北京理工大学学报（社会科学版），2021（5）：54-65.

［209］李霜，简志宏，郑俊瑶. 石油价格冲击与经济波动风险最小化的货币供应机制分析［J］. 中国管理科学，2012（2）：26-33.

［210］李优树，冉丹. 石油产业链贸易网络及其影响因素研究——以“一带一路”沿线国家为例［J］. 经济问题，2021（9）：111-118.

［211］李智，林伯强，许嘉峻. 基于 MSVAR 的国际原油期货价格变动研究［J］. 金融研究，2014（1）：99-109.

［212］李卓，李海. 大宗商品指数投资者对原油期货价格波动影响研究［J］. 统计与决策，2017（11）：157-162.

［213］李自学，常清. 我国商品期货国际定价能力分类比较研究［J］. 金融理论与实践，2014（2）：1-6.

［214］林伯强，李江龙. 原油价格波动性及国内外传染效应［J］. 金融研究，2012（11）：1-15.

［215］ 刘斌. 动态随机一般均衡模型及其应用［M］. 北京：中国金融出版社，2014.

［216］ 刘红，王小娇. 我国燃油期货与国际原油期货的价格关系研究［J］. 价格理论与实践，2014（1）：103-105.

［217］ 刘华富. 原油净进口国的定价权探析［D］. 北京：首都经济贸易大学，2006.

［218］ 刘惠杰. 国际市场石油价格运行机制与我国的政策选择［J］. 上海财经大学学报，2005（6）：15-21.

［219］ 刘建，蒋殿春. 国际原油价格冲击对我国经济的影响——基于结构 VAR 模型的经验分析［J］. 世界经济研究，2009（10）：33-38.

［220］ 刘庆柏. 我国大宗商品国际定价权研究［D］. 南京：南京财经大学，2009.

［221］ 刘孝成，王祖瑞. 上海原油期货与国际原油期货：联动机制和溢出效应［J］. 科学决策，2022（1）：79-94.

［222］ 刘孝成，周海川. 基于持久—短暂模型对国际原油定价能力的考察［J］. 经济与管理研究，2016（5）：66-73.

［223］ 柳松，刘号，杨梦媛. 结构性转变下国际原油期货市场异质投资者情绪的冲击效应［J］. 国际商务（对外经济贸易大学学报），2017（3）：124-137.

［224］ 吕云龙. 国际大宗商品定价权研究［J］. 宏观经济研究，2022（1）：5-14.

［225］ 罗琦，宋梦薇. 市场情绪、公司投资与管理者薪酬——基于股票论坛的经验证据［J］. 经济管理，2021（9）：122-138.

［226］ 罗琦，游学敏，吕纤. 基于网络数据挖掘的资产定价研究述评［J］. 管理学报，2020（1）：152-162.

［227］ 马文涛，魏福成. 基于新凯恩斯动态随机一般均衡模型的季度

产出缺口测度［J］. 管理世界，2011（5）：39-65.

［228］马郑玮，张家玮，曹高航. 国际原油期货价格波动及其影响因素研究［J］. 价格理论与实践，2019（4）：87-91.

［229］牛菊芳. 国际原油价格波动对我国经济的影响与应对措施［J］. 西部论坛，2011（6）：58-65.

［230］潘慧峰. 全球主要石油市场间的信息溢出效应分析［J］. 科学决策，2011（4）：9-37.

［231］屈佳. 我国黄金期货市场的定价影响力研究［D］. 长沙：湖南大学，2019.

［232］任仙玲，邓磊. 基于 Copula 分位数回归原油期货市场套保模型及效率研究［J］. 数理统计与管理，2020（4）：746-760.

［233］宋玉华，林治乾. 国际石油期货价格与现货价格动态关系的实证研究［J］. 中国石油大学学报（社会科学版），2007，23（5）：5.

［234］苏木亚，郭崇慧. 全球主要股票市场对我国股市的多渠道协同波动溢出效应——欧债危机背景下基于中证行业指数视角的研究［J］. 管理评论，2015（11）：21-32.

［235］隋颜休，郭强. 期货市场的投机因素对国际油价波动的影响——基于 2000—2013 年的结构断点分析［J］. 宏观经济研究，2014（8）：100-113.

［236］孙泽生，管清友. 投机与国际石油价格波动——基于贸易中介视角的分析［J］. 国际经济评论，2009（2）：57-59.

［237］汤珂. 积极争取国际大宗商品定价权［J］. 红旗文稿，2014（18）：3.

［238］田洪志，姚峰，李慧. 中国是否拥有原油的国际定价能力？——基于油价间独立性与传导性视角［J］. 中国管理科学，2020（9）：93-102.

［239］田利辉，谭德凯. 原油价格的影响因素分析：金融投机还是中国需求？［J］. 经济学（季刊），2015（3）：961-982.

［240］王国刚. 中国股市定价权不容外移［J］. 财贸经济，2005（3）：7.

［241］王良，李璧肖，马续涛，等. 中国原油期货与国际原油期货的价格波动溢出效应及其持续性——基于 BEKK-MGARCH 模型的研究［J］. 系统工程，2020（12）：1-9.

［242］王盼盼. 石油金融化、投资者预期与“石油—美元”机制的结构变动——基于原油双重属性视角的研究［J］. 系统科学与数学，2021（8）：1-25.

［243］王奇珍，王玉东. 国际油价、美国经济不确定性和中国股市的波动溢出效应研究［J］. 中国管理科学，2018（11）：51-60.

［244］王群勇，张晓峒. 原油期货市场的价格发现功能——基于信息份额模型的分析［J］. 统计与决策，2005（12）：77-79.

［245］王沈南. 期货市场微观绩效的实证研究——基于沪铜与伦铜的比较视角［D］. 北京：北京工商大学，2011.

［246］王世文，侯依青. 基于石油产业链的我国原油期货市场动态相关性研究［J］. 金融与经济，2020（3）：28-34.

［247］王炜瀚，杨良敏，徐铮. 人民币国际化视野下中国石油进口的人民币结算探讨［J］. 财贸经济，2011（1）：110-117.

［248］王晓芳，杨永健. 外汇储备、黄金储备和国际负债对人民币国际化的影响——基于 VAR 模型的实证分析［J］. 经济问题探索，2021（8）：94-104.

［249］王学勤. 国际期货定价中心探究［N］. 期货日报，2013-11-21.

［250］王雪标，周维利，范庆珍. 我国原油价格与外国原油价格的波动溢出效应——基于 DCC-MGARCH 模型分析［J］. 数理统计与管理，

2012（4）：571-584.

［251］魏巍贤，林伯强. 国内外石油价格波动性及其互动关系［J］. 经济研究，2007（1）：130-141.

［252］吴婵琼. ICE 的机遇与挑战［N］. 期货日报，2014-02-20.

［253］吴丽丽，吴跃娣. 美元价值与原油期货价格关系研究——基于条件局部调整模型分析［J］. 价格理论与实践，2015（6）：82-84.

［254］谢飞，韩立岩. 对冲基金与国际资产价格的波动性传递［J］. 管理科学学报，2010（11）：94-103.

［255］徐鹏，刘强. 国际原油价格的驱动因素：需求、供给还是金融——基于历史分解法的分析［J］. 宏观经济研究，2019（7）：84-97.

［256］许金华，范英. 油价结构性变化检验与动态监控研究［J］. 数理统计与管理，2010（1）：13-20.

［257］薛健，郭万山. 上海原油期货国际化定价能力研究——基于时变 T-copula 模型的期现货动态相依关系分析［J］. 上海经济研究，2020（7）：81-90.

［258］鄢继尧，赵媛，崔盼盼，等. 石油安全视角下中国原油进口贸易时空格局演化分析［J］. 经济地理，2020（11）：112-120.

［259］姚林. 我国商品期货国际定价影响力研究［J］. 价格理论与实践，2018（11）：4.

［260］姚小剑，扈文秀. 基于行为金融的国际原油价格波动机理分析［J］. 运筹与管理，2016（3）：239-245.

［261］张大永，姬强. 中国原油期货动态风险溢出研究［J］. 中国管理科学，2018（11）：9-42.

［262］张健. 中日俄石油期货市场发展与合作［J］. 俄罗斯东欧中亚研究，2019（4）：131-144.

［263］张礼卿. 地缘政治风险加大，国际原油价格大起大落［J］. 国际

金融研究，2019（1）：1-11.

［264］张明，高卓琼. 原油期货交易计价与人民币国际化［J］. 上海金融，2019（6）：44-49.

［265］张倩，张款慧. 基于 MGARCH-BEKK 模型的石油市场波动溢出效应研究［J］. 统计与决策，2013（13）：130-132.

［266］张天顶，刘竞择. 上海原油期货与国际原油价格联动性问题研究［J］. 世界经济研究，2020（12）：3-18.

［267］张宜生. 有色金属行业的“期货嬗变”［J］. 中国金融，2018（22）：27-29.

［268］赵鲁涛，郑志益，邢悦悦，等. 2021 年国际原油价格分析与趋势预测［J］. 北京理工大学学报（社会科学版），2021（2）：25-29.

［269］赵欣然. 国际原油期货价格对中国石油相关行业的风险溢出研究——基于 Copula-CoVaR 模型［D］. 昆明：云南财经大学，2021.

［270］周章跃，万广华. 论市场整合研究方法——兼评喻闻、黄季琨《从大米市场整合程度看我国粮食市场改革》一文［J］. 经济研究，1999（3）：73-79.

［271］朱芳菲. 国际原油市场的影响及溢出效应——基于隐含波动率的经验研究［D］. 杭州：浙江大学，2018.

［272］邹绍辉，张甜. 能源期货市场、能源股票市场与碳市场非线性关系动态分析［J］. 系统工程，2020（5）：1-13.